el arte de comer bien

cuando lo delicioso se encuentra con lo sano

DIANA HENRY

salamandra *fun & food*

contenido

introducción   6

primavera   10

verano   82

otoño   160

invierno   246

índice de recetas   328

índice alfabético   330

introducción

Basta con detenerse ante cualquier quiosco y echar un vistazo a las portadas de las revistas para darse cuenta de que los consejos sobre alimentación son omnipresentes. Y buena parte de esos consejos se centran en qué no debemos comer. Nos preocupamos sin cesar por la alimentación y la salud, y sin embargo salta a la vista que algo falla en la dieta occidental. Las tasas de obesidad y diabetes tipo 2 se han disparado, y las enfermedades cardiovasculares y el cáncer son cada vez más frecuentes.

Ante semejante panorama, me fui dando cuenta de que mis amigos ya no me pedían recetas de pasteles, sino consejos sobre qué hacer con un filete de atún o cómo preparar la quinua. Deseaban comer de un modo más saludable, consumir más verduras, perder algo de peso y reducir la ingesta de carne roja. Cuando me contaban lo que se traían entre manos —como buscar dieciséis formas apetecibles de cocinar una pechuga de pavo—, el resultado sonaba bastante deprimente. Más o menos por esa época, mi médico me urgía a bajar la tensión arterial y perder peso. Comprendí que yo también necesitaba replantear mi alimentación.

No puede decirse que coma mal, ni mucho menos. No pruebo los platos preparados ni la comida rápida, aunque de tarde en tarde pido comida india a domicilio. En mi casa, los únicos alimentos procesados son los tomates y las alubias en lata, y algún que otro paquete de galletas. Pero me encanta comer, y tengo algunas debilidades. Una es el azúcar, y sobre todo los pasteles. A las cuatro de la tarde daría casi cualquier cosa por hincarle el diente a un cruasán de almendra o una tartaleta de manzana. También me chifla el pan en todas sus formas: una baguete crujiente, un delicioso brioche dorado, así como las hogazas de cereales integrales, más sanas (por mucho que haya nacido en Irlanda, está claro que tengo un paladar francés, y los carbohidratos refinados son mi bestia negra particular). Así que decidí explorar qué significa en realidad seguir una «dieta sana» y me propuse elaborar una serie de platos tan buenos (en todos los sentidos: buenos para la salud, pero sobre todo deliciosos) que al comerlos ni se me pasara por la cabeza que estaba privándome de algo.

Mi principal obstáculo era tener que dividir los alimentos en «sanos» y «perjudiciales». No puedo pensar en una comida como una mera suma de nutrientes. Una comida es una vistosa combinación de alimentos —muchos de los cuales no acabamos de entender desde el punto de vista nutricional— que, en primer lugar y por encima de todo, debería resultar placentera. El adjetivo «sano» me predispone negativamente (hasta el punto de que me planteé muy en serio si incluirlo o no en la portada de este libro). Me hace pensar en comida triste e insípida de color poco apetecible. Además, no puedo evitar sentir cierto escepticismo. Así que decidí dejarme guiar por dos expresiones que me gustaban. En primer lugar, me propuse preparar comidas que fueran «informalmente sanas». Tenían que ser deliciosas, y lo de saludable vendría después. En segundo lugar, intentaría practicar una «alimentación informada», es decir, averiguar qué grasas podía comer, si debería reducir la ingesta de queso, si los cereales integrales eran mejores para mi salud... En resumen, me propuse pensar en lo que me estaba llevando a la boca, pero sin rendirme a la dictadura de lo sano.

Para entonces mi alimentación ya había cambiado bastante, sobre todo comparada con la que llevaba veinte años atrás. Comía mucha más verdura y cereales integrales, cuanto menos procesados mejor. Y no estaba dispuesta a declarar proscrito ningún alimento. Comer es uno de los grandes placeres de la vida, así que nunca le diría a nadie que renunciara para siempre a comer un bistec con salsa bearnesa o unas patatas gratinadas con nata, sino que me limitaría a decirle que no comiera esos platos muy a menudo (de todos modos, son tan contundentes que tampoco apetecen a diario).

Cuando empecé a reunir listas de platos «informalmente sanos», descubrí que eran justo la clase de comida que me gustaba. Mi pasión por la gastronomía de Oriente Próximo viene de lejos, y es un buen punto de partida para una dieta sana, pero también he hurgado en la tradición culinaria de Japón, Tailandia y Vietnam.

Mientras preparaba distintos platos, empecé a documentarme sobre la relación entre alimentación y salud. Uno de los aspectos más frustrantes de lo que se entiende por intentar «comer sano» (y uno de los motivos por los que esa tendencia siempre me había dejado bastante indiferente) son las supuestas bondades de ciertos productos frente a otros, los «superalimentos», la desinformación. Leí muchas teorías contradictorias, descubrí que algunas «creencias» habían quedado desfasadas (por ejemplo, yo seguía convencida de que los huevos suben el colesterol, a pesar de que hacía tiempo que se sabía que no era así) y me indigné al comprobar cómo nos dejamos engatusar a veces (pienso en todas esas margarinas «sanas» que nos animaban a comer en los años setenta, y que resultaron ser mucho peores que la mantequilla a la que supuestamente debían sustituir).

¿Cómo he decidido los consejos a seguir? Guiándome por el sentido común y mi propia experiencia. Hasta mis hijos se subieron al carro. Una cosa era decirles que tenían que empezar a comer menos azúcar y otra muy distinta ponerlos a ver un vídeo de Robert Lustig (experto en obesidad y enemigo declarado del azúcar) en YouTube. Empezaron a comprender que el azúcar no es bueno para la salud y que —pese a lo que les habían enseñado en la escuela, donde al parecer agrupan todos los carbohidratos en una sola categoría— no necesitamos una dosis diaria de este alimento blanco para tener energía. Pese al *shock* inicial, todo lo que he aprendido sobre el azúcar y la influencia negativa que ejerce sobre la dieta y la salud de la población a nivel global es fascinante. También he descubierto que contar calorías no sirve de nada (¡si lo sabré yo!) y poco a poco he ido familiarizándome con los últimos hallazgos sobre grasas y sustancias fitoquímicas, unos compuestos presentes en los vegetales que pueden influir en el funcionamiento de nuestro metabolismo.

No soy una fanática del «nutricionismo». Pensar en los alimentos sólo en términos de salud —por lo que nos aportan y no por lo deliciosos que son— es una fuente de ansiedad para todos, y nos impulsa a comprar cosas que no necesitamos. Mi regla de oro es no coger del estante ningún alimento que lleve algo añadido. Son alimentos «funcionales», creados en fábricas y vendidos por expertos en *marketing* para sacar tajada de nuestras inquietudes (no puedes plantarle una pegatina a un manojo de zanahorias, pero te sentará mejor que un *brick* de zumo de zanahoria lleno de «extras» añadidos). Sin embargo, me alegró descubrir que algunas de las recetas que más me gustan también son buenas para la salud, como los tomates asados (contienen licopeno, que al parecer ejerce un efecto protector frente a las enfermedades cardiovasculares y el cáncer de mama). En definitiva, he aprendido unas pocas cosas sobre qué significa comer sano (o qué se considera comer sano a la luz de nuestros conocimientos actuales) y he logrado reunir un puñado de recetas que me entusiasman.

Para tener buena salud lo principal es preparar la comida en casa, restringir el consumo de cualquier alimento procesado, limitar la cantidad de carbohidratos refinados (sobre todo el azúcar), consumir cereales integrales, o por lo menos consumirlos más a menudo, y aumentar la ingesta de verduras.

Ninguna de las recetas incluidas en este libro nace del resentimiento ni pretende ser una forma de penitencia (si así fuera, ni las probaría). En ellas abundan el aceite de oliva y las verduras. Hay carne roja, pero no demasiada. El pescado azul aparece en numerosas ocasiones, al igual que los cereales integrales. Hay algo de azúcar, en los pasteles, sorbetes y otros postres que forman parte de «menús» sanos en su conjunto y que deben reservarse para ocasiones especiales, no para comer todos los días. El azúcar también está presente en algunos aliños, sobre todo en los del sudeste asiático, que se basan en el equilibrio entre los sabores picante, ácido, dulce y salado. A mí no me parece mal. El problema no es lo que ingerimos en una sola comida, sino lo que comemos en conjunto.

En un primer momento me propuse escribir un libro de recetas para comer de lunes a viernes, dando por sentado que la mayoría de las personas caería en la tentación de volver a una dieta menos sana durante el fin de semana, pero luego dejé de hacer esa clase de distinciones. Estos platos son tan deliciosos que me apetecía prepararlos para mis amigos cuando venían a cenar a casa, así que también he incluido menús de temporada para ocasiones especiales.

He experimentado un cambio en la forma de comer. Ahora como mejor y me siento mejor. El modo de conseguirlo ha consistido en reducir los carbohidratos refinados (sólo los pruebo los fines de semana) e incorporar a mi dieta una mayor variedad de verduras, pero tú puedes utilizar los conocimientos que encontrarás en este libro para emprender un camino distinto. Mi mayor sorpresa ha sido lo mucho que esta comida gusta a mis amigos y a mi familia. En estas recetas abundan los sabores que excitan las papilas gustativas, como la guindilla, el jengibre o la lima, justo los que debemos potenciar cuando intentamos reducir los alimentos ricos en almidón o grasas. Son recetas que nos revitalizan y nos aportan energía. La privación no forma parte del menú. Si preparas las recetas de este libro comerás realmente bien y disfrutarás sin detenerte a pensar si estás comiendo «más sano». Y tus amigos tampoco pensarán que te has unido a la secta de la comida sana cuando les sirvas cualquiera de los menús que te propongo. Lo que hay en este libro es buena comida para gente que disfruta comiendo. Que también sea buena para la salud no es más que la guinda del pastel.

primavera

comer en primavera

Cuando llega la primavera sentimos que formamos parte de algo mayor. Sin decidirlo de forma consciente, descubrimos que nos apetece comer de otra manera: buscamos sabores más verdes, más puros, más ligeros. Las espinacas, cebolletas y rábanos abundan en esta época del año, pero el cuerpo también me pide lima, que por algún motivo sabe más «verde» que el limón, y lo mismo podría decirse de la citronela, el eneldo, el jengibre y el queso de cabra con un punto ácido.

La prisa es mala consejera. Lo normal es querer abrazar cuanto antes el verano y comprar pimientos rojos a las primeras de cambio, pero resiste la tentación de hacerlo y comerás platos más interesantes. En primavera, además, nos atraen otras técnicas de cocción. A mí siempre me apetece escalfar y cocer al vapor, y acompañar unas brochetas de carne a la parrilla con una gran ensalada y una sabrosa salsa. Aún no ha llegado el momento de sacar la barbacoa, pero el buen tiempo nos invita a liberarnos en todos los sentidos y a comer con las manos.

Esta forma de cocinar requiere más esfuerzo y atención que los estofados y asados invernales, que sólo hay que meter en el horno, pero en primavera entramos en la cocina con otra predisposición, más atentos a lo que nos rodea. Si hacemos caso a lo que nuestro cuerpo parece estar pidiendo a gritos —platos alegres y ligeros—, el camino hacia el verano trae consigo buena comida que además sienta bien.

principio de temporada

berros
brócoli
brotes de brócoli morado
cebolleta
col rizada (kale)
coliflor
espinacas
ortigas
puerro
zanahoria

kiwi
limón
maracuyá
naranja
naranja sanguina
piña
ruibarbo

gamba
lenguado
mejillones
platija
rubio o escarcho
salmón
salmonete

media temporada

alcachofas
espárragos
lechugas
patatas de platillo
rábanos
repollo
rúcula

acedera
albahaca
cebollino
eneldo

cordero

buey de mar
langostino
platija
trucha marina

final de temporada

guisantes
patatas nuevas

estragón
menta
orégano
perifollo

abadejo

ensalada persa

Por lo general no añadimos hierbas aromáticas a las ensaladas, salvo como aderezo, pero en Oriente Próximo pueden ser la base de las ensaladas. Ésta en concreto es una delicia, aunque el resultado dependerá de la frescura de las verduras, flores y hierbas aromáticas empleadas. A mí me gusta usar flores azules y blancas para crear cierta armonía cromática, pero puedes utilizar las que tengas a mano. Huelga decir que las flores no pueden haber sido tratadas con pesticidas. Hoy en día es relativamente fácil conseguir rábanos de distintos colores —no sólo rojos, sino también morados o lila—, pero, una vez más, adáptate a lo que encuentres. Puedes hacer una ensalada espectacular sólo con los rábanos rojos de toda la vida, siempre y cuando todos los ingredientes sean frescos y de la máxima calidad.

PARA 6 PERSONAS

PARA LA ENSALADA

12 rábanos (de distintos colores, si los encuentras)

½ pepino corto y rugoso (puedes usar ½ pepino largo si no encuentras esta variedad)

75 g de verduras de hoja (espinacas *baby*, berros, canónigos y cualquier hoja de nervadura roja que encuentres)

20 g de hojas de eneldo

25 g de hojas de menta

15 g de hojas de albahaca

15 g de hojas de perejil

flores y pétalos comestibles

PARA LA VINAGRETA

4 cdas de AOVE*

1 cda de vinagre balsámico de vino blanco

un buen chorro de zumo de limón

sal y pimienta

Si las hojas de los rábanos están frescas y tiernas, córtalas, lávalas y sécalas con papel de cocina; puedes añadirlas a la ensalada. Corta los rábanos en cuartos o en láminas finas, lo que creas que quedará mejor. Pela el pepino, quítale las semillas y trocea la pulpa.

Mezcla todos los ingredientes de la vinagreta y prueba de sal.

Incorpora todos los elementos de la ensalada, remueve y sirve.

* Aceite de oliva virgen extra.

requesón de cabra, arándanos y berros

El requesón de cabra es como un queso de cabra ligero, cremoso y apenas cuajado que puedes hacer en casa. No tiene por qué ser la base de una comida propiamente dicha: prueba a untarlo en pan y regarlo con un chorrito de aceite de oliva o una cucharada de miel de flores.

Esta ensalada queda estupenda si le añades espelta (véase cómo hervirla en la pág. 224; con 50 g de peso en crudo tienes suficiente). Incorpórala a la vinagreta y viértela sobre los platos antes de añadir todo lo demás (deberás aumentar la cantidad de vinagreta).

La receta del requesón de cabra me la dio una buena amiga, Xanthe Clay, que ha escrito varios libros de cocina. Salen unos 175 g de requesón.

PARA 4 PERSONAS

PARA EL REQUESÓN DE CABRA

1 l de leche de cabra entera (puede ser pasteurizada)

1 cda de cuajo

2 cdas de zumo de limón

sal

PARA LA VINAGRETA

1 cda de vinagre de frambuesa

2 cdas de aceite de avellanas

2 cdas de AOVE

½ cdta de miel líquida (opcional)

pimienta

PARA LA ENSALADA

100 g de berros, sin los tallos más gruesos

100 g de arándanos

150 g de requesón de cabra

20 g de pistachos (o bien avellanas o almendras tostadas) picados gruesos

15 g de microhojas (las de amaranto rojo son especialmente bonitas)

Para hacer el requesón de cabra, calienta la leche a 25 ºC. Incorpora el cuajo y el zumo de limón, removiendo. Tapa y deja reposar durante una hora.

Forra un colador con una muselina y ponlo sobre un cuenco. Cuela la mezcla. Anuda las esquinas de la tela para hacer un hatillo y déjalo suspendido (del grifo del fregadero, o del pomo de una puerta, con un cuenco debajo para recoger el suero) durante un par de horas. Transcurrido ese tiempo tendrá textura de requesón, pero, si te gusta más espeso, déjalo más rato.

Saca el requesón de la gasa y ponlo en un cuenco. Echa un poco de sal, mezclando con cuidado. Tapa y refrigera.

Mezcla todos los ingredientes de la vinagreta con un tenedor, añadiendo sal al gusto. Aliña los berros y los arándanos, vierte la mezcla en una fuente ancha y poco profunda (o repártela en varios platos) y esparce trozos de requesón por encima. Espolvorea con los frutos secos y las microhojas (opcional) y sirve.

otra idea... Corta 350 g de tomates maduros en rodajas finas y mézclalos en un bol con hojas de albahaca troceadas. Riega con AOVE y zumo de limón, salpimienta y esparce por encima 175 g de requesón de cabra desmenuzado. También se puede preparar con farro hervido, aliñado con aceite y limón (véase la pág. 223; necesitarás 50 g de farro pesado en crudo). Para 4 personas.

menú de primavera un anhelo de luz

ensalada de queso feta y naranja | pollo persa con azafrán y menta | helado de yogur griego y albaricoque

La comida invernal tiene ventajas, es nutritiva y sabrosa, pero hacia el final del invierno, cuando se adivina la primavera, me apetece jugosidad, texturas crujientes, colorido. Por encima de todo, busco el verdor. El queso feta, la miel y las verduras de hoja tierna traen la primavera a nuestra mesa.

ensalada de queso feta y naranja con almendras a la miel

Frescura. Justo lo que nos apetece cuando llega el mes de abril, aunque esta receta también se puede preparar en invierno, sobre todo cuando es temporada de naranjas sanguinas.

PARA 4 PERSONAS COMO ENTRANTE, PARA 2 COMO COMIDA LIGERA

PARA LA VINAGRETA

1 cda de vinagre de vino blanco

½ cda de zumo de naranja

sal y pimienta

5 cdas de AOVE

½ cdta de miel líquida

las hojas de 1 ramita de tomillo

PARA LAS ALMENDRAS A LA MIEL

½ cda de aceite de oliva

50 g de almendras crudas escaldadas

1 cda de miel líquida

1 cdta de pimentón ahumado

1 cdta de comino molido

PARA LA ENSALADA

3 naranjas

1 bulbo de hinojo pequeño

60 g de berros

100 g de queso feta desmenuzado

10 g de hojas de menta troceadas

Para la vinagreta, bate todos los ingredientes. Prueba y, si fuera necesario, rectifica de sal. Viértela en un bol ancho y poco profundo.

Para las almendras a la miel, calienta el aceite de oliva en una sartén pequeña y fríe las almendras a fuego medio hasta que estén tostadas; asegúrate de que no se quemen. Añade la miel y las especias y cuece hasta que la miel burbujee y esté casi caramelizada. Con una cuchara, saca las almendras y ponlas sobre una hoja de papel antiadherente o papel de horno. Deja que se templen. Puedes picarlas en trozos irregulares o dejarlas enteras.

Corta la parte superior e inferior de las naranjas para que tengan una base sobre la que apoyarse. Con un cuchillo bien afilado, pélalas quitando no sólo la piel, sino también la parte blanca. Corta las naranjas en rodajas y descarta las semillas. Guárdalas.

Limpia el hinojo, reservando las hojas verdes y desechando las capas menos tiernas. Córtalo longitudinalmente en cuatro trozos y quita el corazón. Corta el hinojo en láminas muy finas (lo mejor es usar una mandolina) y añádelas al bol. Pica las hojas que hayas reservado y añádelas también. Desecha los tallos más gruesos de los berros.

Incorpora al bol las naranjas, los berros, el queso feta y la menta. Mezcla con cuidado. Añade las almendras y sirve enseguida.

pollo persa con azafrán y menta y cuscús de primavera

Un plato realmente vistoso. Cambia los ingredientes del cuscús según los productos que tengas a mano; el único requisito es que sean frescos y tiernos. Esta marinada también sirve para cocinar pollos enteros o picantones.

PARA 4 PERSONAS

PARA EL POLLO

¼ de cdta de azafrán

el zumo de 2 limones y la ralladura fina de 1

2 dientes de ajo picados gruesos

2 chiles rojos sin semillas y picados gruesos

2 cdas de aceite de oliva

las hojas de un manojo pequeño de menta

8 muslos de pollo deshuesados y sin piel

PARA EL CUSCÚS

20 g de guindas deshidratadas

200 g de cuscús integral

200 ml de caldo de pollo o agua

2 cdas de aceite de oliva

1 diente de ajo prensado

el zumo de ½ limón y la ralladura fina de 1

2 cdas de AOVE

sal y pimienta

2 cdas de hojas de perejil y otras tantas de menta

2 cebolletas limpias y picadas finas

25 g de pistachos picados

un puñado de brotes de guisante

PARA LA SALSA DE YOGUR

200 g de yogur griego

3 cdas de AOVE

1 diente de ajo pequeño rallado

microhojas o 3 rabanitos cortados en juliana

Prepara la marinada del pollo mezclando las hebras de azafrán y el zumo de limón en un cazo pequeño. Calienta a fuego lento y remueve para que el azafrán libere su sabor. Aparta del fuego y mezcla con la ralladura de limón, el ajo, el chile y el aceite de oliva. Trocea las hojas de menta y añádelas al cazo. Coloca los muslos de pollo en una fuente de acero inoxidable o de cristal ancha y poco profunda y riégalos con la marinada, girándolos para que queden bien empapados. Tapa con film transparente y deja marinar en la nevera durante 30 minutos.

Mientras, vierte agua hirviendo sobre las guindas deshidratadas y deja que absorban el líquido durante 30 minutos.

Echa el cuscús en un bol, vierte el caldo o agua hirviendo y añade el aceite de oliva. Deja reposar durante 15 minutos. Usa un tenedor para separar los granos y a continuación añade el ajo, el zumo y la ralladura de limón, el aceite de oliva virgen extra, sal y pimienta. Incorpora las hierbas aromáticas, la cebolleta, los pistachos, los brotes de guisante u otras hojas crudas pequeñas y las guindas escurridas.

Para hacer la salsa de yogur, mezcla el yogur con el aceite de oliva virgen extra y el ajo y viértelo en un cuenco de servir. Espolvorea con las microhojas o los bastoncitos de rábano.

Calienta una plancha a fuego vivo. Saca el pollo de la marinada y ásalo en la plancha (si es pequeña, tendrás que hacerlo en varias tandas), girándolo con frecuencia. Lo ideal es que tome un bonito tono dorado por ambos lados. Asegúrate de que el pollo está bien hecho por dentro (clava un cuchillo en la parte inferior para comprobarlo: los jugos deben salir transparentes, sin rastro de sangre). Sirve con el cuscús y la salsa de yogur.

helado de yogur griego y albaricoque

Es muy importante colar el puré de albaricoque, a menos que quieras un helado con tropezones (pero no uses un colador demasiado fino o no podrás hacerlo). También puedes usar yogur normal en lugar del griego, teniendo en cuenta que es un poco más ácido. No uses yogur desnatado, porque se endurece al congelarlo. Incluso si usas yogur entero, tendrás que sacar el helado del congelador un poco antes de servirlo para que se temple.

PARA 8 PERSONAS

300 g de orejones

300 ml de zumo de manzana

4 cdas de azúcar moreno extrafino

400 g de yogur griego

4 cdas de *crème fraîche*

2 cdas de miel líquida

Pon los orejones en una cacerola junto con el zumo de manzana y el azúcar y añade 100 ml de agua. Calienta a fuego medio y, cuando esté a punto de romper a hervir, aparta del fuego y deja reposar durante toda la noche (gira los orejones de vez en cuando para asegurarte de que se empapan de almíbar).

Vierte los orejones y el almíbar en un robot de cocina y tritúralo todo hasta obtener un puré. Debe quedar lo más cremoso posible, así que no temas pasarte. Cuela el puré con la ayuda de un colador de malla (no demasiado fina), presionando con fuerza para aprovecharlo al máximo. No deberían quedar muchos residuos en el colador.

Mezcla bien el puré de albaricoque con el yogur y añade la *crème fraîche*. Comprueba si está lo bastante dulce.

Vierte la mezcla en una heladera eléctrica y ponla en marcha siguiendo las instrucciones del fabricante. Mientras la heladera remueve la mezcla, incorpora la miel. Si no tienes heladera, vierte la mezcla en un recipiente ancho y poco profundo, resistente al frío, y mételo en el congelador. Tendrás que batirla tres o cuatro veces durante el proceso de congelación (lo más fácil es hacerlo en el robot de cocina) para deshacer los cristales de hielo y conseguir así un helado cremoso. Añade la miel mientras bates la mezcla por última vez.

hay calorías y calorías

La mayoría de las mujeres que conozco sabrían decir sin vacilar la cantidad de calorías que aporta una copa de vino blanco, una manzana o una bolsa de cacahuetes salados. Yo misma me he concedido el «capricho» —era joven e ingenua— de fumar un cigarrillo, exento de calorías, en sustitución de otra copa de vino u otro puñado de frutos secos. Quienes tenemos experiencia en dietas de adelgazamiento —es decir, casi todos— estamos acostumbrados a sumar calorías mentalmente. El mensaje que hemos interiorizado es: «si te lo comes, más te vale quemarlo, porque de lo contrario vas a almacenarlo». Y si alguna vez has estado a régimen, seguro que te habrás fustigado sin piedad cuando no has conseguido perder peso, por más que hayas restringido el consumo de calorías («tendría que haber pasado otra hora en el gimnasio»).

Hasta ahora, la batalla contra la epidemia de obesidad en el mundo occidental se ha basado en el cómputo calórico. Esto nos ha llevado a creer que las personas con sobrepeso u obesidad son las únicas culpables de su problema: comen demasiado y no hacen suficiente ejercicio. Y como damos por sentado que todas las calorías son iguales, creemos que 200 calorías de refresco de cola y 200 calorías de pescado tendrán la misma repercusión en nuestro peso corporal.

Sé por experiencia que el modelo del cómputo calórico no funciona. Apuesto a que todos podríamos aportar alguna prueba anecdótica de su ineficacia. En la actualidad, la investigación científica ya ha demostrado que no todas las calorías son iguales. Nuestro organismo no trata los carbohidratos ultraprocesados y los almidones —como el azúcar, las patatas y la harina blanca— del mismo modo que las verduras de hoja y el pescado. Los carbohidratos refinados provocan picos de azúcar en sangre y de la hormona que lo regula, la insulina. Nuestro metabolismo necesita insulina, pero producirla en exceso nos engorda. La proteína también estimula producción de insulina, pero en menor grado, y favorece la producción de otra hormona, el glucagón, que mitiga la acumulación de lípidos inducida por la insulina. La grasa, al parecer, no estimula la producción de insulina.

La forma que adoptan las calorías es fundamental. Los tres principales macronutrientes —carbohidratos, proteínas y grasas— ejercen distintos efectos sobre la producción de hormonas clave, lo que significa que unos pueden engordar más que otros. Es importante tenerlo en cuenta para ayudarnos no sólo a perder peso, sino también —y más importante aún— a mantener un peso saludable una vez que lo hayamos logrado.

La cuestión de las grasas ha venido a complicar más aún la tarea de mantener el peso a raya. Desde los años setenta nos han enseñado que las grasas, y en especial las saturadas, son malas y provocan enfermedades cardiovasculares. Dietas bajas en grasa, cremas para untar bajas en grasa... todo lo *light* causaba furor. El resultado de comer menos grasas —y en general hemos conseguido reducir la ingesta de grasas— ha sido el aumento del consumo de carbohidratos, sobre todo de los ultraprocesados. Hemos recortado las grasas, pero hemos ganado peso.

Existen numerosos estudios que comparan distintos tipos de dieta —se consumen las mismas calorías pero en distintas proporciones de grasas, carbohidratos y proteínas—, y en su mayoría demuestran que las dietas bajas en grasa no ayudan a perder peso, mientras que las dietas que aumentan la ingesta de proteínas y reducen la de carbohidratos (como la Atkins) sí ayudan a adelgazar. Pero, como con cualquier dieta, no es oro todo lo que reluce. Una de las investigaciones más recientes sobre dietas de adelgazamiento es la que llevaron a cabo Cara Ebbeling y David Ludwig, del Boston Children's Hospital, en el año 2012. Pusieron a dieta a tres grupos de personas con el objetivo de perder entre el 10 y el 15 por ciento de su peso corporal. Uno de los grupos siguió una dieta estándar baja en grasas, en la que el 60 % de las calorías provenía de los carbohidratos (con predominio de la fruta, la verdura y los cereales integrales), el 20 % de las proteínas y el 20 % restante de las grasas. Es lo que se ha descrito como una dieta de adelgazamiento sana.

El segundo grupo siguió una dieta muy baja en carbohidratos, con el 10 % de las calorías procedentes de los carbohidratos, el 60 % de las grasas y el 30 % de las proteínas. La tercera dieta incluida en el estudio era de bajo índice glucémico, con un 40 % de carbohidratos «buenos» (como cereales integrales, legumbres secas, fruta y verdura), un 40 % de grasas y un 20 % de proteínas.

Los resultados no dejaron lugar a dudas. Quienes siguieron la dieta baja en carbohidratos quemaron 350 calorías más al día que quienes seguían la dieta tradicional baja en grasa. Quienes siguieron la dieta de bajo índice glucémico quemaron 150 calorías más. Por lo tanto, sí que importa de dónde sacamos las calorías. Ludwig concluyó que «la dieta baja en grasas que durante más de una generación ha sido la principal herramienta para perder peso es, en realidad, la peor en la mayoría de los casos».

Echemos un vistazo a las dietas bajas en carbohidratos y ricas en grasas que sí «funcionaron». Los partidarios de las dietas tipo Atkins huyen de los carbohidratos como de la peste. Creen que incluso los considerados «carbohidratos buenos» (legumbres secas y cereales integrales) deberían tener una presencia mínima en la dieta o incluso eliminarse por completo. Asimismo, sostienen que, desde el punto de vista nutricional, los carbohidratos poseen escaso valor, y que podemos obtener todos los nutrientes que necesitamos de otras fuentes. No les preocupa la ingesta de fibra, porque la sacan de las verduras. No creen que la carne o un elevado consumo de grasas sean perjudiciales para la salud.

Pero, aunque estuvieran en lo cierto, hay mucho más en juego. Hay que tener en cuenta qué efectos tiene la dieta sobre el metabolismo además de ayudarnos a perder peso. En el mismo ensayo clínico, los investigadores demostraron que una dieta baja en carbohidratos y rica en grasas causaba problemas si se seguía durante un período prolongado, pues aumentaba los niveles de cortisol, la hormona del estrés, y también los de la llamada proteína C reactiva, que sirve para medir la inflamación crónica. Ludwig afirma que ambas están «directamente vinculadas, a largo plazo, con una mayor mortalidad y con el riesgo de sufrir enfermedades cardiovasculares». Así que, aunque parezca la apuesta más segura para perder peso, la dieta baja en carbohidratos presenta desventajas a largo plazo.

Los defensores de los carbohidratos se refieren únicamente a los «carbohidratos buenos», no a los refinados ni a las féculas presentes en el azúcar, los refrescos industriales, el pan blanco y las patatas (porque, desde luego, hay un abismo entre unos y otros). Las diferencias entre carbohidratos pueden medirse a través de su puntuación en el índice glucémico (IG), un sistema que clasifica los alimentos en una escala de cero a cien, según la rapidez con que elevan los niveles de azúcar en sangre. Cuanto más alto sea el índice glucémico, más afectará los niveles de azúcar. Una abundante ingesta de carbohidratos con elevado índice glucémico (como la que se obtiene de un plato de pasta) desencadena la liberación de insulina, que a su vez desplazará estos carbohidratos hacia células en las que pueden almacenarse como grasa. Los alimentos con bajo índice glucémico (por debajo de 55 puntos) no provocan una subida tan acusada de la insulina, por lo que no generan los depósitos de grasa que sí causan los alimentos con elevado índice glucémico (por encima de 70 puntos).

Las dietas ricas en proteínas y grasas y pobres en carbohidratos dan resultados espectaculares a la hora de perder peso (yo misma las he seguido), pero es difícil mantenerlas. Salen caras, nos cuesta privarnos de la fruta (que contiene muchos nutrientes buenos pero también está llena de azúcar) y es complicado renunciar a los cereales y legumbres. Incluso sin conocer los datos existentes sobre las posibles consecuencias negativas de este tipo de dieta, no parece sano alimentarse a base de carne y grasa (no estoy en contra de estas dietas cuando el objetivo es perder mucho peso, pero, una vez alcanzado, hay que cambiar el modo de comer).

David Ludwig llegó a la conclusión de que la dieta de bajo índice glucémico era la que parecía funcionar mejor porque no implicaba eliminar todo un grupo de alimentos, sino que admitía la ingesta de carbohidratos «buenos». Yo opino lo mismo. Cuando pienso en mi niñez —en los años setenta, antes de que todos empezáramos a obsesionarnos con las grasas saturadas—, mi madre mantenía a raya el peso de mi padre racionándole las patatas (y las natillas). En casa sabíamos que las comidas dulces y ricas en almidón no nos hacían ningún favor. Pero, por algún motivo, esa sabiduría se perdió.

Cuando restringimos las calorías de forma drástica, nuestro metabolismo se resiste. Se aferra a su peso. Nuestro apetito se ve condicionado no sólo por lo que tenemos en el estómago, sino también por hormonas que le dicen al organismo si dispone o no de una buena provisión de grasas. La dieta convencional (basada en contar calorías) podría ser, además de ineficaz, peor incluso que no hacer nada en absoluto. Lo verdaderamente importante es de dónde sacamos las calorías que comemos.

Olvídate de contar calorías, sólo sirve para ponerte de mal humor (o para querer fumar). Tus verdaderos enemigos son los carbohidratos refinados, y en especial el azúcar.

espárragos al estilo del Véneto

Esta receta puede parecer muy simple, pero en la sencillez reside su gracia. Es ideal para que cada comensal la remate a su gusto en la mesa. El aceite de oliva libera todo su perfume al caer sobre el huevo tibio y los espárragos. Ten cuidado con el vinagre y la sal.

PARA 6 PERSONAS

1,25 kg de espárragos

6 huevos

AOVE de la máxima calidad

sal y pimienta

vinagre de vino tinto

Parte o corta las puntas leñosas de los espárragos y pon los huevos a hervir. Cuando lleven siete minutos de cocción, sácalos y sumérgelos en agua fría. Deja que se enfríen lo suficiente para que puedas manipularlos. Colócalos en una huevera de alambre o un cuenco recubierto con un paño de cocina cuyas puntas podrás usar para taparlos y mantenerlos calientes.

Mientras, pon a hervir los espárragos, ya sea en un recipiente especialmente concebido para esa función o en una olla normal, tapados y colocados de tal modo que el agua cubra unos 5 cm de la base de los espárragos y el resto del tallo y la punta queden apoyados en la pared de la olla. Transcurridos entre cuatro y seis minutos, clava la punta de un cuchillo en los espárragos; deben estar apenas tiernos. Sácalos del agua y sécalos suavemente con un paño de cocina. Colócalos en una fuente, rocía con aceite de oliva virgen extra y salpimienta.

Sirve los espárragos acompañados de la botella de aceite y el vinagre de vino tinto. Cada comensal debe pelar y desmenuzar su huevo duro, y aliñar su plato con aceite y vinagre (unas 2 cucharadas de aceite y una cucharadita de vinagre por persona serán suficientes).

más ideas… espárragos con langostinos al eneldo Prepara y cuece 1,5 kg de espárragos como se indica arriba. Mientras, derrite 75 g de mantequilla en una sartén y saltea con cuidado 200 g de langostinos cocidos, pelados y sin el intestino (mejor de pesca sostenible) junto con las hojas picadas de 6 ramitas de eneldo. Reparte los espárragos en los platos o sírvelos en una fuente grande. Pon los langostinos y riega con la mantequilla en la que los has salteado y salpimienta. Para 8 personas.

espárragos mimosa

«Mimosa» es el término que se aplica a los platos decorados con huevo duro desmenuzado. Esta versión es un poco más rústica. En lugar de espárragos puedes usar puerros (cuécelos al vapor hasta que estén muy tiernos; el tiempo dependerá de lo gruesos que sean).

PARA 6 PERSONAS

2 cdas de zumo de limón

una pizca de mostaza de Dijon

sal y pimienta

8 cdas de AOVE y un poco más para emplatar

1 ½ cdas de hojas de perejil picado muy fino

1 ½ cdas de alcaparras lavadas y picadas

4 huevos

700 g de espárragos

Prepara la vinagreta mezclando el zumo de limón, la mostaza, la sal y la pimienta en un bol e incorporando el aceite sin dejar de remover. Añade el perejil y las alcaparras y prueba. Tal vez quieras añadir un poco más de limón o aceite.

Pon los huevos a hervir y, transcurridos siete minutos, escúrrelos y pásalos brevemente por agua fría. Corta la base de los espárragos y descarta las partes leñosas. Hierve los espárragos o cuécelos al vapor hasta que estén un poco tiernos (entre cuatro y seis minutos).

Cuando los huevos estén lo bastante templados para que puedas manipularlos, pero todavía calientes, pélalos y pícalos, mezclando la yema y la clara.

En cuanto los espárragos estén hechos, escúrrelos y repártelos en seis platos. Salpimienta, riega con la vinagreta y esparce el huevo picado por encima formando una franja transversal. Rocía con un chorrito de aceite de oliva virgen extra y sirve.

alternativas... Consulta las ideas para cocinar con brócoli de la pág. 49; los espárragos pueden prepararse del mismo modo. Pruébalos también con pesto de berros (véase la pág. 282): simplemente viértelo por encima de los espárragos y corona el plato con un huevo escalfado. Delicioso.

huevos pasados por agua con trío de ensaladas

Pon la huevera en el centro de un plato y rodéala con guarniciones compradas y caseras. Puedes completar la selección de abajo con espárragos, remolacha asada, caballa ahumada, langostinos, etcétera. La idea es saborear el huevo tibio entre bocados de los distintos acompañamientos.

Prepara las ensaladas con antelación y, en el último momento, haz los huevos pasados por agua.

PARA 8 PERSONAS

PARA LA VINAGRETA

1 cda de vinagre de vino blanco

1 cdta de mostaza de Dijon

4 cdas de AOVE

una pizca de azúcar

sal y pimienta

PARA LA ENSALADA DE LENTEJAS

225 g de lenteja de Puy o pardina

½ cebolla pequeña muy picada

½ tallo de apio picado muy fino

2 cdas de aceite de oliva

2 cdas de perejil picado

½ cebolla roja pequeña, cortada en rodajas muy finas

PARA LA ENSALADA DE BROTES

250 g de brotes de brócoli morado

50 g de anchoas en aceite de oliva

1 ½ cdas de AOVE y un poco más para servir

2 dientes de ajo en láminas finas

guindilla en copos

el zumo de ½ limón

PARA LA ENSALADA DE RABANITOS

1 manojo de rabanitos

2 cdtas de alcaparras lavadas

1 diente de ajo pequeño muy picado

2 cebolletas picadas finas

las hojas de 4 ramitas de menta

1 cda de zumo de limón

2 cdas de AOVE

un puñado de microhojas

ensalada de lentejas

Prepara la vinagreta batiendo todos los ingredientes. Lava las lentejas, cúbrelas con agua fría, ponlas a hervir y deja cocer hasta que estén tiernas pero sin que se deshagan (de 15 a 30 minutos).

Mientras, sofríe la cebolla y el apio en el aceite hasta que se ablanden pero sin que lleguen a dorarse. Cuela las lentejas, agrégalas a la mezcla anterior y remueve para que los sabores se integren. Añade la vinagreta y las hojas de perejil picadas muy finas, salpimienta e incorpora la cebolla roja removiendo con delicadeza.

ensalada de brotes de brócoli morado con salsa de anchoas

Corta las puntas de los brotes y cuécelos al vapor hasta que empiecen a estar tiernos; tardarán entre cuatro y cinco minutos.

Escurre las anchoas y, en una sartén pequeña, calienta el aceite de oliva virgen extra a fuego suave. Añade el ajo y la guindilla en copos y deja cocinar durante unos minutos, hasta que el ajo haya tomado un tono ligeramente dorado. Agrega las anchoas y trocéalas con el dorso de una cuchara de madera; el calor del aceite hará que se deshagan. Riega los brotes de brócoli con esta salsa, añadiendo zumo de limón y pimienta. Antes de servir, aliña con un chorrito de aceite de oliva virgen extra.

ensalada de rabanitos y alcaparras

Quita los extremos de los rabanitos y córtalos a lo largo en láminas muy finas (con una mandolina te resultará fácil). Mezcla con los demás ingredientes, prueba y rectifica si es necesario.

sopa de tofu, langostinos y cebollino

A lo mejor crees que el tofu no va contigo, pero yo te animo a probarlo. Comerlo en una reconfortante sopa es una buena forma de empezar, pues el tofu se impregna de los sabores del caldo y se derrite en la boca.

PARA 4 PERSONAS

1,2 l de un buen caldo de pollo o de pescado

3 cm de raíz de jengibre pelada y cortada en láminas

4 cebolletas

2 dientes de ajo picados

un puñadito de cilantro

350 g de langostinos tigre crudos, pelados y sin el intestino (mejor de pesca sostenible)

160 g de tofu cortado en dados

sal y pimienta

el zumo de 1 lima

10 g de cebollino picado

2 cdas de hojas de cilantro picadas

Vierte el caldo en una cacerola junto con el jengibre. Corta las cebolletas diagonalmente en láminas finas, separando la hoja del bulbo. Reserva los trozos verdes y maja los trozos blancos en un mortero junto con los ajos. Añade al caldo, junto con el puñado de ramitas de cilantro. Lleva el caldo a ebullición y deja hervir a fuego lento durante 30 minutos. Deja que el caldo repose para que se impregne de todos los sabores. Cuélalo.

Vuelve a llevar el caldo a ebullición. Mientras hierve a fuego lento, añade los langostinos y el tofu, salpimienta y deja cocer un minuto más. Exprime el zumo de lima, prueba y rectifica si es necesario. Sirve la sopa en boles, repartiendo el cebollino y las hojas de cilantro. Este plato pierde bastante si se recalienta —no sólo en frescura, sino que el tofu tiende a enturbiar el caldo—, así que lo mejor es comerlo recién hecho.

algo distinto Esta sopa admite otros ingredientes, aparte de los langostinos. Puedes prepararla con vieiras (cortadas por la mitad horizontalmente) o dados de salmón, e incluso con pollo asado deshilachado. Aunque no hace falta que lleve carne o pescado; en temporada, puedes usar judías verdes y puntas de espárragos: hiérvelos en el caldo hasta que queden tiernos, añade el tofu y deja hervir un minuto más.

caldo de pollo peruano

El reconfortante caldo de pollo es un plato que se prepara a lo largo y ancho del mundo, y ésta es la versión peruana, aunque allí suelen comerlo para desayunar, más que para cenar. Los peruanos le echan fideos de huevo, además de patatas, pero no me gusta que haya doble presencia de almidón. Puedes sustituir la patata por quinua: es más sana y, al ser un cereal de origen americano, no desentona en esta receta. Prepárala como se indica en la pág. 224 y añádela a la sopa o sírvela como guarnición. El aguacate no forma parte de la receta original, pero le va que ni pintado.

PARA 8 PERSONAS

2,25 kg de pollo

2 puerros picados gruesos

2 tallos de apio picados gruesos

2 zanahorias picadas gruesas

4 cm de raíz de jengibre, pelada y cortada en láminas

1 cabeza de ajos, cortada por la mitad horizontalmente

8 patatas céreas (peladas o no, al gusto)

6 huevos

un puñadito de hojas de cilantro picadas gruesas

4 cebolletas picadas

2 chiles rojos sin semillas y cortados en láminas finas

el zumo de 1 o 2 limas, al gusto, más cuñas de lima para decorar

rodajas de aguacate, salpimentadas y regadas con zumo de lima, para servir

Pon el pollo en una cacerola grande, junto con el puerro, el apio, la zanahoria, el jengibre y el ajo. Cubre completamente con agua y lleva a ebullición. Baja el fuego y deja cocer suavemente durante cerca de tres horas, espumando la superficie de vez en cuando para desechar las impurezas y la grasa. El pollo debe quedar tierno sin llegar a deshacerse, y el caldo debe tener un tono dorado.

Saca el pollo con cuidado, colócalo en una fuente y cuela el caldo. Retira la grasa con una espumadera (puedes echarle un puñado de cubitos de hielo para que suba a la superficie). Prueba el caldo; si quieres que tenga un sabor más intenso, redúcelo prolongando el tiempo de cocción.

Echa las patatas al caldo y cuécelas durante unos 25 minutos o hasta que queden tiernas. Cuece los huevos durante siete minutos. Una vez cocidos, cúbrelos con agua fría y, cuando estén lo bastante templados para manipularlos, pélalos.

Mientras, deshuesa el pollo (aunque también puedes servirlo entero, en la misma olla). Si lo troceas, procura que te queden ocho buenas raciones de carne, una para cada comensal, o su equivalente en trozos pequeños.

Cuando las patatas estén hechas, devuelve los trozos de pollo (o la pieza entera) al caldo y caliéntalo todo junto. Aparta del fuego y agrega el cilantro, la cebolleta, el chile y el zumo de lima al gusto. Sirve con el aguacate como guarnición. Cada plato debe tener un huevo duro cortado en dos y unas cuñas de lima.

ensalada de remolacha, rabanitos y queso de cabra

Tal vez parezca extraño aliñar con yogur una ensalada que lleva queso de cabra, pero la combinación funciona bastante bien. También podemos aderezarla con un aliño de suero de mantequilla (véase la pág. 96), algo más ligero. Prueba a dejar la remolacha cruda —cortada en láminas muy finas— y sustituye los canónigos por berros si te resulta más fácil encontrarlos. Un poco de espelta (véase cómo cocinarla en la pág. 224) sería una buena forma de redondear este plato.

PARA 6 PERSONAS
COMO ALMUERZO LIGERO

PARA LA ENSALADA

600 g de remolachas pequeñas crudas

sal y pimienta

2 cdas de aceite de oliva

1 cebolla roja pequeña, cortada en láminas muy finas

125 ml de vinagre de sidra

35 g de azúcar granulado

125 g de rabanitos

150 g de canónigos

un puñadito de hojas de menta

1 ½ cda de AOVE (usa una variedad suave y afrutada)

un buen chorro de zumo de limón

175 g de queso de cabra, desmenuzado

PARA EL ALIÑO DE YOGUR

100 g de yogur griego

2 cdas de AOVE

1 diente de ajo prensado

Precalienta el horno a 180 ºC/posición 4 si es de gas. Corta los tallos y las hojas de la remolacha, así como el rabito (si las hojas son tiernas y frescas, lávalas, córtalas en juliana y añádelas a la ensalada; le aportarán color). Lava las remolachas a conciencia y disponlas en una fuente de hornear, sobre una doble capa de papel de aluminio (ésta deberá ser lo bastante grande para cubrir holgadamente la remolacha). Salpimienta las remolachas y rocíalas con el aceite, girándolas para asegurarte de que quedan bien untadas. Cubre las remolachas con el papel de aluminio, sella los bordes y mete la fuente en el horno. Si has podido encontrar remolachas pequeñas, pínchalas con un cuchillo afilado al cabo de 30 minutos; deberán estar tiernas. Las más grandes tardan hasta una hora y media. Puesto que vas a comerlas frías, puedes asarlas con antelación.

Pon la cebolla en una cacerola junto con el vinagre y el azúcar. Lleva poco a poco a ebullición, aparta del fuego y deja reposar durante 30 minutos. Las láminas de cebolla se habrán encurtido levemente. Escúrrelas.

Desecha la hoja y el rabito de los rabanitos y córtalos longitudinalmente en láminas finas.

Para preparar el aliño, mezcla bien todos los ingredientes con 2 cucharadas de agua.

Cuando las remolachas estén tiernas y lo bastante frías para manipularlas, pélalas con cuidado. Córtalas en rodajas o en cuñas. Mezcla los canónigos, la menta y los rabanitos, el aceite de oliva virgen extra, el zumo de limón, sal y pimienta. Repártelo entre los seis platos. Añade una cucharada de cebolla encurtida y corónalo con la remolacha y el queso de cabra. Riega con el aliño de yogur y sirve enseguida.

ensalada de alcachofas y ricotta con aliño de limón encurtido a la miel

Puedes variar esta receta añadiendo habitas escaldadas y peladas, guisantes, espárragos o pimientos asados. Todos casan muy bien con las alcachofas y la ricotta. Puedes sustituir las alcachofas en aceite por otras enlatadas al natural, más económicas, aunque tendrás que marinarlas primero (véase la pág. 90).

PARA 4 PERSONAS

PARA LA VINAGRETA

2 limones encurtidos comprados
(1 si es casero, pues será más
grande)

1 cda de vinagre de vino blanco

1 cda de miel líquida

1 ½ cdtas del jugo de los limones
encurtidos

las hojas de 4 ramitas de menta,
troceadas

4 cdas de AOVE

sal y pimienta

PARA LA ENSALADA

400 g de corazones de alcachofa
en aceite, escurridos (unos 6 por
persona)

50 g de canónigos o berros, o una
mezcla de ambos

150 g de tomates cherry, cortados
por la mitad

250 g de queso ricotta, a ser
posible fresco, desmenuzado

2 chiles rojos sin semillas
y cortados en láminas finas

35 g de almendras escaldadas,
tostadas y picadas gruesas

40 g de aceitunas verdes o negras
de buena calidad

las hojas de 15 g de menta

Empieza por el aliño. Retira la pulpa de los limones encurtidos y deséchala. Corta la piel en juliana. Mezcla el resto de los ingredientes, salpimienta y agrega la piel del limón encurtido. Prueba y sazona si lo consideras necesario, añadiendo más vinagre o miel para que haya un equilibrio entre el dulzor y la acidez.

Pon las alcachofas en un bol y riégalas con el aliño (esto resaltará su sabor y textura). Tapa y reserva hasta el momento de servir (si puedes, déjalas reposar durante una hora como mínimo).

Saca las alcachofas del bol, sacudiéndolas para escurrir el exceso de aliño. Disponlas en cuatro platos junto con los demás ingredientes de la ensalada. Riega con el aliño. Espolvorea con pimienta negra recién molida y sirve.

blanco y puro

En casa consumimos un kilo de yogur por semana. Nos encanta su pureza, su nívea blancura, su leve acidez. Lo tomamos para desayunar, como crema para untar o como salsa, mezclado con menta, ajo o aceite de oliva. La fruta se la añado yo, pues así sé cuánto azúcar estoy comiendo. Pero ¿es el yogur tan saludable como dicen? Al igual que la leche, es un alimento saciante, una buena fuente de proteínas y calcio, y se ha asociado con efectos antiinflamatorios, el fortalecimiento del sistema inmunológico y una menor incidencia de cáncer de colon. En el caso de los yogures con fruta añadida, los beneficios no están tan claros. Es importante leer la etiqueta: te sorprenderá la cantidad de azúcar que llevan, sobre todo los desnatados. Y eso que el yogur natural no es es tan rico en grasas: el que se elabora con leche entera de vaca contiene un 3,7 % de materia grasa. Yo compro yogur de leche entera: es saciante, contiene todos los nutrientes de la leche y sabe bien. ¿Y qué hay de los yogures «vivos» y «probióticos»? Todos los yogures están «vivos» y contienen probióticos, salvo que estén pasteurizados. Según la OMS, los probióticos son microorganismos vivos que aportan beneficios para la salud: pueden incrementar las bacterias que contribuyen a la digestión, fortaleciendo nuestras defensas naturales. Pero existen miles de probióticos, y sólo algunos nos aportan beneficios si los ingerimos de forma regular. Así que el yogur es un buen alimento (pero hay que leer la etiqueta de los desnatados) con ventajas adicionales.

puerros con yogur, eneldo y zumaque

El puerro tal vez no encaje con los paisajes soleados y los cielos azules que asociamos con Oriente Próximo, pero es un alimento muy apreciado en toda la región. A temperatura ambiente están deliciosos.

PARA 4 PERSONAS
6 puerros
6 cdas de AOVE
un buen chorro de zumo de limón
sal y pimienta
75 g de yogur griego
2 dientes de ajo prensados
1 cda de hojas de eneldo picadas
2 cdtas de mostaza de Dijon
zumaque molido para emplatar

Saca las hojas externas de los puerros y deséchalas. Corta los extremos y trocéalos en segmentos de unos 4 cm de largo. Lávalos muy bien y cuécelos al vapor entre 4 y 6 minutos. El centro debe quedar tierno; pínchalos con un cuchillo afilado para comprobar el punto de cocción.

Coloca los puerros sobre un paño de cocina limpio y sécalos con cuidado. Mientras siguen calientes, viértelos en un bol y riégalos con la mitad del aceite de oliva y todo el zumo de limón. Salpimienta.

Mezcla el yogur con el ajo, el resto del aceite, el eneldo, la mostaza, sal y pimienta. Puedes aligerar la salsa añadiéndole agua o leche (a mí me encanta con suero de mantequilla). Riega los puerros con la salsa o mézclalos con cuidado. Espolvorea con zumaque justo antes de servir.

menú de primavera sano y picante

rollitos vietnamitas con *nuoc cham* | bol de arroz japonés | macedonia con almíbar de menta y rosa

He aquí un menú para invitar a los amigos preocupados por su peso. Es ligero y apetitoso, pero también saciante. El bol de arroz lleva pescado crudo, una fuente de proteína excelente, y carbohidratos «buenos». Como alternativa al postre sugerido puedes servir compota de cítricos con escarcha de jengibre (véase la pág. 200).

rollitos vietnamitas con *nuoc cham*

La salsa vietnamita llamada *nuoc cham* es adictiva. Estos rollitos dan un poco de trabajo, pero valen la pena. Ten paciencia cuando los montes. En casa solemos comer el relleno como plato principal, acompañado de su salsa y de un bol de arroz integral o unos fideos de arroz.

PARA 6 PERSONAS
(SALEN 18 ROLLITOS)

PARA LOS ROLLITOS

18 obleas de arroz

150 g de colas de langostino cocidas, peladas y sin el intestino (mejor de pesca sostenible)

100 g de lechuga iceberg cortada en juliana

75 g de zanahorias cortadas en bastones finos

½ mango verde pelado, cortado en bastoncitos (opcional pero muy recomendable)

40 g de soja germinada

hojas de menta, albahaca y cilantro, 10 g de cada

PARA LA SALSA NUOC CHAM

4 dientes de ajo picados

1 chile rojo sin semillas picado

6 cdtas de azúcar extrafino

el zumo de 2 limas

6 cdas de salsa de pescado

Sumerge dos o tres obleas de arroz en un bol con agua durante unos segundos para que se reblandezcan. No las dejes en remojo o estarán demasiado pegajosas para manipularlas. Sácalas y colócalas sobre un paño de cocina húmedo. Deja que se sequen un poco y se vuelvan flexibles; deberán formarse hoyuelos en la superficie. Si intentas enrollar las obleas antes de que estén listas, se romperán.

Ahora hay que rellenar los rollitos. Coloca los ingredientes del relleno en el centro de cada oblea, asegurándote de repartirlos bien. Mójate las manos para que no se peguen al papel y enróllalo, ciñendo bien el relleno y metiendo los bordes hacia dentro. Ve colocando los rollitos en una bandeja, con la junta vuelta hacia abajo, y tápalos con un paño de cocina humedecido. Si no vas a servirlos enseguida, se conservarán perfectamente en la nevera durante unas 12 horas.

Para hacer la salsa *nuoc cham*, maja el ajo y el chile en el mortero. Ve añadiendo gradualmente el azúcar, el zumo de lima y la salsa de pescado.

Sirve los rollitos acompañados de esta salsa.

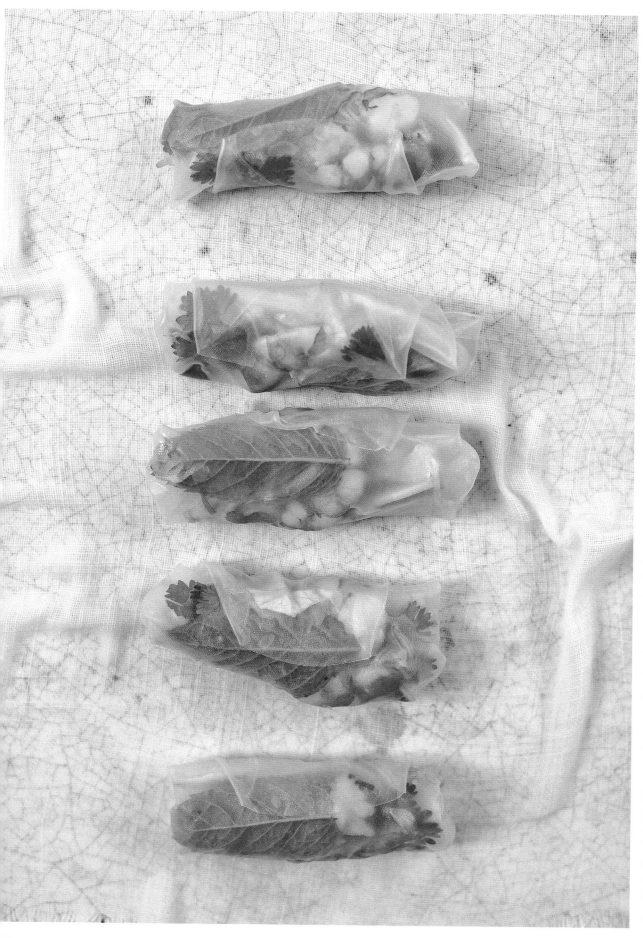

bol de arroz japonés

Los boles de arroz son muy habituales en Japón. Por lo general incorporan algún ingrediente cocinado a fuego lento, como la ternera estofada, que se pone encima del arroz. Se los conoce como *donburi*, que es el nombre del bol en que se sirven y también del plato en sí. Te propongo una interpretación moderna de esta receta, perfecta para quienes se preocupan tanto por su peso como por su salud, porque lleva arroz integral, verduras y pescado crudo. El aliño lo hace todavía más apetitoso. Además, hay algo reconfortante en este plato, quizá porque es un verdadero placer para la vista. Aquí no hay nada que cortar ni con lo que pelearse. Todo se reduce a un puñado de buenos alimentos, un bol y unos palillos.

Si quieres darle un punto picante, añade chile al aliño o sírvelo acompañado de *wasabi*.

PARA 6 PERSONAS

PARA EL ALIÑO

el zumo de 3 limas

3 cdas de vinagre de arroz

3 cdas de azúcar extrafino

1 ½ cdas de salsa de soja *tamari*

PARA EL BOL DE ARROZ

375 g de arroz integral

150 g de vainas de edamame

150 g de tirabeques

½ pepino corto y rugoso (a poder ser, delgado), o alargado

525 g de atún para sushi muy fresco

40 g de brotes de guisante

6 cebolletas, limpias y cortadas en láminas diagonales

4 ½ cdas de láminas de jengibre encurtido

2 cdas de semillas de sésamo negro

Prepara el aliño mezclando todos los ingredientes.

Cuece el arroz en abundante agua hirviendo hasta que esté tierno pero ofrezca una pequeña resistencia al morder el centro del grano. Cuélalo e incorpora enseguida la mitad del aliño. Cuece el edamame y los tirabeques en agua hirviendo durante unos dos minutos, cuélalos y pásalos por agua fría. Corta los tirabeques por la mitad en sentido longitudinal.

Pela el pepino intercalando tiras de piel con partes peladas, córtalo por la mitad y saca las semillas. Trocéalo en rodajas de medio centímetro de grosor.

Corta el atún en rodajas de unos 3 mm de grosor. Reparte el arroz en seis boles y cúbrelo con el edamame y los tirabeques, el pepino, el atún, los brotes de guisante y la cebolleta. Riega con el aliño restante y añade el jengibre y las semillas de sésamo. Sirve enseguida.

en la variedad está el gusto... Esta receta admite combinaciones infinitas y permite hacer composiciones preciosas. El punto crujiente siempre se agradece, por lo que una versión con bastoncitos de zanahoria cruda, germinados y rabanitos es una buena idea. También puedes añadir tofu frito con salsa de soja, brotes de brócoli morado, setas *shiitake* o setas de cardo salteadas, rodajas de aguacate, salmón o caballa crudos, o bien pollo cocinado. Y a veces sustituyo el aliño japonés por otro típico del sudeste asiático (véase la pág. 103).

macedonia con almíbar de menta y rosa

Este postre es aromático, pero puedes cambiarle el aroma. Usa agua de azahar en vez de agua de rosas, o sustituye la menta por albahaca o tomillo limonero (si usas hierbas aromáticas, prescinde del agua floral). Y, por supuesto, utiliza cualquier fruta de temporada. Lo importante es que esté madura y en perfectas condiciones. Intenta cortar la fruta en trozos de distintos tamaños para que el plato resulte más atractivo a la vista.

PARA 6 PERSONAS

PARA EL ALMÍBAR

175 g de azúcar

2 tiras anchas de cáscara de lima y el zumo de 2 limas

las hojas de un manojito de menta y unas ramitas pequeñas para emplatar (opcional)

2 cdtas de agua de rosas

PARA LA MACEDONIA

1 naranja grande o 1 pomelo rosa

½ piña pequeña, sin el corazón y cortada en trozos pequeños

½ mango en su punto, pelado, deshuesado y cortado en trozos desiguales

½ melón cantalupo o Galia, pelado y despepitado, cortado en dados o trozos pequeños

12 lichis pelados y deshuesados con cuidado (también puedes usar lichis en conserva, escurridos)

pétalos de rosa pequeños para servir (opcional)

Para preparar el almíbar, pon el azúcar en un cazo, vierte 450 ml de agua y añade la cáscara de lima. Lleva suavemente a ebullición, removiendo de vez en cuando para que el azúcar se disuelva. Cuece durante 4 minutos. Aparta del fuego, añade el zumo de lima y las hojas de menta y deja enfriar. Cuando esté frío, agrega el agua de rosas poco a poco, pues su intensidad puede variar y no conviene que la macedonia quede demasiado perfumada. Saca las hojas de menta.

Pela bien el cítrico elegido quitando la parte blanca. Con un cuchillo de hoja afilada, separa los gajos de la membrana que los recubre a cada lado y sácalos con cuidado (si lo prefieres, córtalo en rodajas, pero no las hagas demasiado gruesas y usa un cuchillo afilado; desecha todas las semillas que veas).

Coloca toda la fruta en un bol grande o en varios cuencos individuales y riégala con el almíbar sin llegar a sumergirla. Refrigera la macedonia antes de servirla decorada con unas ramitas de menta o pétalos de rosa.

cuscús de cebada de primavera con *harissa* y salsa de suero de mantequilla

He aquí un plato rebosante de verduras tiernas. También queda estupendo con dos tercios de cuscús de cebada normal y un tercio de cebada perlada (véase cómo cocinarla en la pág. 223). Este cuscús es perfecto para acompañar un estofado de pollo (usando los jugos de la cocción en vez del caldo y mezclándolos con la *harissa*).

El cuscús de cebada tiene un sabor ligeramente distinto al de trigo. (También hay cuscús de trigo integral y de kamut.) Para cocinarlo, cúbrelo con agua o caldo hirviendo, tapa y deja reposar 15 minutos. Como regla general, usa 270 ml de líquido para 200 g de cuscús (cantidad suficiente para cuatro personas si se sirve como acompañamiento), pero si vas a añadirle ingredientes «húmedos» necesitarás menos líquido. Aliña con aceite de oliva, salpimienta y remueve con un tenedor.

PARA 8 PERSONAS COMO ACOMPAÑAMIENTO, PARA 4 COMO PLATO PRINCIPAL

PARA EL CUSCÚS

200 g de habas desgranadas

300 g de cuscús de cebada

2 cdas de AOVE y un poco más para emplatar

la ralladura fina de 1 limón y un chorro generoso de su zumo

sal y pimienta

200 g de zanahorias *baby*

200 g de guisantes desgranados

200 de puerros *baby*

1 cda de hojas de perejil picadas gruesas

350 ml de caldo de verduras o de pollo

1 o 2 cdtas de *harissa*

PARA LA SALSA DE SUERO DE MANTEQUILLA

½ cebolla picada fina

½ cda de aceite de oliva

½ cdta de comino molido

300 ml de suero de mantequilla

2 cdas de yogur griego

2 cdas de hojas de cilantro picadas

Cuece las habas en agua hirviendo hasta que estén apenas tiernas, entre cinco y siete minutos. Cuela. Cuando estén lo bastante frías para que puedas manipularlas, quítales la piel (es un poco laborioso, pero vale la pena).

Pon el cuscús de cebada en un bol y cubre con 400 ml de agua hirviendo. Añade el aceite de oliva virgen extra, el zumo de limón, la sal y la pimienta. Tapa con film transparente y deja que el cuscús absorba el agua durante 15 minutos.

Mientras tanto, prepara el resto de las verduras. Pon a hervir las zanahorias y los guisantes a fuego lento en cacerolas separadas hasta que estén tiernos; las zanahorias tardarán unos 15 minutos, los guisantes, 7. Cuece los puerros al vapor durante 4 minutos, cuélalos y pásalos por agua fría para que no pierdan su color.

Para la salsa de suero de mantequilla, sofríe la cebolla en el aceite hasta que esté tierna pero sin que llegue a dorarse. Añade el comino y sofríe un minuto más. Añade el suero de mantequilla y el yogur y salpimienta. Calienta pero sin que llegue a hervir y añade el cilantro.

Pon las habas en un colador y riégalas con agua hirviendo para recalentarlas. Remueve el cuscús con un tenedor para separar los granos, añade la ralladura de limón y el perejil y viértelo en una fuente de servir. Coloca las verduras calientes sobre el cuscús y aliña con aceite de oliva virgen extra.

Lleva el caldo a ebullición, añade la *harissa* y sírvelo en una jarrita o un bol. Acompaña con la salsa de suero de mantequilla tibia.

al rico brócoli

Según los médicos y nutricionistas, las verduras del género Brassica, junto con los berros, son muy sanas. No sólo por su riqueza en vitamina C y K, sino porque contienen minerales y sustancias fitoquímicas a los que se atribuye una poderosa acción anticancerígena, así como un efecto antiinflamatorio que puede contribuir a disminuir el riesgo de enfermedades cardiovasculares y de derrame cerebral.

patatas de platillo, brotes de brócoli morado, huevos de codorniz y crema de anchoas

Esta receta queda perfecta con salmón, y acompañada de otro plato vegetal sirve como segundo (añádele un manojo de rabanitos y tendrás la primavera en tu mesa. Pura delicia). La crema de anchoas también va fenomenal con unos pimientos asados; el secreto está en el contraste entre el sabor salado de las anchoas y el punto dulzón de los pimientos.

PARA 6 PERSONAS
COMO ACOMPAÑAMIENTO

1 cda de aceite de oliva

3 chalotas, cortadas finas y a lo largo

12 huevos de codorniz

350 g de patatas de platillo

sal y pimienta

400 g de brotes de brócoli morado

2 cdas de AOVE de sabor suave

1 cda de zumo de limón

2 cdas de hojas de perejil picadas muy finas

PARA LA CREMA DE ANCHOAS

55 g de anchoas en aceite de oliva

2 dientes de ajo

55 g de piñones o almendras blanqueadas

100 ml de AOVE (mejor afrutado que herbáceo)

el zumo de ½ limón

Calienta el aceite de oliva en una sartén y sofríe suavemente las chalotas hasta que estén tiernas pero sin que lleguen a dorarse.

Cuece los huevos de codorniz durante cuatro minutos y escúrrelos.

Para la crema de anchoas con ajo, mezcla las anchoas, el ajo y los frutos secos en un robot de cocina. Ponlo en marcha y añade el aceite de oliva virgen extra, vertiéndolo en un hilo constante. Prueba, añade el zumo de limón y vuelve a probar. Buscamos la textura de la nata para montar, así que, si la crema ha quedado demasiado espesa, añade un poco de agua.

Cuece las patatas de platillo en agua ligeramente salada.

Mientras, corta la base de cada tallo de brócoli, deséchalas y cuécelos al vapor. Deberían estar listos al mismo tiempo que las patatas.

Escurre las patatas y mézclalas con cuidado en un bol junto con el brócoli, el aceite de oliva virgen extra, el zumo de limón, el perejil, las chalotas salteadas, la sal y la pimienta.

Pela y corta por la mitad los huevos de codorniz e incorpóralos a los demás ingredientes. Riega con un poco de crema de anchoas (pero sin pasarte; pon lo que sobre en una salsera). Sirve caliente, tal como está, o a temperatura ambiente.

más ideas con brócoli

Cuando el brócoli morado no esté en temporada, sustitúyelo por *bimi* o brócoli normal.

PARA LOS BROTES DE BRÓCOLI
MORADO CON RICOTTA

300 g de brotes de brócoli
morado

175 g de queso ricotta

50 g de queso parmesano

la ralladura fina de ½ limón,
más el zumo de 1

sal y pimienta

8 cdas de AOVE

PARA EL BRÓCOLI *STRASCINATI*

3 cdas de AOVE y un poco
más para emplatar

450 g de brócoli o brotes
de brócoli morado

3 dientes de ajo picados finos

½ cdta de guindilla en copos

un chorro de zumo de limón

PARA LOS BROTES DE BRÓCOLI
MORADO AL ESTILO CHINO

450 g de brotes de brócoli
morado

2 dientes de ajo picados finos

2 cm de raíz de jengibre pelada
y rallada

1 cda de aceite de cacahuete

2 cebolletas picadas finas

6 cdas de salsa de ostras

brotes de brócoli morado con ricotta, limón y parmesano

Despunta los tallos de brócoli si están un poco leñosos y cuécelos al vapor hasta que estén tiernos, entre 4 y 5 minutos. Mientras, desmenuza el ricotta y corta el parmesano en escamas finas con un pelador de verduras. Reparte el brócoli entre los platos, esparce la ricotta por encima, espolvorea con la ralladura de limón y riega con el zumo. Salpimienta. Reparte escamas de parmesano, añade un chorrito de aceite y sirve. Para 4 personas como entrante o guarnición.

brócoli *strascinati*

Calienta el AOVE en una sartén, añade el brócoli y saltéalo entre 6 y 8 minutos, hasta que esté dorado. Añade 3 cdas de agua y el ajo picado. Cuece a fuego lento hasta que el agua se evapore, incorpora la guindilla y prolonga la cocción hasta que el brócoli esté tierno y el ajo dorado. Salpimienta y sirve con un chorrito de AOVE y el zumo de limón. Para 6 personas como guarnición.

brotes de brócoli morado salteados al estilo chino

Cuece el brócoli al vapor hasta que esté tierno. Mientras, saltea el ajo y el jengibre en el aceite hasta que se hayan dorado y ablandado. Incorpora el brócoli, las cebolletas y la salsa de ostras. Calienta todo junto a fuego lento y sirve acompañado de arroz integral. Para 6 personas como guarnición.

prueba también... Mezcla el brócoli con lentejas de Puy o pimiento rojo asado y cortado en tiras y aliña con crema de anchoas o salsa de *tahina* (véanse la pág. sig. y la pág. 135).
Incorpora el brócoli al vapor a un pesto de *kale* o col rizada y sírvelo con tallarines de trigo integral (véase la pág. 282).
Añade más guindilla a un pesto calabrés (véase la pág. 281) y sírvelo con el brócoli.

buey de mar al ajillo picante

El buey de mar puede comerse frío, pero entonces me pide mayonesa (más concretamente, a cucharadas). Además, no siempre apetece comerlo frío. Esta receta es un verdadero manjar para cuatro, pero también puedes comprar un solo buey de mar y preparar una comida especial para dos. Se encuentra ya cocinado, pero yo prefiero hervirlo en casa y comerlo tibio. Para darle una muerte lo menos cruel posible, sigue los consejos del gran Mitch Tonks (www.mitchtonks.co.uk/recipes/south-devon-crab). Sírvelo con una ensalada y un buen pan hecho con masa madre.

PARA 4 PERSONAS

2 bueyes de mar vivos de tamaño medio

sal marina y pimienta

2 cdas de AOVE (mejor afrutado que herbáceo) y un chorrito más para emplatar

1 o 2 chiles rojos, al gusto, sin semillas y picados

2 dientes de ajo picados finos

1 limón, más cuñas de limón para servir

las hojas de un manojito de perejil, picadas gruesas

Llena de agua una olla lo bastante grande para que quepan en ella los dos bueyes de mar. Lleva a ebullición y añade una cucharada de sal. Introduce los bueyes de mar en la olla, y cuando rompa a hervir otra vez, cocina durante 15 minutos. Transcurrido ese tiempo, sácalos.

Cuando estén lo bastante fríos para que puedas manipularlos, colócalos sobre una tabla de cortar con el caparazón vuelto hacia abajo y quítales las patas y las pinzas. Saca y desecha la tapa triangular o con forma de cuña de la parte inferior y separa el caparazón del resto del cuerpo (quizá tengas que introducir un cuchillo y hacer un poco de presión). Extrae y desecha la bolsa del estómago (la encontrarás detrás de la boca) y las agallas, de un color blanco o verde pálido. Con la ayuda de una cuchara, saca la carne del caparazón y ponla en un cuenco. Divide el cuerpo en dos dándole un mazazo con algo pesado. Retira con cuidado toda la carne (necesitarás un instrumento especial para extraerla de los intersticios). Rompe las pinzas para que el sabor del chile y el ajo impregne la carne (puedes usar la parte roma de un cuchillo de carnicero).

Calienta el aceite de oliva en una sartén o cacerola grande y añade el chile y el ajo. Cocina a fuego lento durante unos minutos y luego añade la carne del caparazón, las patas y las pinzas. Caliéntalo todo e incorpora la carne del cuerpo, más clara. Salpimienta, riega con un buen chorro de zumo de limón y espolvorea con el perejil picado. Riega con aceite de oliva virgen extra. Sirve enseguida, acompañado de unas cuñas de limón. Necesitarás algunas tenazas o pinzas especiales para marisco en la mesa para que los comensales puedan abrir las patas. No te olvides de poner también una buena pila de servilletas, porque es imposible no pringarse los dedos.

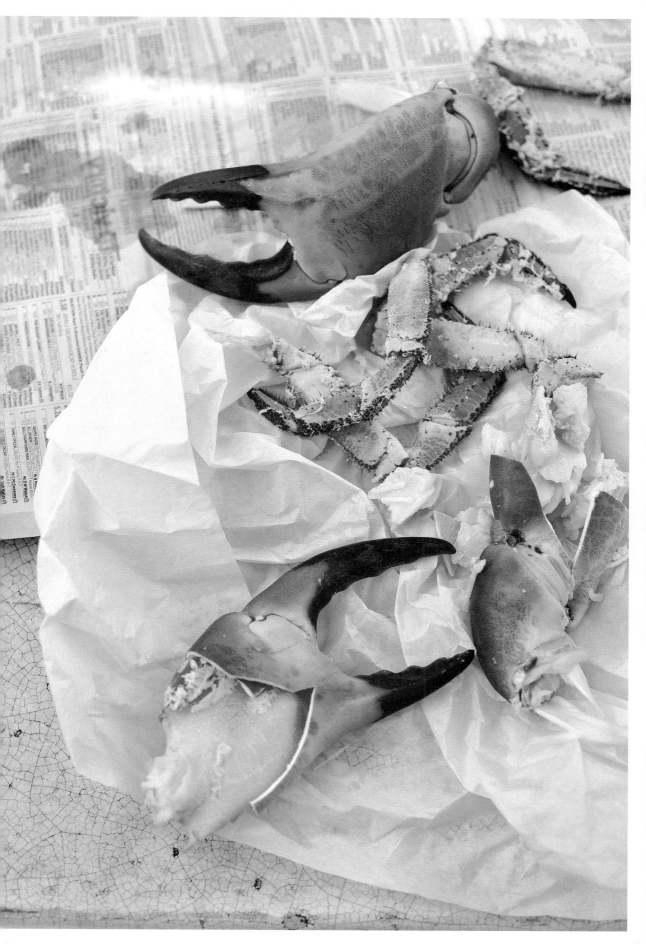

tartar de salmón con pepino agridulce y galletas crujientes de centeno

Una incursión en la cocina escandinava. Puedes sustituir las galletas de centeno por pan de centeno o una ensalada de espelta con berros (véase cómo cocinar la espelta en la pág. 224). Con las cantidades indicadas salen más galletas de las necesarias, pero vale la pena hacer una buena hornada.

PARA 4 PERSONAS

PARA LAS GALLETAS CRUJIENTES DE CENTENO

250 g de harina de centeno, y un poco más para espolvorear

1 cdta de sal

1 cdta de azúcar moreno claro

½ cdta de levadura en polvo

25 g de mantequilla fría, cortada en dados

150 ml de leche entera

PARA EL PEPINO AGRIDULCE

1 pepino

1 cda de sal marina en escamas

2 cdas de vinagre de arroz

2 cdas de azúcar extrafino

1 cda de hojas de eneldo picadas

PARA EL SALMÓN CON YOGUR AL ENELDO

200 g de lomo de salmón sin la piel

1 cda de alcaparras, lavadas, secadas con papel de cocina y picadas finas

1 chalota pequeña picada muy fina

2 cdas de hojas de perejil picadas muy finas

1 cda de zumo de limón

2 cdas de AOVE

pimienta negra recién molida

6 cdas de yogur griego

¼ de cda de hojas de eneldo picadas

Para las galletas, precalienta el horno a 200 ºC/posición 6 si es de gas. Enharina ligeramente una bandeja de horno antiadherente grande (o dos medianas).

Mezcla en un bol la harina, la sal, el azúcar, la levadura y la mantequilla, desmenuzándola con los dedos para integrarla. Añade la leche, remueve con un cuchillo para untar y trabaja con las manos hasta obtener una masa blanda. Estará pegajosa, pero se volverá más manejable según la vayas trabajando.

Enharina una superficie de trabajo y, con la ayuda de un rodillo, forma círculos de masa muy muy finos y desiguales. A medida que formes las galletas, ponlas en la bandeja de horno, pínchalas con un tenedor y hornéalas durante 10 minutos; no las descuides, porque se queman enseguida. En cuanto se hayan enfriado lo bastante para manipularlas, colócalas en una rejilla para que se enfríen del todo.

Para el pepino agridulce, corta los extremos del pepino y pélalo. Córtalo por la mitad a lo largo, saca las semillas y deséchalas. Corta la pulpa en rodajas casi transparentes, ya sea en sentido transversal o longitudinal. Colócalas formando capas en un colador con la sal, pon un plato encima y deja sobre un cuenco para que suelten el jugo. Deja reposar dos horas. Enjuágalas y sécalas con cuidado usando papel de cocina. Mézclalas con el resto de los ingredientes y reserva en la nevera, tapado, hasta el momento de servir.

Para el tartar de salmón, corta el lomo de salmón en dados muy pequeños, de unos 5 mm. Ponlo en un bol junto con las alcaparras, la chalota, el perejil, el zumo de limón, el aceite y la pimienta. Mezcla y prueba; seguramente no hará falta añadir sal porque el limón y las alcaparras aportan mucho sabor. Tapa y refrigera. Mezcla el yogur con el eneldo.

Sirve el tartar de salmón con el yogur al eneldo, la ensalada de pepino y las galletas crujientes de centeno.

cuscús salteado con pescado blanco, azafrán y eneldo

Esta receta es perfecta para sacarte de un apuro. Se hace en el tiempo que tarda el cuscús en absorber el caldo caliente (15 minutos), así que es la cena ideal tras una larga jornada de trabajo, o un plato con el que sorprender a los amigos entre semana. Si están en temporada, las habas son una aportación magnífica (escáldalas y pélalas antes de incorporarlas), aunque requieran un poco más de esfuerzo.

PARA 4 PERSONAS

1 cda de aceite de oliva

1 cebolla picada fina

2 dientes de ajo picados finos

4 vainas de cardamomo majadas

200 g de cuscús integral

275 ml de caldo de pescado

una pizca de azafrán

400 g de lomo de pescado blanco (bacalao, eglefino, rubio o abadejo) sin la piel

sal y pimienta

el zumo de ½ limón

4 cdas de hojas de eneldo picadas

1 ½ cdas de pistachos picados

un puñado de pétalos de rosa amarillos

En una cacerola, calienta el aceite de oliva y sofríe la cebolla hasta que esté blanda pero sin que cambie de color. Añade el ajo y cocina otros dos minutos, luego agrega las vainas de cardamomo y cuece durante un minuto más. Añade el cuscús y remuévelo para que se impregne de aceite. Aparta del fuego.

En otra cacerola, lleva el caldo de pescado a ebullición y añade el azafrán, removiendo. Baja el fuego al mínimo e incorpora el pescado. Deja hervir suavemente durante unos cuatro minutos (la cocción se prolongará cuando lo mezcles con el cuscús). Saca el pescado con una espumadera y desmenúzalo en trozos grandes.

Lleva el caldo a ebullición una vez más y viértelo sobre el cuscús. Salpimienta y separa los granos con un tenedor. Coloca el pescado sobre el cuscús y cúbrelo todo con papel de aluminio y una tapa. Deja reposar durante 15 minutos.

Valiéndote de un tenedor, incorpora con cuidado el zumo de limón, el eneldo y los pistachos. Pon el cuscús en una fuente de servir precalentada y esparce los pétalos de rosa por encima. Sirve enseguida.

hay muchos peces en el mar...

No tienes por qué hacer este plato sólo con pescado blanco. La receta cambia por completo si la preparas con caballa —un pescado más graso y de sabor más intenso— y la acompañas con cilantro y avellanas tostadas en vez de eneldo y pistachos. En días destemplados, sustituye los pétalos de rosa por bayas de agracejo o un puñado de orejones o sultanas. Unas tiras de corteza de limón encurtido también le irían de fábula.

el huevo, un auténtico superalimento

De niña solía comer huevos duros pelados, chafados y mezclados con una nuez de mantequilla que se derretía en contacto con el huevo caliente, pero de repente nos prohibieron los huevos porque la yema tenía colesterol. En la actualidad son cada vez más numerosas las voces que niegan que el consumo de colesterol incremente el riesgo de sufrir enfermedades cardiovasculares, así que los huevos han vuelto al menú. Se trata de un alimento muy saciante y una maravillosa fuente de proteínas, el macronutriente que mejor aplaca el hambre. Cuando estoy harta de platos sofisticados, lo que me apetece es un huevo (y un pomelo rosa).

Un huevo duro chafado con un tenedor, una pizca de sal y pimienta y un chorrito de aceite de oliva, acompañado de unos tomates o unos brotes de brócoli morado, es un almuerzo delicioso. También puedes picar unos huevos duros y mezclarlos con una vinagreta de finas hierbas y alcaparras para acompañar verduras y pescado. Las posibilidades son infinitas. Los huevos quedan fenomenales con especias y sal ahumada, puedes combinarlos con legumbres secas para crear un plato más contundente, y resultan perfectos para llevar al trabajo.

huevos del buen yerno

En la receta original, conocida como «huevos del yerno», los huevos duros se fríen antes de bañarlos en salsa. La fritura les proporciona una textura especial, pero yo prefiero saltarme ese paso. Nadie dudaría en prepararle estos huevos a un buen yerno (porque le desearía una buena salud).

PARA 8 PERSONAS

8 huevos

2 cdas de aceite de cacahuete

6 chalotas cortadas en rodajas finas

2 cdas de pasta de tamarindo

2 cdas de salsa de pescado

2 cdas de azúcar moreno claro

3 cdas de hojas de cilantro picadas

2 chiles rojos sin semillas y picados finos

Cuece los huevos durante siete minutos, escúrrelos y déjalos en la cacerola tibia con la tapa puesta.

Mientras, calienta el aceite y sofríe las chalotas a fuego medio hasta que se doren ligeramente. Reserva la mitad. Añade a la otra mitad el tamarindo, la salsa de pescado, el azúcar y 100 ml de agua. Lleva a ebullición y cuece durante unos tres minutos. La salsa se reducirá y tendrá la consistencia de un almíbar ligero.

Pela los huevos y ponlos en cuencos. Vierte un poco de salsa por encima y espolvorea con la chalota restante, el cilantro y el chile.

Los huevos suelen servirse con arroz jazmín, pero también quedan estupendos con arroz integral. A mí me encanta coronar el arroz con verduras de hoja salteadas, espinacas *baby* o berros para convertir este plato en una comida más completa.

lecciones de Japón

Para mí, descubrir la cocina japonesa fue como si un pintor razonablemente bueno se topara de pronto con toda una escuela de artistas cuya obra lo dejase sin palabras. Yo nunca había ido más allá del sushi cuando gané un concurso de haikus cuyo premio consistía en una comida en un restaurante japonés de Londres premiado con dos estrellas Michelin. Comer en Umu fue como descifrar un misterio. Para empezar, no conseguía entrar en el restaurante, literalmente. No parecía que hubiera ninguna puerta, aunque estaba segura de tener la dirección correcta. Tuve que plantarme en la acera de enfrente para ver cómo se las arreglaban otros clientes para entrar. Al final apareció uno, agitó la mano delante de un panel empotrado en la pared y la puerta se abrió como por arte de magia. Aquello fue profético.

A pesar de ser un restaurante caro, el Umo no es para nada ostentoso. En su interior reina la serenidad. Los expertos en comida japonesa que me acompañaban se encargaron de escoger el menú, que fue toda una revelación para mí. Cada plato, servido en fuentes y boles de distintas texturas, poseía una especie de discreta perfección, era completo en sí mismo. Había platos espectaculares y de precio exorbitante, como la ternera *wagyu* (decir que se derrite en la boca es poco) o una temblorosa crema de cangrejo y jengibre, pero el plato que me robó el corazón fue el más sencillo de todos: un *dashi* o caldo japonés, con un tofu hecho por el propio chef. El tofu era como la seda, y el *dashi*, como un mar rico en moluscos. Según íbamos comiendo, me sentía cada vez más feliz. La mejor recompensa al tiempo que dedico a cocinar es esa plácida alegría que experimento cuando todo sale bien, cuando hay un equilibrio entre los platos, cuando surge la armonía. Pero mi forma de cocinar es rica en sabores intensos y colores vivos, y ahora tenía ante mí una gastronomía nada estridente, a la que uno se acercaba como de puntillas, dedicando toda su atención a cada textura, cada color: el cosquilleo de una hoja de *shiso*, el calor de un toque de *wasabi*. Era como comer una sucesión de haikus, lo que no podía haber sido más acertado.

Alguien podría pensar que esto se debe a que era un restaurante galardonado con estrellas Michelin. Pero unos meses más tarde cené, después de cocinar siguiendo sus instrucciones, con Yuki Sugiura, una fotógrafa japonesa especializada en gastronomía. Hacía un día gris, empañado por una llovizna de color plomizo. Yuki no es una persona discreta e impasible, sino más bien cálida y extrovertida, y sin embargo en su piso se respiraba la misma paz que en el restaurante. Sobre la mesa había un gran florero con escaramujos, y el espacio era diáfano, nada recargado. En su compañía me dispuse a probar otro menú en el que la textura, el color, el sabor y el equilibrio eran clave. Había *dashi* recién hecho, una ensalada de pulpo con vinagre de arroz, zanahorias con una pasta de sésamo negro que Yuki había preparado majándolo con energía en un *suribachi* o mortero japonés, crujiente raíz de loto en conserva un recipiente redondo de madera lleno de arroz caliente. Lo más increíble de todo, sin embargo, fue comer crisantemos. Son una exquisitez muy apreciada en Japón y sólo pueden comerse en determinadas épocas del año, así que ese día lluvioso en el sur de Londres me senté a una mesa rebosante de los sabores, texturas y colores del otoño japonés.

Hay pocos platos japoneses en este libro —y los he modificado para adaptarlos a mi estilo—, pero te animo a seguir descubriendo la gastronomía nipona. Por el uso que hace de las verduras y el pescado, es una cocina muy sana, pero además hay algo en ella que siempre podremos aplicar a nuestra forma de cocinar, hagamos lo que hagamos: cierta actitud al acercarnos a la comida o una intensa apreciación de los detalles. Uno de los principios de la cocina japonesa es la búsqueda del equilibrio entre todos los elementos que componen un plato. Lo ideal es que tenga cinco colores. La textura es un punto crucial, y no viene dada sólo por los alimentos en sí, sino también por la forma de cocinarlos.

Una vez más, lo ideal en Japón es incluir cinco métodos de cocción distintos en una sola comida, de modo que en una sola pueden confluir alimentos cocinados a la plancha, escalfados, al vapor, estofados y fritos. Obviamente, no sugiero que te lo tomes al pie de la letra, pero sí que te detengas a pensar en los distintos ingredientes de una receta y que tengas en cuenta el contraste de colores y texturas.

También hay que dedicar atención a la forma de presentar la comida y a la actitud en la mesa. He leído sobre ambas en *Washoku*, un fascinante libro de cocina escrito por Elizabeth Andoh, una estadounidense que se instaló en Japón. Dos sentencias lapidarias acuñadas por Sen no Rikyū, filósofo del siglo xvi al que se atribuye el refinamiento del mundo del té y los alimentos que lo acompañan en el ritual correspondiente, me parecieron dignas de aplicarse a cualquier acto culinario. La primera es *ichi go, ichi é* («un momento, una reunión») y habla de crear placer en una comida en particular, una experiencia efímera pero única de preparación y degustación compartidas. La segunda, que se me antoja más certera todavía, es *wabi sabi* («el encanto de lo corriente») y nos habla de la maravilla que supone convertir alimentos humildes en comidas sencillas pero memorables (algo que me hace feliz a diario).

Todo esto es la antítesis de la peor alimentación occidental, esa por la que, cegados por el hambre y de una forma mecánica, hincamos el diente con avidez a una hamburguesa industrial. No digo que debamos ni convertirnos a la filosofía zen en lo tocante a la comida ni intentar aplicar los principios culinarios japoneses, pero cuando empiezas a cocinar con más verduras, hojas y cereales la gastronomía nipona puede aportarte una sensibilidad —la atención al color y la textura— que te ayudará a preparar mejores platos y a comer de un modo más consciente. Alimentarse consiste no sólo en saciar el apetito, sino también en apreciar con todos los sentidos el plato que tienes delante y respetar los ingredientes con los que se ha elaborado. Sé que puede sonar un poco esotérico, sobre todo viniendo de una británica —se supone que tenemos los pies en la tierra y que apreciamos cierta dosis de cinismo—, pero cocinar y comer es más que una suma de ingredientes y conocimientos; hay una actitud capaz de hacer que todo lo que sirvas y todo lo que te lleves a la boca sepa mejor. Y cuando te acercas a la comida de este modo, comes menos cantidad y la aprecias más.

Y ahora, si pudiera hacer sonar un pequeño gong japonés cerca de tu oído e invitarte a probar unos otoñales crisantemos, lo haría.

salmón *teriyaki* con verduras encurtidas y semillas de sésamo

Podría vivir comiendo sólo esto. Es un plato tan fácil de preparar, y sin embargo tan sumamente bello, que siempre me siento mejor después de comerlo. Las verduras en conserva son un gran invento. Haz más cantidad de la necesaria y guárdalas en la nevera para acompañar tus almuerzos. También puedes preparar esta receta con caballa o filetes de pollo (en este caso deberás cocinarlo durante 20 minutos).

PARA 4 PERSONAS

PARA EL SALMÓN

4 cdas de salsa de soja

1 cda de azúcar extrafino

2 cdas de *mirin*

1 cda de jerez seco

4 lomos de salmón de 125 g cada uno

2 cdtas de semillas de sésamo negro

PARA LAS VERDURAS

100 ml de vinagre de arroz

1 cda de azúcar extrafino

125 g de pepino, cortado por la mitad y sin las semillas

2 zanahorias pequeñas peladas

4 rabanitos, limpios y cortados en rodajas muy finas

100 g de *daikon* (nabo japonés) pelado

½ cdta de sal

1 cda de jengibre en conserva (con su jugo)

5 g de microhojas

Para preparar el salmón, mezcla la salsa de soja, el azúcar, el *mirin* y el jerez y remueve hasta que se disuelva el azúcar. Riega el pescado con esta mezcla, dale la vuelta para bañarlo bien, tapa y deja marinar en la nevera durante 30 minutos.

Para preparar las verduras, calienta el vinagre, añade el azúcar y remueve hasta que se haya disuelto. Aparta del fuego y deja enfriar (si tienes mucha prisa, mezcla y bate el vinagre y el azúcar en un bol y bate hasta que el azúcar se disuelva). Corta por separado el pepino, las zanahorias, los rabanitos y el *daikon* en bastoncitos de unos 5 cm de largo. Espolvorea el pepino con sal y déjalo en un colador durante 10 minutos. Lávalo y sécalo con papel de cocina, y luego añade todas las verduras a la mezcla de vinagre y azúcar y remueve para integrarlo bien.

Cuando vayas a hacer el pescado, precalienta el horno a 180 ºC/ posición 4 si es de gas. Hornea el salmón con su marinada durante 12 minutos; de este modo no se resecará y la parte central quedará tierna y jugosa. Espolvorea con las semillas de sésamo negro. Añade el jengibre en conserva y las microhojas a las verduras encurtidas, mezcla todo y emplata con el salmón. Puedes servir arroz como guarnición.

pollo japonés al ajo y jengibre con ensalada de pepino

Este plato ofrece un maravilloso contraste de temperaturas. El pollo es picante y especiado, mientras que el pepino resulta muy refrescante. Esta ensalada de pepino es una adaptación de la que aparece en el fantástico libro *Japanese Farm Food*, de Nancy Singleton Hachisu.

PARA 4 PERSONAS

PARA EL POLLO

3½ cdas de salsa de soja

3 cdas de sake o jerez seco

3 cdas de azúcar moreno
de caña integral

½ cda de *miso* rojo

60 g de raíz de jengibre, pelada
y rallada fina

4 dientes de ajo rallados finos

1 cdta de aliño japonés *togarashi*,
o bien ½ cdta de chile en polvo

8 muslos de pollo grandes con
hueso, u otras piezas del pollo
con hueso

PARA LA ENSALADA DE PEPINO

500 g de pepino

2 dientes de ajo picados gruesos

2 cdtas de sal marina

2 cdas de jengibre encurtido,
cortado en juliana muy fina

un manojo pequeño de hojas de
shiso, o bien de hojas de menta
troceadas (opcional)

Mezcla todos los ingredientes del pollo (excepto el pollo en sí) para preparar una marinada. Pincha las partes más carnosas de los muslos con un cuchillo, ponlos en una fuente poco profunda y vierte la marinada por encima. Unta los muslos y gíralos para que queden bien impregnados. Tapa y refrigera de 30 a 60 minutos.

Cuando vayas a cocinar el pollo, precalienta el horno a 180 ºC/ posición 4 si es de gas. Saca los muslos de la marinada y ponlos en una fuente de hornear poco profunda en la que quepan holgadamente. Vierte la mitad de la marinada sobre el pollo y hornea durante 40 minutos, regándolo de vez en cuando con el jugo de cocción y la marinada sobrante (transcurridos 20 minutos, no añadas más marinada; debe cocinarse bien, puesto que se ha usado para macerar carne de pollo cruda). Comprueba si la carne está hecha: cuando la pinchas con un cuchillo no debe salir sangre.

Cuando el pollo esté a medio hacer, pela el pepino, córtalo por la mitad y saca las semillas. Coloca los dos trozos sobre una tabla y golpéalos suavemente con la mano de mortero. A continuación, pártelos con las manos en trozos desiguales.

Prensa el ajo con una pizca de sal y frota el pepino con esta mezcla y el resto de la sal. Pon los trozos en una bolsa de plástico pequeña, vacíala de aire y refrigera durante 10 minutos. Cuando vayas a comer, vierte el pepino en un colador para que suelte el jugo y añade el jengibre cortado en juliana. También puedes añadir unas hojas de *shiso*, si las encuentras; si no, utiliza menta. Acompaña el pollo con arroz integral o fideos de arroz (que pueden servirse fríos) y el pepino.

prueba esta receta con... ensalada de *edamame* y tirabeques Mezcla 2 cdas de pasta de *miso* blanco, 1 cda de vinagre de arroz, 2 cdas de aceite de cacahuete, 2 cdas de agua, 1 cdta de miel líquida y 2 cm de raíz de jengibre pelada y rallada. Aliña con esta salsa 100 g de *edamame* hervido, 100 g de tirabeques crudos cortados longitudinalmente, 8 rabanitos cortados en láminas y un manojo de hojas de *mizuna* o mostaza japonesa. Para 4 personas.

picantones ahumados con crema de pimiento rojo y ensalada de hojas amargas

El éxito de este plato radica en el contraste de sabores: los picantones ponen el toque especiado y ahumado, el yogur aporta frescura, el pimiento dulzor y la ensalada el contrapunto amargo. También puedes prepararlo con ocho muslos de pollo; sólo tienes que asarlos hasta que se doren.

PARA 4 PERSONAS

PARA LOS PICANTONES

4 picantones

2 cdtas de pimienta de cayena

3 cdtas de pimentón ahumado

el zumo de 1 limón

7 cdas de aceite de oliva

las hojas de 4 ramitas de tomillo

4 dientes de ajo prensados

200 g de yogur griego

1 cda de AOVE

PARA LA CREMA DE PIMIENTO

2 pimientos rojos

aceite de oliva

sal y pimienta

1 chile rojo sin semillas y picado

el zumo de ½ limón

1 cda de vinagre de jerez

1 diente de ajo

4 cdas de AOVE y un poco más para emplatar

PARA LA ENSALADA

3 cdas de AOVE

1 cda de zumo de limón

75 g de hojas de ensalada amargas, como la escarola (usa las partes más claras y tiernas del centro), achicoria, diente de león, rúcula o lo que tengas a mano

Pon los picantones en una fuente de hornear de acero inoxidable o de cristal. Mezcla las especias, el zumo de limón, el aceite de oliva, el tomillo y tres dientes de ajo prensados, riega los picantones con esta marinada y gíralos para que se impregnen bien. Tapa y refrigera durante por lo menos una hora.

Para la crema de pimiento rojo, precalienta el horno a 190 ºC/ posición 5 si es de gas. Corta los pimientos por la mitad y quita las semillas. Ponlos en una bandeja de hornear, salpimiéntalos y riégalos con un chorrito de aceite de oliva. Hornea durante 40 minuto. Reserva. Baja la temperatura del horno a 180 ºC/ posición 4 si es de gas. Saca los picantones de la marinada y hornea de 45 a 50 minutos, hasta que estén bien hechos (clava un cuchillo entre el muslo y la pechuga; no debe salir nada de sangre).

Pon los pimientos asados en un robot de cocina con los jugos de la cocción, añade el chile, el zumo de limón, el vinagre de jerez, el ajo, el AOVE, sal y pimienta. Tritura hasta obtener una crema de textura irregular. Prueba y, si es necesario, rectifica de sal. Vierte la crema en un bol de servir.

Pon el yogur en un cuenco de servir y añade el último diente de ajo prensado, 2 cucharadas de agua y 1 cda de AOVE.

Para la ensalada, mezcla el AOVE, el zumo de limón, la sal y la pimienta, y aliña las hojas con esta vinagreta. Sirve los picantones con la ensalada, el yogur y la crema de pimiento rojo.

Acompaña este plato con pan de pita integral o cereales integrales, mezclados con cilantro o perejil picado y aderezados con aceite de oliva virgen extra y zumo de limón.

prueba a añadir... azafrán Simplemente calienta una pizca de azafrán en la mezcla de aceite y limón antes de añadirlos a los demás ingredientes.

menú de primavera una vuelta de tuerca a la primavera inglesa

verduras laminadas con limón y aceite de oliva | salmón con puerros tiernos | gelatina de arándanos y ginebra

Con la llegada de la primavera, nuestra alimentación cambia. El cuerpo nos pide platos frescos y ligeros, como esta receta que gira en torno al que es quizá el ingrediente más emblemático de la primavera y el verano británicos: el salmón. Pero este pescado se sirve a menudo con mayonesa o salsa holandesa, aderezos tan intensos que enmascaran su sabor y eclipsan su pureza, así que dale una vuelta de tuerca al salmón.

verduras laminadas con limón y aceite de oliva

Este plato suele desconcertar a la gente. Lo prueban y preguntan: «¿Qué lleva?» Cuando les digo que verduras, aceite de oliva y limón, no me creen. Lo cierto es que cuando cultivas la simplicidad en la cocina puedes llegar a saborear algunos alimentos como si fuera la primera vez.

PARA 8 PERSONAS

PARA EL ALIÑO

sal y pimienta

una pizca de azúcar extrafino

1 cda de vinagre de vino blanco

1 diente de ajo prensado

4 cdas de AOVE

½ cda de cebollino picado fino

PARA LAS VERDURAS

6 zanahorias peladas (si están muy tiernas, aprovecha las hojas)

100 g de rabanitos, lavados y despuntados

2 bulbos de hinojo pequeños

el zumo de 1 limón

1 aguacate en su punto

1 remolacha pequeña cruda, pelada

Para preparar el aliño, mezcla la sal, la pimienta, el azúcar, el vinagre y el ajo en un pequeño cuenco. Incorpora el aceite de oliva virgen extra, vertiéndolo en un hilo constante y batiéndolo con un tenedor. Añade el cebollino y mezcla. Corta las zanahorias por la mitad a lo largo y luego en láminas finas, usando un cuchillo muy afilado o una mandolina. Tendrás que desechar la primera y la última lámina, y escoger las más bonitas para emplatar. Despunta los rabanitos y córtalos a lo largo en láminas muy finas para obtener delgadas rodajas con forma de lágrima.

Corta los bulbos de hinojo por la mitad y rebana el extremo superior (desecha las puntas resecas, pero reserva las hojas). Con un cuchillo muy afilado o una mandolina, corta el hinojo en láminas finísimas. Riégalo con zumo de limón para impedir que se oxide. Corta el aguacate por la mitad y deshuésalo. Corta la pulpa en rodajas finas y luego pélalas con cuidado. Riega también con zumo de limón.

Corta la remolacha usando una mandolina —las rodajas deben quedar muy finas— y dispón las láminas de verdura en ocho platos, añadiendo las hojas de hinojo que hayas podido aprovechar. Riega con la vinagreta. Las remolachas «sangran» enseguida, así que ten cuidado al emplatar y sirve de inmediato.

ensalada tibia de salmón, puerros tiernos, perejil y alcaparras

Estamos acostumbrados a acompañar el salmón con patatas, pero podemos reemplazarlas por cebada o espelta (véanse las págs. 223-224 para saber cómo cocinar ambos cereales). Simplemente aliña los cereales mientras estén tibios con un poco de aceite de oliva virgen extra, zumo de limón, sal, pimienta y perejil picado.

PARA 8 PERSONAS

PARA LA VINAGRETA

5 cdas de AOVE

una pizca de mostaza de Dijon

1 diente de ajo pequeño, prensado

sal y pimienta

el zumo de ¼ o ½ limón

PARA EL SALMÓN

800 g de puerros tiernos

600 g de patatitas nuevas

2 cdas de aceite de cacahuete

5 lomos de salmón de 200 g cada uno

8 huevos

4 cdas de AOVE

el zumo de ½ limón

3 cdas de alcaparras, lavadas y secadas con papel de cocina

2 cdas de hojas de perejil picadas finas

Para preparar la vinagreta, bate todos los ingredientes con un tenedor. Primero usa el zumo de un cuarto de limón y prueba. Si lo consideras necesario, añade más.

Si quieres servir la ensalada tibia, tendrás que cocinarlo todo al mismo tiempo. Precalienta el horno a 200 ºC/posición 6 si es de gas. Quita los extremos de los puerros, cuidando de no cortar demasiado la base para que no se desmonten. Cuece las patatas en agua hirviendo con sal hasta que estén tiernas, escúrrelas y déjalas en la olla tapada para que no se enfríen.

Unta una bandeja de horno con aceite de cacahuete. Pon los lomos de salmón en la bandeja, no demasiado cerca unos de otros, y hornea durante 12 minutos.

Mientras, hierve los huevos durante siete minutos y cuece los puerros en agua ligeramente salada durante tres o cuatro minutos, o hasta que estén apenas tiernos. Escúrrelos bien, pásalos enseguida por agua fría y sécalos con papel de cocina. Ponlos en un bol poco profundo. Salpimienta y riega de inmediato con un chorro de aceite de oliva virgen extra y otro de zumo de limón (no se me olvida que habrá una vinagreta, pero los puerros ganan en sabor y presencia si los aderezas ligeramente llegados a este punto).

Riega las patatas con un chorrito de aceite virgen extra y zumo de limón para darles un poco de brillo y salpimiéntalas. Cuando los huevos estén lo bastante fríos para que puedas manipularlos, pélalos y córtalos por la mitad.

Quita la piel del salmón y desmenuza los lomos en lascas irregulares. Dispón todos los elementos en una fuente, espolvorea con las alcaparras y el perejil y riega ligeramente con el aliño. Sirve enseguida.

gelatina de arándanos y ginebra

Vale, en esta receta hay alcohol (es decir, azúcar), pero de vez en cuando hay que darse un gusto. A primera vista puede parecer que me he pasado con la gelatina, pero el alcohol inhibe su efecto gelificante, por lo que se necesita una mayor cantidad. El amargo de angostura no es imprescindible, pero aporta un precioso tono rosado a la gelatina y despista a los comensales, que jamás adivinarán cuál es el ingrediente secreto.

PARA 8 PERSONAS

400 ml de tónica

250 ml de ginebra

la ralladura fina y el zumo
de 2 limones

150 g de azúcar

16 g de hojas de gelatina neutra

1 cda de amargo de angostura

250 g de arándanos

En una cacerola, mezcla la tónica, la ginebra, la ralladura y el zumo de limón y el azúcar con 150 ml de agua y ponla al fuego, removiendo de vez en cuando para que el azúcar se disuelva. Cuando esté a punto de romper a hervir, baja el fuego y deja cocer suavemente durante unos cinco minutos.

Pon las hojas de gelatina en un plato hondo y cúbrelas con agua fría. Deja que se hidraten durante unos tres minutos; se reblandecerán pero no se disolverán.

Cuela la mezcla anterior pasándola a una jarra transparente y añade el amargo de angostura, que le dará un bonito tono rosado. Pruébala. Deberías notar la angostura, pero sin que resulte abrumadora. Saca la gelatina del plato hondo, escurriendo el exceso de agua, y añádela a la mezcla de tónica y ginebra, removiendo para que se disuelva del todo (la mezcla deberá estar caliente para que la gelatina se derrita, pero nunca conviene añadirla a un líquido hirviendo o muy caliente).

Reparte un tercio de la mezcla entre ocho vasos y añade un tercio de los arándanos. Deja enfriar. Refrigera la gelatina y deja que cuaje. Reserva el resto de la mezcla.

Cuando la gelatina presente una superficie firme al tacto, reparte otro tercio de los arándanos entre los vasos y recalienta suavemente la mitad de la mezcla sobrante para que recupere su consistencia líquida (siempre deberías poder tocarla con un dedo; si el líquido se calienta demasiado, la gelatina no llegará a solidificar). Deja que se enfríe un poco y vierte en los vasos. Refrigera hasta que cuaje. Repite este paso para usar el resto de los arándanos y de la mezcla, y luego deja los vasos en la nevera durante seis horas para que la gelatina acabe de cuajarse antes de servirla.

besugo asado a la madrileña

El besugo es un gran pescado. Con una pieza basta para una buena ración, posee una carne blanca de sabor delicado y su aspecto también resulta atractivo, sobre todo cuando se prepara de un modo muy sencillo.

PARA 4 PERSONAS

4 besugos de 300 g, escamados y limpios

6 cdas de aceite de oliva

el zumo de 1 limón, más cuñas de limón para emplatar

sal y pimienta

4 dientes de ajo prensados

25 g de pan rallado

un puñadito de hojas de perejil picadas finas

AOVE para servir

Precalienta el horno a 190 ºC/posición 5 si es de gas.

Unta el pescado con aceite de oliva por dentro y por fuera, añade un chorrito de zumo de limón y salpimienta. Coloca los besugos —en una sola capa, pero pegados unos a otros— en una fuente de hornear. Aparte, mezcla el ajo y el pan rallado y salpimienta. Espolvorea el pescado con esta mezcla y luego riégalo con el resto del aceite y el zumo de limón.

Hornea durante 20 minutos. Transcurridos 15 minutos, espolvorea con el perejil picado. El besugo estará hecho cuando la carne más cercana a la espina se haya vuelto blanca y opaca. Riega con aceite de oliva virgen extra y sirve con cuñas de limón.

otra idea ibérica... besugo con salsa verde

Hornea el besugo como se ha indicado arriba, pero sin el pan rallado. Para hacer la salsa, tritura en un robot de cocina las hojas de un manojito de perejil, las hojas de 10 ramitas de menta, 1 diente de ajo, 1 ½ cdas de alcaparras lavadas, 1 chile verde sin semillas, el zumo de ½ limón, sal y pimienta. Con el robot en marcha, añade 200 ml de aceite de oliva virgen extra, vertiéndolo en un hilo constante. Prueba y rectifica de sal (a veces añado también un poco de salsa de chile; si te gusta el picante, pruébalo). Pon la salsa en un cuenco, tapa y refrigera, pero sírvela a temperatura ambiente. Para 4 personas.

farareej mashri (pollo a la parrilla al estilo egipcio)

Esta receta es tan deliciosa que cuando la hago me pregunto por qué cocino platos más complicados. Como guarnición puedes servir pan de yogur (véase abajo), pan de especias persa de la pág. 115 o comprar pan de pita integral.

PARA 4 PERSONAS

12 dientes de ajo pelados
y rallados o prensados

sal marina y pimienta

el zumo de 2 limones

6 cdas de aceite de oliva

2 cdas de hojas de perejil picadas
finas

8 muslos de pollo deshuesados

AOVE para emplatar

Mezcla todos los ingredientes salvo el pollo y el AOVE y vierte esta marinada sobre el pollo en una fuente poco profunda de acero inoxidable o de cristal. Gira los muslos para que se impregnen bien, tapa y refrigera durante al menos dos horas.

Calienta la parrilla a fuego vivo. Saca el pollo de la marinada, ponlo en la parrilla —con el lado de la piel hacia abajo— y ásalo durante unos seis minutos por cada lado, o hasta que esté hecho. Riégalo de vez en cuando con la marinada y baja el fuego si se tuesta demasiado por fuera pero sigue crudo por dentro.

Espolvorea con un poco de sal marina, riega con un chorro de AOVE y sirve con ensalada, pan de pita y yogur griego.

pan de yogur de Oriente Próximo

Este pan es muy fácil de preparar. Puedes enriquecer la masa con aceitunas picadas, chile, feta desmenuzado o tomates secos (que no son muy típicos de Oriente Próximo, pero le van como anillo al dedo). Simplemente incorpora estos ingredientes mientras amasas el pan, antes de darle forma.

PARA 1 HOGAZA MEDIANA
DE PAN REDONDO

160 g de harina de trigo integral

160 g de harina de fuerza, y un
poco más para espolvorear

½ cdta de sal

1 cdta de levadura activa seca

¾ de cdta de azúcar extrafino

150 g de yogur natural

3 cdas de aceite de oliva
y un poco más para untar

semillas de sésamo, comino
o ajenuz, u hojitas de romero,
para emplatar

Mezcla las harinas con la sal. Disuelve la levadura en un cuenco con el azúcar y 3 ½ cdas de agua tibia. Deja reposar 15 minutos. Haz un volcán con la harina y vierte la levadura en el centro. Añade el yogur y el aceite. Mézclalo todo hasta obtener una masa manejable pero húmeda.

Amasa durante 10 minutos sobre una superficie de trabajo espolvoreada con harina hasta conseguir una masa homogénea y brillante. Unta la superficie con aceite, ponla en un bol limpio y tápala con film transparente ligeramente aceitado. Deja reposar durante dos horas; debería doblar de volumen.

Trabaja la masa de nuevo, forma una hogaza de unos 25 cm y ponla en una bandeja de horno. Tapa con film transparente y deja reposar 45 minutos. Precalienta el horno a 200 ºC/posición 6 si es de gas. Rocía la masa con un chorrito de aceite, esparce semillas u hojitas de romero y hornea durante 35 minutos.

pollo al hinojo con miel, mostaza y naranja

Un plato fácil para hacer entre semana. Métela todo en el horno y deja que el calor haga el resto.

PARA 4 PERSONAS

5 cdas de zumo de naranja, más la ralladura fina de ½ naranja

4 cdas de miel líquida

2 cdas de mostaza a la antigua

2 cdas de aceite de oliva

8 muslos de pollo, con o sin piel, al gusto

sal marina y pimienta

6 ramitas de tomillo

3 bulbos de hinojo

Precalienta el horno a 200 ºC/posición 6 si es de gas. Mezcla el zumo y la ralladura de naranja, la miel, la mostaza y el aceite. Pon el pollo en una fuente de hornear poco profunda en la que quepa con el hinojo en una sola capa. Riega el pollo con dos tercios de la mezcla anterior, espolvorea con sal y reparte el tomillo por encima. Hornea durante 15 minutos.

Despunta los bulbos de hinojo, reservando las hojas, y desecha las capas externas. Córtalos en cuartos y quítales el corazón.

Saca el pollo del horno, riégalo con su jugo, pon el hinojo en la fuente y vierte el resto del adobo de naranja. Salpimienta y hornea 30 minutos más, regando de vez en cuando con el líquido de la cocción. El pollo debe quedar tostado y bien cocinado, y el hinojo tierno y glaseado. Sirve con el arroz *pilaf* de abajo.

pilaf blanquinegro

En realidad, este arroz es más bien beige y negro... ¡pero no suena igual de bien! Los berros casan muy bien con la naranja de la receta de pollo de arriba. Usa esta proporción básica (150 g de arroz integral y 300 ml de líquido) para cualquier *pilaf* que hagas con arroz integral y cambia lo que te apetezca.

PARA 6 PERSONAS

75 g de arroz salvaje

1 cda de aceite de oliva

1 cebolla cortada en rodajas finas

2 dientes de ajo picados finos

4 vainas de cardamomo majadas (pero dejando la vaina entera)

150 g de arroz integral

300 ml de caldo de pollo o de verduras

sal y pimienta

35 g de berros, sólo las hojas

el zumo de ½ limón

Pon el arroz salvaje en una cacerola y cubre con agua. Lleva a ebullición, baja el fuego y cuece durante unos 45 minutos. El arroz salvaje nunca se ablanda del todo, pero se vuelve un poco tierno.

Calienta el aceite en una cacerola y sofríe la cebolla a fuego vivo hasta que esté dorada. Añade el ajo y el cardamomo y cocina durante un minuto. Echa el arroz integral y saltea un par de minutos. A continuación, añade el caldo y la pimienta, lleva a ebullición, tapa y deja cocer a fuego lento unos 30 minutos o hasta que el arroz haya absorbido el caldo.

Cuela el arroz salvaje, mézclalo con el arroz integral y prueba. Los cereales cocinados con caldo adquieren los sabores de éste, por lo que apenas necesitan sal. Añade los berros, mézclalos con un tenedor y riega con zumo de limón.

ternera a la vietnamita con fideos de arroz y verduras crujientes

En esta receta, la carne desempeña un papel importante, pero no más que las verduras, y en realidad se necesita poca. Limitando la cantidad de carne nos aseguramos de hacer un plato fresco y ligero. El juego de texturas es fundamental en esta receta, en especial el punto crujiente. Por sí solos, las verduras y los fideos con la salsa también constituyen un almuerzo fantástico y muy sano.

PARA 4 PERSONAS

PARA EL ADOBO

1 chalota picada

4 dientes de ajo picados

2 tallos de citronela picados

1 cda de salsa de pescado

1 cdta de azúcar moreno claro

pimienta

PARA LOS FIDEOS

400 g de solomillo

125 g de fideos de arroz

½ pepino corto y rugoso, cortado en bastoncitos finos (puedes usar un pepino largo si no encuentras esta variedad)

50 g de soja germinada

150 g de lechuga iceberg, cortada en juliana fina

1 zanahoria pelada y cortada en juliana

15 g de hojas de cilantro

las hojas de 12 ramitas de menta

1 cda de cacahuetes tostados, picados

PARA LA SALSA

1 chile rojo picado

1 diente de ajo picado

2 cdas de zumo de lima

4 cdas de salsa de pescado

5 cdtas de azúcar extrafino

Prepara el adobo majando la chalota, el ajo y la citronela en un mortero. Añade poco a poco la salsa de pescado, el azúcar moreno y la pimienta. Frota la carne con este adobo, ponla en un bol, tapa con film transparente y refrigera durante una hora.

Para preparar la salsa, maja el chile y el ajo y ve añadiendo gradualmente el zumo de lima, la salsa de pescado y el azúcar extrafino. Prueba para comprobar el equilibrio entre los sabores picante y agridulce, y rectifica si lo crees necesario. Rebaja la salsa con una cucharada de agua, o la que te parezca adecuada, pero teniendo en cuenta que debe conservar un sabor intenso. Reserva.

Calienta una plancha a fuego vivo y pasa el filete de solomillo un minuto y medio por cada lado. La carne debe quedar poco hecha. Tapa con papel de aluminio y deja reposar brevemente.

Pon los fideos en un bol resistente al calor y cúbrelos con agua hirviendo. Sepáralos con la ayuda de unos palillos chinos, cuélalos, pásalos por agua fría y escúrrelos bien.

Coloca los fideos en un bol grande y poco profundo y ve poniendo las verduras y las hierbas por encima en pequeñas pilas separadas (también puedes mezclarlo todo, pero a mí me gusta más así). Corta la carne en tiras y sírvela en una fuente aparte, acompañada de la salsa. Esparce los cacahuetes por encima de la carne o de la ensalada, como prefieras, y sirve.

pierna de cordero deshuesada con *sekenjabin*

El tiempo de cocción de esta receta quizá te parezca muy corto, pero hemos deshuesado la pierna y la hemos cortado en abanico para que el calor se reparta sin dificultad. Yo suelo dejar la capa de grasa externa porque le da buen sabor a la carne, pero quienes no quieran comérsela pueden cortarla una vez servida.

El *sekenjabin* es un jarabe de menta persa, pero esta versión es más ligera que la original y penetra mejor en la carne. En Irán, el *sekenjabin* se toma en los picnics, acompañado de hojas de lechuga. Usarla para acompañar una pieza de cordero me parece una fantástica fusión anglopersa.

Sirve este plato con pan de pita integral (como el pan con comino que encontrarás en la pág. 108) o bien con cereales integrales (como el cuscús de primavera de la pág. 20). Si te apetece más verdura, las habas también quedarían estupendas como guarnición.

PARA 8 PERSONAS

PARA EL *SEKENJABIN*

150 g de azúcar

150 ml de vinagre de vino blanco

15 g de hojas de menta

PARA EL CORDERO

una pierna de 2,25 kg (peso con hueso), deshuesada y cortada en abanico

6 dientes de ajo picados

15 g de hojas de menta

sal y pimienta

3 cdas de aceite de oliva, y un poco más para macerar la carne

2 lechugas romanas, deshojadas, lavadas y secadas con papel de cocina

Prepara el *sekenjabin* la víspera: vierte 300 ml de agua en una cacerola junto con el azúcar y lleva suavemente a ebullición, removiendo para que se disuelva. Añade el vinagre, baja el fuego y deja reducir durante 15 minutos. El resultado debe ser un almíbar (se espesará cuando se enfríe, aunque nunca quedará muy denso). Retira del fuego y añade un tercio de las hojas de menta. Deja enfriar, saca la menta y refrigera hasta el momento de servir.

Cuando vayas a asar el cordero, precalienta el horno a 220 ºC/ posición 7 si es de gas. Pincha la carne por ambos lados con un pequeño cuchillo afilado para hacer pequeñas hendiduras. En un mortero, mezcla el ajo, la menta, la sal y la pimienta y májalo todo mientras vas añadiendo el aceite hasta obtener una pasta gruesa (también puedes usar un minirobot de cocina). Introduce esta pasta en las hendiduras de la carne. Frótala con aceite y salpimienta. Extiende la pierna deshuesada en una bandeja de horno, con el lado de la grasa hacia arriba. Hornea durante 15 minutos. Baja la temperatura a 190 ºC/posición 5 si es de gas y hornea otros 15 minutos. La carne tomará un tono rosado (si la quieres más hecha, déjala 5 minutos más). Tápala con papel de aluminio, sellando los bordes, y que repose 15 minutos.

Pica el resto de la menta del *sekenjabin* y añádela al almíbar.

Pon las hojas de lechuga en un bol ancho y poco profundo y coloca el *sekenjabin* en un bol pequeño. Los invitados deben mojar las hojas de lechuga en el *sekenjabin* y comerlas con el cordero. Sirve también el jugo de cocción de la carne desgrasado en una jarrita a modo de salsa.

sorbete de chocolate y romero

Te propongo un helado con un punto amargo, pensado para adultos. A mí me gusta comerlo con yogur griego ligeramente endulzado y frambuesas. Es una combinación fresca, algo austera, pero deliciosa.

PARA 6 PERSONAS
120 g de azúcar
120 g de cacao en polvo
una ramita de romero

En una cacerola, pon a calentar el azúcar, el cacao y 500 ml de agua, removiendo suavemente para que el azúcar y el cacao se disuelvan. Añade el romero y lleva a ebullición. Deja hervir durante un minuto. Aparta la cacerola del fuego y deja enfriar sin quitar el romero.

Retira el romero y pon el almíbar en una heladera eléctrica. Si no tienes heladera, congélalo en un recipiente poco profundo resistente al frío. Tendrás que sacarlo tres o cuatro veces mientras se congela y batirlo en un robot de cocina para deshacer los cristales de hielo.

sorbete de pomelo y menta

Otro sorbete pensado para el paladar adulto. Los pomelos son mucho más dulces de lo que solían ser, sobre todo las variedades rosa y roja, pero para hacer este sorbete recomiendo que busques unos buenos pomelos de los de toda la vida, porque su gracia está precisamente en la acidez.

PARA 6 PERSONAS
175 g de azúcar
la ralladura fina de 1 pomelo
y el zumo de 3
la ralladura fina de 1 limón
40 g de hojas de menta

Mezcla el azúcar y 300 ml de agua en una cacerola pequeña y añade la ralladura de pomelo y limón. Calienta a fuego medio y lleva suavemente a ebullición, removiendo de vez en cuando para que el azúcar se disuelva.

Cuece durante 8 minutos, aparta la cacerola del fuego y añade las hojas de menta. Tapa y deja enfriar completamente.

Cuela el almíbar, viértelo en un bol y mézclalo con el zumo de pomelo.

Pon la mezcla en una heladera eléctrica. Si no tienes heladera, congélala en un recipiente poco profundo resistente al frío. Tendrás que sacarla tres o cuatro veces mientras se congela y batirla en un robot de cocina para deshacer los cristales de hielo.

bizcocho de pistacho y limón

Un bizcocho perfecto para la primavera. Desmóldalo antes de verter el almíbar o se pegará a las paredes del molde.

PARA 8 PERSONAS

200 ml de aceite de oliva, y un poco más para untar el molde

150 g de pistachos crudos sin cáscara

50 g de miga de pan duro

200 g de azúcar moreno extrafino

2½ cdtas de levadura en polvo

la ralladura fina de 1 limón y el zumo de 2

4 huevos, ligeramente batidos

60 g de azúcar

Unta con aceite un molde de bizcocho de 20 a 23 cm y forra la base con papel de horno. Pon 115 g de pistachos en una picadora eléctrica o un molinillo de café y muele bien (puedes usar un robot de cocina, pero quedará más grueso). Mezcla los pistachos molidos con la miga de pan, el azúcar extrafino, la levadura en polvo y la ralladura de limón. Mezcla el aceite y los huevos, batiendo ligeramente con un tenedor, e incorpora esta mezcla a los ingredientes secos. Vierte en el molde ya preparado y mételo en el horno apagado. Enciéndelo a 180 ºC/posición 4 si es de gas y hornea de 50 a 55 minutos. Transcurrido ese tiempo, debería empezar a despegarse de las paredes del molde.

Mientras, pon el zumo de limón y el azúcar en una cacerola con 100 ml de agua, calienta a fuego medio y remueve hasta que el azúcar se haya disuelto. Lleva a ebullición y deja hervir a fuego lento durante unos siete minutos.

Desmolda el bizcocho, quita el papel y ponlo en un plato de servir. Cuando aún esté tibio, pincha la superficie con una brocheta. Vierte el almíbar despacio sobre el bizcocho y deja que lo absorba mientras acaba de enfriarse.

Justo antes de servir, pica el resto de los pistachos en trozos irregulares y espárcelos por encima del bizcocho.

bizcocho de remolacha con semillas de amapola

Puedes renunciar a la remolacha confitada (que aumenta notablemente el contenido de azúcar de este bizcocho), aunque la presentación gana mucho con esas preciosas rodajas. Pero también queda fenomenal sólo con el glaseado y unas semillas de amapola.

PARA 8 PERSONAS

PARA EL BIZCOCHO

mantequilla para untar el molde

3 huevos grandes

225 g de azúcar moreno claro

100 ml de aceite de avellana

200 ml de aceite de oliva

½ cdta de extracto de vainilla

150 g de harina de trigo integral

50 g de harina de espelta integral

una buena pizca de sal

¾ de cdta de levadura en polvo

¾ de cdta de bicarbonato sódico

la ralladura fina de 1 naranja

2 cdas de semillas de amapola, más 1 cdta para adornar (opcional)

2 cdas de avellanas tostadas, picadas

225 g de remolacha cruda, pelada y rallada gruesa

PARA LA REMOLACHA CONFITADA (OPCIONAL)

280 g de azúcar

½ remolacha pequeña bicolor de la variedad Chioggia (a rayas rojiblancas), cortada horizontalmente en láminas finas

½ remolacha roja pequeña, cortada horizontalmente en láminas finas

PARA EL GLASEADO

½ clara de huevo

150 g de azúcar glas tamizado

un chorrito de zumo de limón

Precalienta el horno a 180 ºC/posición 4 si es de gas. Unta con mantequilla un molde rectangular de 22 x 11 x 6 cm y forra la base con papel de horno.

Usando una batidora eléctrica, bate los huevos con el azúcar hasta obtener una crema clara y ligera. Incorpora los aceites y la vainilla. Con la batidora al mínimo, añade las harinas, la sal, la levadura, el bicarbonato y la ralladura de naranja. Incorpora las dos cucharadas de semillas de amapola, las avellanas y la remolacha. Vierte la masa en el molde untado con mantequilla.

Hornea durante 40 minutos, baja el fuego a 170 ºC/posición 3½ si es de gas y hornea durante 20 minutos más, o hasta que al introducir un palillo en el centro del bizcocho éste salga limpio. Deja reposar el bizcocho en el molde durante 10 minutos, desmóldalo sobre una rejilla y deja enfriar completamente.

Mientras, prepara la remolacha confitada. Pon el azúcar en un cazo con 200 ml de agua y calienta suavemente hasta que hierva, removiendo de vez en cuando para que el azúcar se disuelva. Deja hervir durante 5 minutos, baja el fuego y confita la remolacha Chioggia durante 15 minutos. Saca las rodajas de remolacha, sacude para eliminar el exceso de almíbar y colócalas sobre una hoja de papel vegetal para que se sequen un poco (aún estarán pegajosas, pero transcurridos unos 30 minutos podrás manipularlas). Repite con la remolacha roja.

Para hacer el glaseado, bate ligeramente la clara de huevo y añade el azúcar glas poco a poco, batiendo hasta obtener una crema homogénea. Añade un chorrito de zumo de limón. Vierte el glaseado por encima del bizcocho, dejando que se derrame hacia los lados. Reparte las rodajas más bonitas de remolacha confitada por encima del bizcocho y, si te apetece, espolvorea con la cucharadita restante de semillas de amapola. Deja que el glaseado cristalice y se endurezca un poco antes de servir.

verano

comer en verano

En verano nuestro apetito se muestra caprichoso. A veces parece del todo ausente. Cuando hace muchísimo calor, lo único que nos apetece es aplacar la sed, y de pronto no podemos resistirnos a la dulzura de una fruta —queremos sentir el zumo de un melocotón resbalando por nuestro brazo— o al sabor ahumado del pollo a la parrilla. Ninguna estación nos ayuda tanto a comer «sano», y sin necesidad de pasar horas en la cocina si no nos apetece. Unos tomates con aceite de oliva, anchoas y perejil o unas habas con queso feta y menta son platos que no requieren mayor esfuerzo que el de juntar todos sus ingredientes. En verano hay abundancia y variedad de fruta y verdura, pero también es una buena época para comer pescado —es fácil de digerir— y cereales más ligeros. El cuscús integral y el *bulgur* son aliados perfectos de las comidas veraniegas (y además se preparan en un periquete).

No te pierdas uno de los mayores placeres de la cocina. Las flores y los pétalos comestibles no son una moda cursi ni trasnochada, sino que te permiten jugar con toda una paleta de colores, mientras que las hierbas aromáticas estivales como el estragón, el perifollo y la albahaca llevan hasta nuestras mesas los aromas del verano.

principio de temporada

alcachofas
berenjenas
berros
calabacín
cebolleta
espárragos
espinacas
guisantes
habas
hinojo
judía «perona»
judía verde
lechugas
ortigas
patatas de platillo
patatas nuevas
rabanitos
remolacha
rúcula
tomate
zanahorias

acedera
albahaca
capuchina
cebollino
eneldo
estragón
flor de saúco
menta
orégano
perifollo

albaricoques
arándanos
cerezas
ciruela claudia
fresas
grosella espinosa
melocotón
ruibarbo

arenque
bacalao
buey de mar
calamar
dorada
eglefino
fletán
gamba
langostino
platija
rubio o cabrilla
salmón
sardina
trucha marina
vieira

media temporada

acelga
coles tiernas
grosella negra
melón
moras de logan

conejo
cordero

final de temporada

maíz
pepino
pimiento
setas silvestres

ciruela
frambuesa
grosella
grosella negra
higos
moras de logan
nectarina

caballa
falsa limanda
lenguado
lubina
múijol
rape
salmonete

ensalada de nectarinas, tomate y albahaca con mozzarella fresca

Esta ensalada, una de las mejores del libro, le saca todo el partido posible al perfume de la albahaca. Si quieres reducir la ingesta de grasas puedes prescindir de la mozzarella (pero ten en cuenta las reflexiones de las págs. 284-285), y si las grasas no te preocupan, puedes sustituirla por burrata (que queda mejor aún).

Se trata de un plato muy sencillo, así que las materias primas deben ser de la máxima calidad.

PARA 6 PERSONAS COMO ENTRANTE, PARA 4 COMO PLATO PRINCIPAL

3 nectarinas

275 g de tomates, mejor de distintos colores

250 g de mozzarella de búfala

las hojas de un buen manojo de albahaca

sal y pimienta

1 ½ cdas de vinagre balsámico de vino blanco

3 cdas de AOVE

Corta las nectarinas por la mitad y quítales el hueso. Corta cada mitad en cuatro gajos idénticos. Corta los tomates más pequeños por la mitad y los más grandes en cuartos (o en seis u ocho trozos, según su tamaño). Con los dedos, desmenuza la mozzarella en trozos desiguales.

Mezcla los ingredientes de la ensalada en un bol ancho y poco profundo, salpimienta y rocía con el vinagre balsámico y el aceite de oliva virgen extra. Sirve enseguida.

tomates a montones… ensalada de tomate, melón y pepino En un robot de cocina, tritura 1 ½ cucharadas de vinagre de vino blanco, 2 cucharadas de aceite de cacahuete, 4 cucharadas de aceite de oliva, 18 hojas de menta, ½ cucharadita de mostaza de Dijon, sal, pimienta y 1 cucharadita de azúcar extrafino. Prueba y rectifica si es necesario. Se trata de un aliño agridulce, así que tal vez quieras ajustar la proporción de vinagre y azúcar. Corta por la mitad 350 g de tomates cherry (si puedes, cómpralos de colores variados). Pela un melón pequeño (cantalupo o Galia), quítale las semillas y corta la pulpa en dados. Pela a medias un pepino pequeño corto y rugoso, intercalando tiras de piel con las partes peladas (si no encuentras pepinos de piel rugosa, usa de los otros). Córtalo por la mitad a lo largo, saca las semillas con una cuchara y corta la pulpa en rodajas. Mezcla los tomates, el melón y el pepino con el aliño y salpimienta. No tardes en servir esta ensalada, pues los ingredientes se reblandecen si pasan más de 45 minutos. Para 6-8 personas como guarnición, aunque puedes convertirla en un plato más contundente añadiendo queso feta desmenuzado (si lo haces, incorpora hojas de menta troceadas cuando vayas a servir).

crema fría de tomate con aguacate y comino

El éxito de esta receta depende por completo del sabor de los tomates, pues no hay que hacerles apenas nada, aparte de cortarlos y triturarlos. Lo importante es contar con una buena materia prima y probar a menudo durante la preparación para alcanzar el equilibrio perfecto entre los distintos sabores (los condimentos, el aceite y el vinagre desempeñan un papel clave) y texturas.

PARA 6-8 PERSONAS

1 kg de tomates bien sabrosos

300 g de pepino pelado

1 pimiento rojo

4 cebolletas, con los extremos cortados

2 dientes de ajo grandes

2 cdtas de comino molido

150 ml de AOVE y un poco más para servir

2 cdas de vinagre de jerez

2 cdtas de azúcar extrafino

sal y pimienta

2 aguacates

el zumo de 2 limas

4 cdas de hojas de cilantro picadas

Trocea los tomates, el pepino, el pimiento, las cebolletas y el ajo (desecha las semillas, las membranas internas y el pedúnculo del pimiento) y tritúralo todo en varias tandas, junto con el comino, el aceite, el vinagre, el azúcar, la sal y la pimienta.

Pasa el puré resultante por un colador de malla fina y viértelo en un cuenco grande. Antes de triturar la última tanda, prueba el puré para comprobar si se nota el sabor del comino, que debe ser sutil pero inconfundible. Añade un poco más si lo consideras necesario. Cuando hayas acabado de colar el puré vuelve a probarlo, tapa y refrigera.

A la hora de emplatar, corta los aguacates por la mitad y deshuésalos. Pela y corta la pulpa en rodajas o dados, según el tamaño de los boles en los que vas a servir la crema. Rocía el aguacate con el zumo de la lima y salpimienta. Sirve la crema fría con un chorrito de aceite de oliva virgen extra, el aguacate y el cilantro.

ensalada birmana de melón y jengibre

Esta ensalada jugosa y refrescante debe servirse muy fría. A veces le añado pulpa de pepino cortada en dados (sin las semillas), pero queda fantástica sólo con melón. Algunas recetas incluyen col o lechuga romana cortada en juliana fina. Es ideal para acompañar platos de pescado o de cerdo, o como parte de un bufet de ensaladas (pruébala con la ensalada de pollo al estilo birmano de la pág. 216). El coco no es imprescindible, pero aporta mucho a esta ensalada.

PARA 4 PERSONAS

500 g de pulpa de melón sin semillas y cortada en dados (lo mejor es mezclar varios tipos de melón: cantalupo, Galia, o incluso sandía)

2 cdas de aceite de cacahuete

2 chalotas cortadas en juliana fina

3 cm de raíz de jengibre pelada y cortada en juliana

3 dientes de ajo cortados en láminas muy finas

1 cda de salsa de pescado

½ cda de azúcar extrafino

el zumo de 2 limas

2 cdas de hojas de menta troceadas

2 cdas de hojas de cilantro picadas

2 cdas de hojas de albahaca troceadas

1 cda de semillas de sésamo tostadas

2 cdas de pulpa de coco fresco cortada en virutas (opcional)

1 cda de cacahuetes tostados, picados

Pon el melón en un bol de servir. Calienta el aceite en una sartén y sofríe las chalotas suavemente hasta que empiecen a ablandarse. Añade el jengibre y sofríe durante un minuto, luego añade el ajo y cocina un minuto más. Deja enfriar.

Mezcla la salsa de pescado, el azúcar extrafino y el zumo de lima y vierte este aliño sobre el melón que has puesto en el bol. Incorpora la chalota removiendo con cuidado y refrigera brevemente. Si la dejas más de una hora en la nevera, la fruta se reblandecerá y el plato perderá su frescura.

Incorpora con delicadeza todas las hierbas aromáticas, las semillas de sésamo, el coco (opcional) y los cacahuetes. Sirve enseguida.

y también... *kachumber* o ensalada india de pepino

Un plato omnipresente en India, y refrescante como pocos. Es perfecto para acompañar recetas de pollo picante y especiado, pero a mí también me gusta combinarlo con cereales y otras ensaladas (aunque proceden de distintas partes del mundo, queda fenomenal con la «ensalada loca» de la pág. 230).

Trocea 6 tomates de pera bien sabrosos y 200 g de pepino pelado, sin semillas y cortado en trozos pequeños. Añade 4 rabanitos cortados en bastones finos, ¼ de cebolla roja picada muy fina, las hojas troceadas de 8 ramitas de menta, 15 g de hojas de cilantro fresco picadas gruesas, 1 ½ cdas de AOVE, 2 cdas de zumo de lima o limón y 1 chile verde pequeño, sin semillas y picado fino. Salpimienta generosamente. En una sartén, tuesta 1 cdta de semillas de comino durante un minuto o hasta que empiece a liberar su olor. Añade a la ensalada. Mezcla todo bien, rectifica la sazón y sirve enseguida (a veces remato esta ensalada con un chorrito de yogur natural —el de toda la vida, no el griego— para darle un contrapunto ácido). Para 4 personas.

menú de verano almuerzo en Sicilia

ensalada de alcachofas a la siciliana y habas con vinagreta de azafrán | granizado de café

Un almuerzo ligero pero rebosante de sabores que contrastan entre sí, perfecto para los días calurosos. Si te apetece combinar las habas con hidratos de carbono, prueba el tabulé de cebada (véase la pág. 135) o la fregola de verano (véase la pág. 142).

ensalada de alcachofas a la siciliana y habas con vinagreta de azafrán

Servir una humilde ensalada como plato principal puede parecer espartano, pero los sabores de la cocina siciliana son intensos y saciantes. Si te apetece convertirla en una comida más completa, añade salmonetes asados, filetes de atún marcado a la plancha o pimientos o tomates asados.

Los corazones de alcachofa en aceite son caros, así que a menudo los compro enlatados al natural. Después de tenerlos un rato marinando en aceite quedan estupendos. De hecho, es buena idea marinarlos y tenerlos en la nevera para cuando los necesites.

PARA 4 PERSONAS COMO ALMUERZO LIGERO

30 g de pasas

1 ½ cdas de zumo de limón

½ cda de vinagre balsámico de vino blanco

una buena pizca de hebras de azafrán

1 cdta de miel líquida

sal y pimienta

5 cdas de AOVE

175 g de corazones de alcachofa enlatados al natural, escurridos

450 g de habas (sin la vaina)

½ cda de aceite de oliva

4 chalotas cortadas en juliana fina

2 dientes de ajo picados finos

¼-½ cdta de guindilla en copos

2 cdas de piñones tostados

las hojas de un manojo pequeño de menta, troceadas

Remoja las pasas en agua hirviendo durante 30 minutos y luego escúrrelas. Prepara la vinagreta mezclando el zumo de limón, el vinagre y el azafrán en un cazo pequeño y caliéntalo a fuego lento para que el azafrán dé color y sabor a la vinagreta. Deja enfriar e incorpora la miel, la sal, la pimienta y el aceite virgen extra. Corta los corazones de alcachofa en rodajas, ponlos en una fuente de servir, riega con la vinagreta y revuelve con delicadeza para que queden bien impregnados. Si puedes, deja las alcachofas en la vinagreta durante un buen rato (idealmente, una hora).

Pon las habas en una cacerola con agua hirviendo y cuece hasta que estén tiernas (unos 3 minutos). Escúrrelas, pásalas por agua fría y pélalas. Reserva.

Calienta el aceite de oliva y sofríe las chalotas a fuego lento hasta que estén tiernas y ligeramente doradas. Añade el ajo y la guindilla y sofríe un minuto más. Extiende este sofrito sobre las alcachofas. Añade todos los demás ingredientes y mézclalos con delicadeza. Rectifica el sazón, buscando el equilibrio entre lo dulce y lo salado, y sirve.

granizado de café

De sabor intenso, amargo y dulce, esta receta es un clásico entre las *granitas* italianas. En Sicilia la sirven con nata montada —tú decides si la incluyes o no en el menú—, pero no la necesita.

PARA 4 PERSONAS

50 g de café en grano

115 g de azúcar

2 tiras de cáscara de limón y un chorrito de zumo

Muele los granos de café y ponlos en un cazo con 675 ml de agua, el azúcar y la cáscara de limón. Lleva a ebullición, removiendo para que el azúcar se disuelva. Aparta del fuego y deja reposar hasta que esté tibio. Cuela a través de un filtro de café de los de papel. Añade el zumo de limón y deja que se atempere antes de meterlo en la nevera.

Vierte esta mezcla en un recipiente poco profundo y resistente al frío, y congela. Parte los cristales de hielo picándolos con un tenedor tres o cuatro veces durante el proceso de congelación para obtener una agradable textura similar a pequeños fragmentos de cristal. Vierte el granizado en vasos y sirve.

una alternativa... granizado de limón y albahaca No sabemos a ciencia cierta si los granizados se inventaron en Sicilia, o tan siquiera en Nápoles, pero no hay duda de que durante la ocupación árabe se introdujo el hábito de usar la nieve del Etna para enfriar los zumos de fruta. De ahí a las *granitas*, que los sicilianos adoran, no hay más que un paso. Si el granizado de café no acaba de convencerte, prueba éste. Mezcla 200 g de azúcar y 350 ml de agua en un cazo pequeño y añade la ralladura fina de 3 limones. Calienta a fuego lento, removiendo de vez en cuando para que el azúcar se disuelva. Lleva a ebullición y cuece durante cuatro minutos. Aparta del fuego y añade 6 buenas ramitas de albahaca. Deja en infusión durante unos 45 minutos. Saca la albahaca, cuela el almíbar y añade 500 ml de zumo de limón (necesitarás unos 7 limones grandes y jugosos). Remueve y vierte la mezcla en un recipiente poco profundo y resistente al frío. Congela, picando la mezcla con un tenedor tres o cuatro veces durante el proceso de congelación. Sirve en vasos escarchados y adorna con una ramita de albahaca. Para 8 personas (aunque puedes rebajar las cantidades a la mitad).

crema de pepino y yogur con nueces y pétalos de rosa

Las cremas de pepino que se comen en Oriente Próximo son un festín para el paladar y la vista, pero nunca había probado una que, además, tuviera tanta profundidad de sabor. Esta crema no es fiel a sus orígenes, pues he usado un caldo como base, pero sí al espíritu de la gastronomía en la que está inspirada: es ligera, sana y tiene un sabor profundamente vegetal. En realidad, yo la prefiero sin la guarnición de pasas, pero así la sirven tradicionalmente en Oriente Próximo.

PARA 8 PERSONAS

PARA LA CREMA

600 g de pepino pelado y picado, y unos bastoncitos de pepino para servir

100 g de nueces, y un puñado más de nueces picadas para servir

4 dientes de ajo picados

6 cebolletas picadas

3 cdas de hojas de menta picadas

3 cdas de hojas de eneldo picadas, y un poco más para servir

una pizca de guindilla en copos

las hojas de 5 ramitas de estragón

50 g de pan candeal, duro y sin la corteza, desmenuzado

250 ml de caldo de pollo

200 g de yogur turco (o griego; el turco es menos espeso)

150 ml de AOVE

el zumo de ½ limón

2 cdas de vinagre balsámico de vino blanco

sal y pimienta

PARA SERVIR

un puñado de pasas (opcional)

pétalos de rosa, rosados o rojos

Si vas a servir la crema con las pasas, ponlas en un cuenco pequeño y cúbrelas con agua hirviendo. Deja que se hidraten durante 30 minutos y luego escúrrelas.

Pon todos los ingredientes de la crema en una batidora de vaso y tritúralos, en varias tandas si es necesario. Prueba y rectifica; esta crema requiere un cuidadoso equilibrio de sabores. Más que sal y pimienta, tal vez quieras añadir un chorrito de zumo de limón, vinagre balsámico o aceite de oliva virgen extra.

Refrigera la crema hasta que esté muy fría y sírvela en boles pequeños con las pasas (opcionales), las nueces picadas, los bastoncitos de pepino, el eneldo y los pétalos de rosa.

prueba una versión más contundente

La crema de pepino es muy versátil y admite toda clase de variaciones. En lugar de los pétalos de rosa y las nueces, sírvela con unas cucharadas de tartar de salmón (véase la pág. 53), o bien de salmón ahumado en caliente y desmenuzado en lascas, o incluso con huevo duro picado, todavía tibio, y colas de langostino salteadas. También puedes sustituir el eneldo por albahaca y las nueces por almendras para preparar una crema más al gusto italiano. Sírvela con tomate picado fino y hojas de albahaca troceadas y aderezadas con una vinagreta, o bien con una *gremolata* de almendras y albahaca (véase la pág. 98).

ensalada de salmón ahumado en caliente, centeno, remolacha y rabanitos

He aquí un plato de clara inspiración escandinava. Si nunca has probado el centeno en grano, ésta es una buena manera de empezar. Tu paladar no se sorprenderá demasiado, pues ya estamos acostumbrados a la combinación de pan de centeno y salmón ahumado.

PARA 4 PERSONAS COMO
PLATO PRINCIPAL

PARA LA ENSALADA

200 g de centeno en grano

4 remolachas pequeñas crudas

un chorrito de aceite de oliva

sal y pimienta

12 rabanitos

5 cdas de AOVE (mejor afrutado que herbáceo)

el zumo de 1 limón pequeño

50 g de hojas tiernas de ensalada (idealmente, una mezcla que incluya hojas de nervadura roja)

680 g de salmón ahumado en caliente (lomos o lonchas)

PARA EL ALIÑO

75 ml de suero de mantequilla

2 cdas de AOVE

½ diente de ajo prensado

2 cdas de hojas de eneldo picadas

Pon el centeno en remojo la víspera, y al día siguiente pásalo por agua. Viértelo en una cacerola, cúbrelo con agua y llévalo a ebullición. Cuece a fuego medio hasta que el centeno esté tierno (50-60 minutos). Asegúrate de que no se queda sin líquido durante la cocción, y si fuera necesario añade más agua hirviendo.

Precalienta el horno a 190 ºC/marca 5 si es de gas. Corta los extremos de las remolachas, pero no las peles. Ponlas en una fuente de horno forrada con papel de aluminio. Rocíalas con un chorrito de aceite de oliva y salpimienta. Aprieta el papel de aluminio en torno a las remolachas para hacer un papillote. Hornea de 30 a 40 minutos. Para comprobar si están hechas, abre el paquete y pínchalas con la punta de un cuchillo; deben quedar tiernas. Deja que se atemperen, pélalas —la piel se desprenderá fácilmente— y córtalas en bastoncitos. Desecha los extremos de los rabanitos y córtalos a lo largo en rodajas finas.

Una vez cocido, el centeno debe quedar hinchado y tierno, pero siempre tendrá un punto correoso. Escúrrelo y pásalo por agua hirviendo. Mientras está tibio, salpimienta y aliña con 4 cucharadas de aceite de oliva virgen extra y el zumo de limón.

Cuando el centeno esté a temperatura ambiente, mézclalo delicadamente con la remolacha, las hojas tiernas, los rabanitos y la cucharada restante de aceite de oliva virgen extra (o disponlo todo por separado en una fuente). Mezcla los ingredientes del aliño. Coloca el salmón encima del centeno y la remolacha. Riega con el aliño y sirve el resto en una jarrita aparte.

ensalada tibia de pomelo rosa, langostinos y coco tostado

Algunos supermercados han empezado a ofrecer paquetitos de pulpa de coco fresca, troceada y pelada, para que no tengas que pasar por la odisea de estrellar el coco en el escalón de la puerta de tu casa (ése es mi truco).

PARA 4 PERSONAS COMO PLATO PRINCIPAL LIGERO

PARA LA VINAGRETA

2 cdas de zumo de lima

2 cdas de salsa de pescado

1 cda de azúcar moreno claro (o azúcar de palma, si lo encuentras)

1 ½ cdas de aceite de cacahuete

PARA LA ENSALADA

2 pomelos rosa

30 g de pulpa de coco fresca

1 cda de aceite de cacahuete

400 g de langostinos crudos, pelados y sin el intestino (mejor de pesca sostenible)

2 chiles rojos, sin semillas y picados finos

sal y pimienta

un buen chorro de zumo de lima

2 cogollos de lechuga deshojados y troceados

unas 30 hojas de menta troceadas

2 cdas de cacahuetes tostados, picados

1 cda de semillas de sésamo blanco

Para preparar la vinagreta, simplemente mezcla todos los ingredientes.

Corta la parte superior e inferior de cada pomelo, para que tengan una base estable sobre la que apoyarse. Con un cuchillo muy afilado, quita no sólo la piel sino también el albedo o parte blanca. Ahora pélalos a lo vivo: sostén el pomelo sobre un cuenco y, con un cuchillo de hoja afilada, separa cada gajo de la membrana que lo recubre a ambos lados y sácalo con cuidado.

Ralla el coco —sólo podrás hacerlo si tienes un trozo de pulpa grande— o córtalo en láminas finas con un cuchillo muy afilado. Tuéstalo en una sartén sin grasa hasta que se dore, pero ten cuidado, porque se quema fácilmente. Ponlo en un plato y reserva.

Calienta el aceite en una sartén y saltea los langostinos a fuego medio hasta que cambien de color (unos 3 minutos). Cuando quede un minuto para sacarlos, añade el chile. Salpimienta y riega con el zumo de lima. Acto seguido, mezcla los langostinos con los cogollos, el pomelo, la menta y el aliño. Espolvorea con los cacahuetes, el coco y las semillas de sésamo y sirve enseguida.

pruébalo también con buey de mar Mezcla 1 chile rojo sin semillas y picado, 1 cda de salsa de pescado, 1 cda de salsa de soja ligera, 3 cdas de vinagre de arroz, 1 chalota pequeña picada fina, 3 cdas de agua tibia y 1 ½ cdas de azúcar extrafino, removiendo con unas varillas para asegurarte de que el azúcar se disuelve. Pela 2 pomelos a lo vivo (véase arriba). Reparte entre cuatro platos 115 g de hojas tiernas, 15 g de hojas de albahaca y 15 g de hojas de menta. Pon encima el pomelo y 400 g de carne de buey de mar. Riega con el aliño y sirve enseguida con unos gajos de lima. Para 4 personas.

ensalada de queso de cabra y cerezas con *gremolata* de almendras y albahaca

No hay nada nuevo en la combinación de queso de cabra y cerezas, pero esta receta la eleva a una nueva dimensión por el uso de cerezas maceradas, que son deliciosas. La *gremolata* también está muy buena si la preparas con menta en vez de albahaca.

PARA 6 PERSONAS

PARA LAS CEREZAS

400 g de cerezas

1 cda de brandi o *grappa* (opcional)

2 cdtas de vinagre balsámico de vino blanco

4 cdas de AOVE

1 cda de zumo de limón

PARA LA *GREMOLATA*

40 g de almendras blanqueadas

la ralladura fina de 1 limón

1 diente de ajo picado muy fino

unas 12 hojas de albahaca

PARA LA ENSALADA

150 g de queso de cabra desmenuzado

125 g de canónigos o espinacas *baby*, o una mezcla de ambos

1 cda de vinagre balsámico de vino blanco

3 cdas de AOVE (mejor afrutado que herbáceo)

sal y pimienta

Prepara las cerezas para ponerlas a macerar: deshuésalas (yo me limito a separarlas por la mitad con los dedos porque me gusta cómo quedan, pero usa un cuchillo o un deshuesador si lo prefieres). Ponlas en un bol junto con los demás ingredientes, remueve y deja macerar entre 30 minutos y 2 horas.

Para hacer la *gremolata*, tuesta las almendras en una sartén sin grasa hasta que se doren (ten cuidado, porque se queman fácilmente). Espárcelas sobre una tabla de cortar y deja que se atemperen. Añade la ralladura de limón, el ajo y la albahaca, y pícalo todo con un cuchillo afilado.

Para la ensalada, mezcla el queso de cabra con las hojas, el vinagre balsámico, el aceite virgen extra, la sal y la pimienta. Emplata la ensalada en una fuente o reparte entre varios platos. Coloca las cerezas y el jugo de la maceración encima de la ensalada y remata con la *gremolata*. Sirve enseguida.

ensalada turca de cuchara con *haydari*

La pasta de pimiento turca tiene un sabor muy alegre y picante que resulta delicioso, pero puedes sustituirla por otra pasta similar a base de chile. Se trata de un plato para una ocasión especial. Es sano y delicioso, pero picar tantas verduras en trocitos pequeños lleva su tiempo.

PARA 8 PERSONAS COMO ENTRANTE, PARA 4 COMO ALMUERZO LIGERO

PARA EL *HAYDARI*

400 g de yogur griego

¼ de cdta de sal

2 dientes de ajo prensados

1 chile verde, sin semillas y picado fino

6 cdas de hojas de eneldo picadas

PARA LA ENSALADA

4 tomates de pera maduros

2 pimientos rojos, sin semillas y picados finos

2 chiles rojos, sin semillas y picados finos

2 pepinos pequeños, de unos 225 g cada uno, pelados, sin semillas y picados finos

2 chalotas picadas finas

3 cdas de hojas de perejil picadas finas

2 cdas de hojas de menta picadas finas

2 cdas de pasta de pimiento turca o *harissa*

1 cda de melaza de granada

2 cdtas de vinagre de vino blanco

100 ml de AOVE y un poco más para servir

sal y pimienta

½ granada (opcional)

PARA SERVIR

pimentón o zumaque

pan de pita tibio

Para hacer el *haydari*, vierte el yogur sobre un paño de cocina fino o una muselina. Une las esquinas de la tela para formar un hatillo y exprímelo sobre el fregadero para drenar el suero del yogur. Pon el hatillo sobre un cedazo con un cuenco debajo para recoger el suero y refrigera durante 24 horas. El yogur se irá drenando hasta adquirir una consistencia bastante firme. Sácalo de la muselina dejándolo caer en un bol y mézclalo con todos los demás ingredientes del *haydari*.

Escalda los tomates en agua hirviendo durante 10 segundos, escúrrelos y acto seguido pásalos por agua fría. Pélalos. Córtalos por la mitad, desecha las semillas y pícalos en trozos pequeños.

Pon la pulpa de tomate en un bol junto con el pimiento, el chile rojo, el pepino y la chalota. Añade las hierbas aromáticas, la pasta de pimiento, la melaza de granada, el vinagre de vino y 2 cucharadas del aceite virgen extra. Salpimienta y revuelve con delicadeza. Deja reposar durante 30 minutos para que los sabores se integren.

Al cabo de 30 minutos la mezcla habrá soltado agua, así que viértela con cuidado en un gran colador de malla para que pierda parte de ese líquido. No queremos unas verduras resecas, pero tampoco bañadas en agua. Pon la ensalada en un bol y añade el resto del aceite de oliva virgen extra. Prueba de sal y, si has decidido usarla, esparce los granos de la granada por encima.

Espolvorea el *haydari* con pimentón o zumaque y rocíalo con un chorrito de aceite de oliva virgen extra. Sirve con la ensalada y un poco de pan de pita tibio.

una ensalada nunca está de más

A lo largo de los últimos veinte años la ensalada ha ido ganando protagonismo, a la vez que se convertía en un plato complejo, polifacético y capaz de sorprender. Lejos queda la época en que se reducía a un puñado de hojas mustias, tomates que recordaban al corcho, huevos duros y un aliño a base de mayonesa. Luego fueron llegando las primeras ensaladas «extranjeras», concretamente la Niçoise y la César. Pero el plato que cambió nuestra forma de ver la ensalada fue la —ahora vilipendiada— ensalada con queso de cabra. En cuanto probamos unas hojas de lechuga bien aliñadas y servidas con sabrosos medallones de queso asado, abrimos la puerta a la idea de que una ensalada pudiera combinar distintas texturas y temperaturas.

Con el tiempo, la ensalada dejó de ser un simple entrante o una guarnición para convertirse en plato principal. Hoy en día, las ensaladas son un plato infinitamente variable: pueden llevar pollo rebozado en semillas de sésamo y setas *shiitake* salteadas, abadejo ahumado y huevos, tomates asados calientes, yogur frío y granada. Ya no son obligatoriamente un plato de sabor suave, sino que también pueden ser picantes, minerales, ácidas o especiadas. Pueden aunar sabores opuestos entre sí, y de hecho, el contraste es uno de sus principales atractivos —frío y caliente, intenso y sutil, tierno y crujiente—, y si algo las caracteriza es su vitalidad. A veces, cuando llevo una fuente de ensalada a la mesa, con los bordes salpicados de aceite y vinagre, las hojas poco menos que desparramándose hacia fuera, casi me parece que se trata de un ser vivo: grande, expansivo y hermoso.

Cuando mi alimentación empezó a cambiar me di cuenta de que mi concepto de ensalada se había ampliado más aún. En la actualidad, las ensaladas reflejan los últimos cambios en nuestros hábitos alimentarios, y son cada vez más imaginativas. Nuestra creciente familiaridad con ingredientes «exóticos» se traduce en ensaladas con guiños a la gastronomía de Oriente Próximo, Asia y más allá. Una ensalada puede ser un plato rebosante de verduras crudas y crujientes dispuestas en pequeños montones junto con puñados de hojas de menta o albahaca y regadas con un aliño picante de origen vietnamita. Nuestra pasión por las verduras no conoce límites y nos lleva a probar toda clase de raíces y hojas que nacen de ellas. Y ya no las reservamos para los meses de verano, sino que podemos comerlas cualquier día del año.

Por supuesto, una ensalada no tiene por qué ser un plato complicado. Podemos volver a lo básico: acompañar cada una de nuestras comidas con un bol de berros aliñados es ofrecer al organismo el mejor alimento que existe. Prueba a comer la ensalada junto con el plato principal o haz como los franceses y sírvela después del plato principal. Es un buen hábito, y un verdadero placer.

¿Por qué te cuento todo esto? Piensa en qué es básicamente una ensalada: vegetales. Puede llevar cereales, e incluso carne, pero siempre incluirá vegetales, el único alimento en que nutricionistas y expertos se ponen de acuerdo, pues todos los reconocen como fuente de salud (véanse las págs. 252-253 para más información al respecto). Consumir más ensaladas —aunque sólo sea incluyendo unas verduras de hoja aliñadas en cada comida— significa comer más vegetales. Más fácil, imposible.

al rico aliño

Con estas cantidades tienes bastante para unas cuatro raciones, pero eso dependerá de si aderezas verduras de hoja, que necesitan menos aliño, o verduras con fécula, que piden más condimento.

aliño asiático de cuatro sabores

Útil y versátil. Mézclalo con unos bastoncitos de zanahoria y *daikon* (añade albahaca, menta y hojas de cilantro) o aliña ensaladas orientales con pechuga de pato, judías verdes y verduras de hoja, o bien atún marcado a la plancha, hierbas aromáticas y fideos celofán.

Con unas varillas, mezcla el azúcar con el zumo de lima para que se disuelva. Añade el ajo, el jengibre, la salsa y el chile, e incorpora el aceite. Comprueba el equilibrio entre dulce y salado y añade azúcar o salsa de pescado a tu gusto.

aliño de rosa y frambuesa

Perfumado y veraniego. Úsalo para aderezar ensalada con pollo a la parrilla (marinado con melaza de granada y especias), o ensalada de pollo, cerezas, berros y almendras. Es estupendo para aliñar verduras de hoja que acompañen platos marroquíes o persas.

Pon el vinagre de frambuesa en una taza pequeña. Añade el azúcar, una pizca de sal, e incorpora el AOVE. Añade el agua de rosas poco a poco; la intensidad de su sabor puede variar bastante, así que ve probando.

aliño de anchoas, aceitunas y alcaparras

Este aliño es bastante contundente. Queda fantástico con tomates, rabanitos cortados en rodajas, patatas céreas tibias (acompañadas de judías verdes o chalotas picadas), alubias blancas, pimientos asados o huevos duros.

Sencillamente mezcla todos los ingredientes y prueba. Rectifica en función de lo que vayas a aliñar: los huevos duros y las patatas aguantan bien un aliño de sabor potente (tal vez quieras añadirle incluso un chorrito de zumo de limón). Si vas a aliñar tomate, deberías rebajar la acidez, así que reduce la cantidad de vinagre.

tomates asados al azafrán con *labneh*

Azafrán y especias picantes, dulce pulpa de tomate, el punto fresco y ácido del yogur... en esta receta hay una irresistible interacción de sabores. Riega el *labneh* con los jugos que hayan soltado el tomate y el azafrán; esas vetas doradas sobre la blancura del yogur son un placer para la vista.

Si quieres convertir esta receta en un plato principal, sírvelo acompañado de cuscús, o prueba el kamut con limones encurtidos (véase la pág. 307). Puedes esparcir pistachos o almendras por encima.

PARA 8 PERSONAS

PARA EL *LABNEH*

400 g de yogur griego

2 dientes de ajo prensados

3 cdas de hojas de cilantro, menta o perejil, picadas finas

una pizca de sal

pimienta

PARA LOS TOMATES

18 tomates de pera

4 cdas de aceite de oliva

2 cdtas de *harissa*

una buena pizca de hebras de azafrán, y un poco más para servir

½ cda de azúcar moreno claro (salvo que consigas unos tomates muy dulces y en su punto)

PARA SERVIR

pan de pita

15 g de almendras fileteadas, ligeramente tostadas

el zumo de ½ limón

4 cdas de AOVE

2 cdas de hojas de cilantro picadas

Prepara el *labneh* la víspera. Extiende una muselina o un paño de cocina fino sobre un colador de malla y ponlo sobre un bol para recoger el suero. Mezcla el yogur con el ajo, las hierbas aromáticas, la sal y la pimienta. Viértelo en la muselina, anuda las puntas y refrigera. El yogur perderá el suero a lo largo de las siguientes 24 horas, adquiriendo una textura más firme y similar a la del queso fresco. Exprime la muselina de vez en cuando para ayudar a drenar.

Precalienta el horno a 190 ºC/marca 5 si es de gas. Corta los tomates por la mitad y disponlos formando una sola capa en una gran bandeja de horno (o dos fuentes pequeñas). Mezcla el aceite de oliva, la *harissa* y el azafrán y riega los tomates con esta mezcla, dándoles la vuelta para asegurarte de que quedan bien impregnados y dejándolos con la parte del corte hacia arriba. Espolvorea con el azúcar y salpimienta. Hornea durante unos 45 minutos, o hasta que los tomates se hayan caramelizado y menguado un poco. Deja que se atemperen.

Saca el *labneh* de la muselina.

Con cuidado, traslada los tomates a una fuente de servir e intercálalos con nueces de *labneh*. También puedes tostar el pan de pita, trocearlo y servirlo mezclado con el tomate o aparte, como guarnición. Riega con los jugos que hayan podido quedar en la bandeja de horno, asegurándote de que caigan sobre el pan de pita, si lo has añadido al plato.

Esparce las almendras por encima. En un cazo pequeño, calienta otra buena pizca de hebras de azafrán en el zumo de limón. Añade el aceite de oliva virgen extra y mezcla con una cuchara. Vierte sobre la fuente. Espolvorea con cilantro picado y sirve tibio o a temperatura ambiente.

calabacines y berenjenas a la búlgara, asados a la parrilla con *tarator*

El *tarator*, una salsa hecha a base de frutos secos, adquiere distintas formas según se prepare en Bulgaria, Turquía o Grecia. Puede llevar avellanas, nueces, almendras o piñones, y queda genial tanto con verduras asadas como con una ensalada de pepino, verduras de hoja, hierbas aromáticas y tomates. Además, se conserva bien en la nevera de un día para el otro, aunque deberás acordarte de sacarla y dejar que se atempere antes de servirla, pues de lo contrario estará muy espesa.

PARA 8 PERSONAS
COMO ENTRANTE

PARA EL *TARATOR*

1 rebanada de pan candeal

2 dientes de ajo

100 g de nueces, y un poco más
para servir

100 ml de AOVE y un poco más
para servir

el zumo de ½ limón

sal y pimienta

150 g de yogur griego

2 cdas de hojas de eneldo picadas,
y un poco más para servir

PARA LAS VERDURAS
A LA PARRILLA

1,2 kg de calabacines de distintas
variedades

1,2 kg de berenjenas

aceite de oliva

Trocea el pan y ponlo en un robot de cocina junto con el ajo y las nueces. Tritúralo mientras vas añadiendo el aceite y el zumo de limón. Añade la sal, la pimienta, el yogur y 50 ml de agua, y vuelve a triturar. Incorpora el eneldo, prueba y rectifica. Vierte la mezcla en un bol y reserva hasta que vayas a servir (o tápalo y refrigéralo).

Quita los extremos de los calabacines y córtalos a lo largo en láminas de unos 3 mm de grosor. Desecha los tallos de las berenjenas y córtalas a lo ancho en rodajas igual de gruesas que las láminas de calabacín. Pincela las verduras por ambos lados con aceite de oliva.

Calienta una parrilla y asa las láminas de calabacín por ambos lados hasta que estén doradas y bastante tiernas. Tendrás que hacerlo en varias tandas. Repite con las berenjenas, asegurándote de que se doran por ambos lados, y luego baja el fuego y deja que sigan asándose hasta que las rodajas estén tiernas y bien hechas por dentro. Salpimienta las verduras a medida que las asas.

Pon las verduras en una fuente de servir y rocíalas con un chorrito de aceite de oliva virgen extra. Remata el plato con una cucharada de *tarator* (sirve el resto en un bol) y espolvorea con más nueces y eneldo.

macedonia de verduras a la parrilla

Lo que tenemos aquí no es la típica ensalada mediterránea de verduras asadas, sino una preparación tan suave y tierna que recuerda más a un puré. Tiene un delicioso sabor ahumado que sólo se logra asando las verduras a la parrilla hasta que queden ligeramente chamuscadas por fuera. Si no tienes una llama viva sobre la que asar las berenjenas (un fogón de gas o una barbacoa) no podrás conseguir ese sabor ahumado, pues ni asando las verduras en el horno ni haciéndolas a la plancha se obtiene un resultado parecido. Si no tienes una llama viva para las berenjenas, yo haría otra cosa.

PARA 8 PERSONAS COMO ENTRANTE (JUNTO CON OTROS *MEZZE*) O COMO GUARNICIÓN

4 pimientos rojos o una mezcla de rojos y amarillos

aceite de oliva

4 tomates de pera, cortados por la mitad

sal y pimienta

2 berenjenas

4 dientes de ajo prensados

¼ de cdta de guindilla en copos

2 cdas de AOVE (mejor de sabor intenso)

el zumo de ½ limón

1 ½ cdas de vinagre de vino tinto

Enciende el grill del horno a la máxima potencia.

Corta los pimientos por la mitad, vacíalos y úntalos con aceite de oliva por dentro y por fuera. Forra la bandeja del horno con papel de aluminio (esto te ayudará a recoger los jugos de la cocción y te ahorrará tener que fregarla más tarde) y pon los pimientos encima con la piel hacia arriba. Añade los tomates, con la parte del corte hacia arriba, y rocíalos con aceite. Salpimienta. Asa debajo del grill hasta que la piel de los pimientos se reblandezca y tanto éstos como los tomates estén ligeramente chamuscados. Baja el fuego —o baja la bandeja de horno— y deja que sigan asándose hasta que ambas verduras estén muy tiernas. Tendrás que sacar los tomates antes que los pimientos.

Pincha la piel de las berenjenas para que no revienten, y sostenlas de una en una sobre una llama viva (si tienes cocina de gas, puedes hacerlo sobre un quemador; también puedes asarlas de dos en dos, si tienes cuidado y usas un par de tenedores o pinzas largos). Deja que se hagan por todos los lados. La piel debe quedar chamuscada y la pulpa perfectamente tierna. Se tarda un rato, y hay que ir ajustando la potencia de la llama sobre la marcha, pero sé paciente. Deja que se templen y pélalas. Corta la pulpa en dados pequeños.

Pela los pimientos y pica la pulpa o córtala en tiras. Pica los tomates. Mezcla las verduras asadas en un bol y añade todos los demás ingredientes. Rectifica de aceite y sal. Puedes servir esta ensalada tibia o a temperatura ambiente. Su sabor se intensifica según pasan las horas, y suele estar más deliciosa al día siguiente.

puré de habas, *relish* de feta y pan de comino

Un plato perfecto como entrante, pero que, acompañado de unos buenos pinchos de carne (como los de cordero de la pág. 141), también funciona como plato principal.

los de cordero de la pág. 141

PARA 6 PERSONAS COMO ENTRANTE, O PARA MÁS SI SE SIRVE CON OTROS *MEZZE*

PARA EL PAN

100 g de harina de trigo integral

75 g de harina de trigo

¼ de cdta de sal

½ cdta de levadura activa seca

¼ de cdta de azúcar extrafino

150 ml de agua tibia

1 cda de aceite de oliva, y un poco más para untar

½ cda de AOVE

4 chalotas, cortadas en juliana fina

2 chiles rojos, sin semillas y cortados en láminas finas

1 cda de semillas de comino negro

PARA EL PURÉ DE HABAS

500 g de habas (sin la vaina)

½ cda de aceite de oliva

1 cebolla pequeña picada fina

3 dientes de ajo picados finos

¼ de cdta de guindilla en copos

el zumo de 1 limón

3½ cdas de AOVE

2 cdas de caldo de pollo o agua

PARA EL *RELISH* DE FETA

75 g de queso feta

75 g de aceitunas negras deshuesadas y picadas gruesas

2½ cdas de AOVE

½ diente de ajo picado muy fino

1 cda de hojas de eneldo, perejil o menta, troceadas

Para hacer el pan, pon las harinas y la sal en un bol, dejando un hueco en el centro. Mezcla la levadura en otro cuenco con el azúcar y la mitad del agua. Deja reposar 15 minutos en un lugar cálido. Vierte la levadura en el hueco de la harina y mezcla. Añade el aceite y usa el agua restante para obtener una masa que puedas trabajar. Amasa 10 minutos, hasta que se vuelva brillante y elástica. Úntala con un poco de aceite, ponla en un bol, tapa con film transparente y deja reposar durante dos horas. Debería doblar su volumen.

Para el puré, escalda las habas durante 3 minutos, escúrrelas y pásalas por agua fría. Pélalas.

En una sartén grande, calienta el aceite de oliva y sofríe la cebolla. Añade el ajo y la guindilla y cocina 3 minutos más. Añade las habas y deja que se caliente junto 3 minutos. Salpimienta.

Vierte el contenido de la sartén en un robot de cocina y añade el zumo de limón, el AOVE y el caldo o agua. Tritúralo hasta reducir la mezcla a un puré no muy fino. Rectifica de sal y ponlo en una fuente poco profunda.

Desmenuza el queso feta en un bol pequeño y mézclalo con las aceitunas. Riega con el AOVE y espolvorea con el ajo y las hierbas aromáticas. Añade un poco de pimienta recién molida, remueve con delicadeza y vierte la mezcla encima del puré de habas.

Mientras, enciende el horno a la máxima potencia e introduce varias lajas de pizarra sin barnizar o una base de piedra para hornear pizzas. Divide la masa de pan en seis porciones. Ponlas sobre una bandeja ligeramente enharinada, cubre con film transparente y deja reposar 10 minutos más. Extiende cada porción de masa hasta obtener seis círculos de unos 15 cm de diámetro. En una cacerola, calienta el AOVE y sofríe las chalotas hasta que se doren. Añade el chile y sofríe 2 minutos más. Reserva.

Pon los panes sobre las lajas de pizarra o la piedra para pizzas y hornéalos durante 2 o 3 minutos, hasta que se inflen y se formen ampollas en la superficie. Envuélvelos en un paño de cocina hasta que vayas a servirlos. Esparce la mezcla de chalota y chile sobre los panes y espolvoréalos con las semillas de comino. Sirve con el puré de habas.

ensalada de anchoas ahumadas, judías verdes y huevo

De joven comí mucha ensalada Niçoise, sobre todo cuando estaba a régimen (e intentando convencerme de que me gustaba la patata hervida). La receta que te traigo es un poco distinta, pero creo que la mejora en varios aspectos. Y no hay una sola patata a la vista.

**PARA 4 PERSONAS
COMO ENTRANTE**

PARA LA VINAGRETA

¾ de cda de vinagre balsámico
de vino blanco

½ cdta de mostaza de Dijon

4 cdas de AOVE (mejor afrutado
que amargo)

el zumo de ¼ de limón

sal y pimienta

PARA LA ENSALADA

200 g de judías verdes,
despuntadas por el lado del tallo

un manojo pequeño de rabanitos,
sin las hojas y con los extremos
cortados

4 huevos grandes

2 chalotas cortadas en juliana fina

50 g de berros sin los tallos más
gruesos

175 g de tomates cherry redondos
o de pera, cortados por la mitad

un puñado de hojas de perejil

150 g de anchoas ahumadas
en aceite, escurridas

Prepara la vinagreta batiendo todos los ingredientes juntos. Rectifica de sal.

Cuece las judías verdes al vapor o en agua hirviendo hasta que estén apenas tiernas. Luego pásalas por agua fría para cortar la cocción y evitar que pierdan su color. Corta los rabanitos a lo largo en láminas finas.

Hierve los huevos durante siete minutos. Deben quedar cocidos, pero con la yema todavía un poco tierna en el centro.

Mezcla todas las verduras y las hierbas con la mayor parte de la vinagreta y reparte la ensalada entre varios platos o ponla en un bol de servir ancho y poco profundo. Pela los huevos duros, córtalos por la mitad con cuidado y disponlos sobre la ensalada. Reparte las anchoas ahumadas por encima, espolvorea con pimienta negra recién molida y aliña con el resto de la vinagreta. Sirve enseguida.

pilaf de habas, puerros, tomate y eneldo

La inspiración para este plato llega de Persia, donde lo sirven coronado por un huevo frito, y por sí solo constituye una cena estupenda, pero también quedaría de fábula acompañando una pierna de cordero asada con *sekenjabin* (véase la pág. 76) o un plato de pescado asado.

PARA 4 PERSONAS COMO PLATO PRINCIPAL (CON ALGUNA GUARNICIÓN) O PARA 8 COMO ACOMPAÑAMIENTO

2 puerros

2 cdas de aceite de oliva

2 dientes de ajo picados finos

3 tomates de pera pelados, sin semillas y picados (véase la pág. 101)

¾ de cdta de comino molido

250 g de arroz basmati integral

½ rama de canela

500 ml de caldo de verduras, caldo de pollo o agua

400 g de habas (sin la vaina)

el zumo de ½ limón

4 cdas de hojas de eneldo picadas

1 ½ cdas de AOVE

sal y pimienta

Desecha las hojas externas de los puerros y despunta los extremos. Córtalos en rodajas finas y lávalos bien bajo el grifo.

En una cazuela de fondo grueso, calienta el aceite de oliva y sofríe los puerros a fuego medio hasta que empiecen a ablandarse pero sin que lleguen a perder su forma (cerca de seis minutos). Añade el ajo y los tomates y sofríe durante dos minutos más. Ahora agrega el comino y, pasados 30 segundos, añade el arroz, la canela y el caldo. Lleva a ebullición y deja que hierva a fuego vivo hasta que veas los granos de arroz moteados (como si tuviesen agujeritos en la superficie). Baja el fuego al mínimo, tapa y deja cocer durante unos 25 minutos. El arroz irá absorbiendo el líquido durante la cocción, pero asegúrate de que éste no se evapora antes de que el arroz se haya cocido del todo (los granos deben quedar tiernos, pero presentar cierta resistencia al ser mordidos).

Mientras, cuece las habas hasta que estén tiernas (cerca de tres minutos). Pásalas por agua fría y quítales la piel (un poco laborioso, pero vale la pena por el colorido que aportan al plato). Recaliéntalas pasándolas por agua hirviendo y luego mézclalas con cuidado con el arroz usando un tenedor. Riega con el zumo de limón y el aceite de oliva virgen extra y espolvorea con el eneldo. Prueba y rectifica.

ideas para redondear este plato

un huevo frito por encima

una buena cucharada de yogur griego, queso feta desmenuzado y un chorrito de aceite de oliva virgen extra

un bol con yogur y crema de pimientos rojos (véase la pág. 64)

prescinde del tomate al hacer el arroz y sírvelo con tomates asados (véase la pág. 104)

relish de feta (véase la pág. 108)

menú de verano sabores inesperados

alubias blancas con pimientos asados, huevos y *hilbeh* | pan persa especiado | sorbete de bayas silvestres e hibisco

Es bueno salirse de lo habitual cuando piensas en cocinar para los amigos. Les gustará, y verán algunos ingredientes de un modo completamente nuevo, mientras que para el cocinero es emocionante combinar sabores inusuales, sobre todo en verano, cuando es fácil caer en la rutina a la hora de cocinar. Este menú no dejará a nadie indiferente.

alubias blancas con pimientos asados, huevos y *hilbeh*

Un verdadero festín que se prepara en un pispás. La idea me la dio el típico desayuno egipcio de alubias, huevos, cebolla, limones encurtidos y pan de pita, que siempre me ha parecido una combinación fantástica. Esta receta incluye ingredientes que no necesitan ningún tipo de cocción. Prueba a añadir otros acompañamientos sencillos, como tomates asados o crudos, pepino con un aliño de menta, guindillas en conserva o queso feta. El *hilbeh* es la versión roja del *zhug*, la pasta de cilantro yemení. Ten en cuenta que deberás dejar las semillas de fenogreco en remojo desde la víspera.

PARA 6 PERSONAS

PARA EL *HILBEH*

2 cdas de semillas de fenogreco

1 ½ cdas de aceite de oliva

1 cebolla picada

4 dientes de ajo picados

4 chiles rojos, sin semillas y picados

2 tomates grandes, sin semillas y picados

½ cda de tomate triturado

el zumo de 1 limón

½ cdta de comino molido

½ cdta de cilantro molido

las hojas de 1 manojito de cilantro fresco

sal y pimienta

PARA LOS ACOMPAÑAMIENTOS

3 pimientos rojos, cortados por la mitad

3 cdas de aceite de oliva

6 huevos

2 latas de 400 g cada una de alubias blancas tipo cannellini, escurridas y pasadas por agua

1 cebolla roja pequeña, pelada y cortada en juliana muy fina (debe quedar casi transparente)

La víspera, pon las semillas de fenogreco en agua fría hasta cubrirlas.

Al día siguiente, cuando vayas a cocinar, escúrrelas y precalienta el horno a 190 °C/marca 5 si es de gas.

Para preparar el *hilbeh*, calienta el aceite de oliva en una sartén y sofríe la cebolla hasta que esté tierna y empiece a dorarse, unos siete minutos. Añade el ajo, el chile y las semillas de fenogreco escurridas y cuece dos minutos más. Agrega los tomates picados y, al cabo de un minuto, el tomate triturado y el zumo de limón. Vierte la mezcla en un robot de cocina.

Tuesta el comino y el cilantro en una sartén sin grasa y añádelos al robot de cocina, junto con las hojas de cilantro y una pizca de sal. Tritúralo a impulsos intermitentes durante 30 segundos —debería quedar una pasta grumosa, no un puré— y viértelo en un bol. Puedes servirlo tibio o a temperatura ambiente.

Pincela los pimientos con aceite de oliva y ponlos en una fuente de horno pequeña. Salpimienta. Ásalos en el horno durante 40 minutos, o hasta que estén muy tiernos y ligeramente chamuscados. Córtalos en tiras de medio centímetro de ancho.

Cuece los huevos en agua hirviendo durante siete minutos. La yema debe quedar un poco cruda en el centro.

Pon las alubias en una sartén con 1 cucharada de aceite de oliva y saltéalas hasta que estén calientes. Ponlas en un bol con las tiras de pimiento y un poco de la cebolla cortada en juliana (sirve el resto aparte). Acompáñalas con los huevos duros —dejando que cada comensal pele el suyo y lo mezcle con las alubias—, el *hilbeh* y el pan. Prueba el pan persa especiado (véase la pág. siguiente).

pan persa especiado

Esta receta resulta atípica, pues la cúrcuma no es lo primero que nos viene a la mente cuando pensamos en pan. Puedes usar cualquier clase de fruta seca, pero los dátiles, los higos y las cerezas dan buen resultado. Me he basado en una receta de *Malouf*, el libro de Greg Malouf sobre comida moderna de Oriente Próximo que siempre me inspira. Si lo prefieres, también puedes acompañar este menú con pan de pita árabe de harina integral, ya sea hecho en casa o comprado.

PARA 8 PANECILLOS

1 ¼ cdtas de levadura activa seca

15 g de azúcar moreno claro

175 ml de agua tibia

1 huevo ligeramente batido y 1 yema de huevo para pintar el pan

1 cda de aceite de oliva, y un poco más para untar

170 g de harina de trigo, y un poco más para espolvorear

170 g de harina Granary (en su defecto, harina integral de trigo malteado)

½ cdta de sal

½ cdta de cúrcuma

45 g de dátiles picados

35 g de mantequilla

½ cda de semillas de comino, apenas majadas

Pon la levadura en un bol con un cuarto de cucharadita del azúcar y 3 cucharadas y media del agua y deja fermentar en un lugar cálido durante unos 15 minutos. Mezcla la mitad del huevo batido (reserva la otra mitad) con una cucharada de aceite de oliva.

En un bol, mezcla las harinas, la sal, el azúcar restante y la cúrcuma. Haz un hueco en el centro y vierte la levadura fermentada, seguida de la mezcla de huevo y aceite. Añade el agua restante. Integra los ingredientes secos poco a poco con la ayuda de un cuchillo y luego amasa con las manos.

Trabaja la masa durante 10 minutos, o hasta que esté brillante y elástica. Forma una bola, úntala muy levemente con aceite, ponla en un bol y tápala con film transparente también untado de aceite. Deja reposar en un lugar cálido durante una hora (debería doblar su volumen). Transcurrido ese tiempo, rompe la masa trabajándola con las manos, vuelve a ponerla en el bol, tápala con el film y déjala leudar una hora más.

Divide la masa en ocho bolas iguales. En una superficie ligeramente enharinada, extiende cada bola hasta obtener un círculo de unos 12 cm de diámetro. Reparte los dátiles entre los ocho círculos, agrupándolos en el centro, y corona cada pila de dátiles con una nuez de mantequilla. Cierra la masa por encima de los dátiles pellizcándola con los dedos, alísala y dale la vuelta para que la junta de lo que es ahora una bola de masa quede hacia abajo. Pon los panecillos en una bandeja de horno antiadherente, cubre con film transparente ligeramente untado de aceite y deja reposar durante 15 minutos. Mientras, precalienta el horno a 200 ºC/marca 6 si es de gas.

Mezcla el medio huevo reservado con la yema. Pinta la cara superior de los panecillos con el huevo batido y espolvorea con las semillas de comino. Hornea durante 15 minutos. Para entonces, los panecillos deben estar dorados y hechos por dentro. Deja reposar cerca de 10 minutos antes de servir.

sorbete de bayas silvestres e hibisco

Las flores de hibisco tienen un sabor muy cítrico, por lo que aportan una chispa especial a este sorbete.

PARA 6 PERSONAS

4 cdas de flores de hibisco deshidratadas

230 g de azúcar granulado

450 g de bayas silvestres (moras, frambuesas)

Pon 230 ml de agua y las flores de hibisco en un cazo y lleva a ebullición. Aparta el cazo del fuego y deja reposar unos 30 minutos para que el agua se impregne del sabor de las flores. Cuela. El líquido deberá tener un intenso sabor cítrico. Devuelve el líquido al cazo.

Añade el azúcar y calienta a fuego lento para que el azúcar se disuelva. Agrega las bayas y cuece suavemente durante unos tres minutos. Deja que se enfríe del todo.

Tritura la mezcla en un robot de cocina, no con la batidora, pues rompería las semillas y daría un gusto amargo al sorbete. Pasa las bayas trituradas y el almíbar por un colador de malla fino.

Vierte la mezcla en una heladera eléctrica y ponla en marcha siguiendo las instrucciones del fabricante. Si no tienes heladera, vierte la mezcla en un recipiente poco profundo y resistente al frío y congela. Saca la mezcla del congelador tres o cuatro veces mientras se congela y tritúrala en el robot de cocina. Esto sirve para romper los cristales de hielo e introducir aire a fin de obtener un sorbete cremoso.

hamburguesa escandinava de salmón con eneldo y salsa de tomate

Cuando viajé a Escandinavia me enamoré de las hamburguesas de salmón. Por algún motivo, siempre que como una hamburguesa de ternera, por «buena» que sea, no puedo evitar cierta sensación de empacho y de haber comido mal. Esta hamburguesa, en cambio, me produce sensaciones muy distintas. Si no encuentras pan de centeno, usa un buen pan integral. Otra opción, por supuesto, es comer la hamburguesa sin pan.

PARA 4 PERSONAS

PARA LAS HAMBURGUESAS

500 g de lomo de salmón
sin espinas

25 g de mantequilla

½ cebolla picada muy fina

2 cdas de cebollino picado fino

2 cdas de mayonesa

1 cda de *crème fraîche*

sal y pimienta

aceite de cacahuete

PARA LA SALSA

150 g de yogur griego

1 cda de mayonesa

1 cda de hojas de eneldo
finamente picadas, y unas ramitas
de eneldo para servir

½ diente de ajo pequeño
prensado

75 g de tomates muy sabrosos

PARA SERVIR

4 rebanadas de pan de centeno

brotes tiernos de lechuga

pepino cortado en rodajas

Pica el lomo de salmón muy fino, en dados de unos 3 mm, pero no te obsesiones con darles una forma perfecta. Derrite la mantequilla en una sartén o cazuela y sofríe la cebolla a fuego lento hasta que se ablande pero sin que llegue a tomar color. Añádela al salmón junto con el cebollino, la mayonesa, la *crème fraîche*, la sal y la pimienta. Mezcla, tapa y refrigera durante 30 minutos. Moldea cuatro hamburguesas, ponlas en una bandeja o fuente, tapa y refrigera durante otros 30 minutos.

Para la salsa, mezcla el yogur con la mayonesa y añade el eneldo y el ajo. Tapa y reserva en la nevera para que los sabores se integren.

Unos 30 minutos antes de servir, quita las semillas a los tomates y pícalos finos (no hace falta pelarlos). Resérvalos para añadirlos a la mayonesa en el último momento (aun sin las semillas, los tomates se reblandecerán y aguarán la salsa si lo haces demasiado pronto).

Precalienta el grill del horno a la máxima potencia y pon la rejilla 5 cm por debajo de éste. Coloca las hamburguesas de salmón sobre un trozo de papel de aluminio untado con un poco de aceite y hornea durante cerca de dos minutos. Baja la temperatura del grill a fuego medio (o baja la rejilla) y hornea hasta que estén bien hechas por dentro, unos dos minutos más. No hace falta que les des la vuelta, ya que son bastante frágiles, pero se harán de todos modos.

Añade los tomates picados a la salsa de yogur y extiende un poco de ésta sobre cada rebanada de pan de centeno (tostado o no, como prefieras). Agrega las hojas de lechuga y el pepino y pon una hamburguesa de salmón sobre cada rebanada de pan. Riega con un poco más de salsa, decora con una ramita de eneldo y sirve.

salmón al plato

He aquí un plato de sabor nítido y puro, pero a la vez intenso. Eso sí, se necesita una buena materia prima para hacerlo. Las reservas de salmón salvaje están en peligro, pero se puede comprar salmón de acuicultura ecológica. Es sorprendente lo que se puede hacer con salmón crudo. Aparte de estas dos recetas y la de la página siguiente, puedes usarlo para preparar un bol de arroz japonés, un *sashimi* o una ensalada de aguacate, salmón crudo y arroz integral (véanse las págs. 43, 210 y 306).

**PARA 8 PERSONAS
COMO ENTRANTE**

700 g de lomo salmón sin piel
(salvaje o de acuicultura ecológica)

8 cdas de AOVE suave y afrutado

sal marina en escamas y pimienta
negra recién molida

2 cdas de hojas de eneldo picadas
gruesas

el zumo de ½ limón

Con un cuchillo bien afilado, corta el salmón en lonchas muy finas, como si fuera salmón ahumado. Dispón las lonchas en platos individuales, de tal manera que no se solapen entre sí.

Pincela el salmón con el aceite, espolvorea con sal, pimienta y eneldo. Riega con el zumo de limón y sirve enseguida.

carpaccio asiático de salmón

Esta receta tiene un sabor potente. Para que cunda más y rebajarle la intensidad, sírvela sobre un lecho de hojas de lechuga ligeramente aliñadas y rodajas finas de aguacate. Se puede sustituir por atún o caballa. Cuando me apetece un almuerzo sano y rápido, sirvo el pescado sobre una ensalada de zanahoria, *daikon* mezclado con hierbas aromáticas y berros, todo regado con la salsa (la guardo en un tarro en la nevera). Además de llenarte el estómago, te despeja las fosas nasales.

**PARA 6 PERSONAS
COMO ENTRANTE**

600 g de de lomo de salmón
sin piel, lo más fresco posible

10 g de hojas de cilantro

6 hojas de albahaca

unas 12 hojas de menta

100 g de ensalada japonesa
de zanahoria y *daikon* (véase
la pág. 273), picada muy fina

½ cebolla roja pequeña, cortada
en juliana fina (casi transparente)

3 cdas de salsa vietnamita
(véase la pág. 75)

gajos de lima para servir

Con un cuchillo bien afilado, corta el salmón en lonchas muy finas, como si fuera salmón ahumado. Disponlas en una fuente o en platos individuales.

Trocea y esparce las hierbas aromáticas por encima del salmón. Añade unas cucharadas de ensalada de zanahoria y *daikon* y esparce la cebolla roja por encima.

Riega con la salsa y sirve con los gajos de lima.

salmón marinado con cítricos y ensalada de hinojo y manzana

Ésta es la clase de plato que yo comería a diario, por sus sabores nítidos y la alegría de sus contrastes. Puedes servirlo con pan de centeno o con galletas crujientes de centeno (véase la pág. 53).

PARA 6 PERSONAS

PARA LA ENSALADA

4 cdas de azúcar extrafino

6 cdas de vinagre de arroz

1 cdta de mostaza a la antigua

1 bulbo de hinojo

el zumo de ½ limón

½ cebolla roja cortada en juliana muy fina

1 manzana grande y de sabor ácido (como la Granny Smith)

1 remolacha pequeña hervida y pelada (véase la pág. 36)

2 cdas de hojas de eneldo picadas muy gruesas

PARA EL SALMÓN

500 g de salmón muy fresco (la cola es adecuada para esta receta)

4 cdas de AOVE suave y afrutado

sal marina en escamas

pimienta negra recién molida

el zumo de 1 limón

Prepara la vinagreta mezclando el azúcar con el vinagre y removiendo hasta que éste se haya disuelto. Añade la mostaza y bate hasta que todos los ingredientes se hayan integrado.

No prepares la ensalada con demasiada antelación para que no se ponga mustia. Lo ideal es hacerla como mucho 30 minutos antes de servirla.

Corta el hinojo en cuartos, desecha los dos extremos y las hojas más leñosas. Quita el corazón de cada cuarto. Usando un cuchillo muy afilado o una mandolina, corta el hinojo en láminas finísimas. Pon el hinojo en un bol, riega con el zumo de limón y remueve. Añade la cebolla. Corta la manzana por la mitad, quítale el corazón y corta la pulpa en bastones finos. Añade la manzana al hinojo y riega con la vinagreta. Mezcla. Corta la remolacha en bastoncitos o rodajas muy finas (pero no la añadas todavía a la ensalada; hay que hacerlo en el último momento para que no destiña).

Usando un cuchillo muy afilado, corta el salmón en lonchas finas, como si cortaras salmón ahumado (desecha la piel). Reparte las lonchas en platos individuales (o en una fuente) sin que se solapen entre sí. Pincela las lonchas con el aceite virgen extra y salpimienta. Riega con el zumo de limón y deja reposar dos o tres minutos antes de servir. Añade la remolacha y el eneldo a la ensalada y sírvela con el salmón.

otra combinación exótica... atún soasado y ensalada de rabanitos Espolvorea 400 g de lomo de atún con pimienta negra recién molida. En una sartén, calienta 1 cda de aceite de cacahuete hasta que humee. Añade el atún y márcalo brevemente por todos los lados, sólo hasta que la carne cambie de color. Reserva y riega con 1 cda de vinagre de arroz. Prepara un aliño batiendo ½ cda de mostaza a la antigua, 2 cdtas del líquido de un frasco de jengibre encurtido, 2 cdtas de raíz de jengibre rallada, 1 cda de salsa de soja, 1 cda de vinagre de arroz, sal, pimienta, 2 cdas de aceite de cacahuete y 2 cdas de AOVE suave y afrutado. Corta el atún en lonchas muy finas y repártelas en cuatro platos. Monta el plato con 60 g de brotes de *mizuna* o mostaza japonesa, 12 rabanitos cortados en bastones finos y ¼ de cebolla roja pequeña cortada en juliana. Riega la ensalada y el pescado con la vinagreta y sirve. Para 4 personas.

salmón asado en papel de diario con salsa de eneldo y pepino

Esta receta es un poco rara, lo sé, y al hacerla en la barbacoa sólo podemos disfrutarla durante los meses de primavera y verano... pero es una forma estupenda de cocinar el salmón. La carne queda muy jugosa, y además es todo un espectáculo prepararlo de este modo (sobre todo porque ninguno de tus invitados creerá que pueda salir bien). Una vez asado, deja que el salmón repose —envuelto en el papel de periódico— durante media hora antes de servirlo.

La recomendación de usar periódicos con formato sábana responde al tamaño de las hojas, no al contenido de las mismas (aunque el salmón queda genial envuelto en el *Financial Times*: ¡ese tono rosado le va como anillo al dedo!).

PARA 10 PERSONAS

PARA EL SALMÓN

1 salmón entero de 1,8 kg, escamado y limpio

aceite de oliva

sal y pimienta

4 puñados de hierbas aromáticas (cilantro, perifollo, perejil)

1 manojo de cebolletas (unas 8), despuntadas y picadas gruesas

2 limones cortados en rodajas

8 páginas de periódico tipo sábana

PARA LA SALSA

2 cdas de AOVE

3 chalotas picadas finas

1 pepino corto y rugoso pequeño, pelado, cortado por la mitad, sin semillas y picado fino, o ½ pepino alargado

2 cdas de hojas de eneldo picadas

1 ½ cdas de alcaparras lavadas y picadas

1 ½ cdas de pepinillos en vinagre escurridos y picados

300 g de yogur griego

un chorro de zumo de limón

Enciende la barbacoa y prepara unas buenas brasas.

Frota el salmón con el aceite de oliva por dentro y por fuera. Salpimiéntalo también por dentro y por fuera. Rellénalo con la mitad de las hierbas aromáticas, la mitad de las cebolletas y una parte de las rodajas de limón.

Abre el periódico y coloca el salmón en medio. Reparte el resto de las hierbas aromáticas, las cebolletas y las rodajas de limón por encima y por debajo del pescado. Envuélvelo con el papel y átalo con hilo de cocina. Sujeta el paquete debajo del grifo y empápalo bien con agua antes de ponerlo en la barbacoa.

Ásalo durante 20 minutos por cada lado, en función de las brasas. Deberán estar calientes pero sin llama, para evitar que el papel prenda fuego. Puedes abrir el paquete para comprobar si el pescado está hecho. Si lo haces, vuelve a envolverlo en dos capas de papel de aluminio y prolonga la cocción un poco más si lo necesita, pero lo ideal es presentar el salmón envuelto en papel de periódico.

Mientras tanto, prepara la salsa mezclando todos los ingredientes con un tenedor. Prueba y rectifica. Tapa y refrigera hasta el momento de servir.

Puedes llevar el salmón a la mesa envuelto en el papel de periódico o sacarlo de su envoltorio y presentarlo en una fuente (aunque yo no me molestaría en hacerlo). Cuando saques el papel de periódico, la mayor parte de la piel del salmón quedará pegada a éste. Sírvelo caliente, acompañado de la salsa.

lubina en papillote con *relish* especiado de berenjena, limón y miel

Un plato muy especial, de aspecto imponente y lujoso.

PARA 8 PERSONAS

PARA EL *RELISH*

2 berenjenas

3 cdas de aceite de oliva
y un poco más si es necesario

1 cebolla grande o 2 pequeñas,
picadas

2 tomates de pera picados finos

2 dientes de ajo picados finos

1 chile rojo, sin semillas y picado

2 cdtas de comino molido

2 cdtas de pimienta de cayena

sal y pimienta

2 cdas del líquido de los limones
encurtidos

2 cdas de miel líquida

1 limón pequeño encurtido

4 cdas de hojas de cilantro picadas

PARA EL PESCADO

6 cdas de aceite de oliva
y un poco más para untar

1 lubina de unos 2,5 kg, escamada
y limpia

2 guindillas troceadas

2 cabezas de ajo, con los dientes
separados pero sin pelar

75 ml de vino blanco seco

Despunta las berenjenas y córtalas en dados. En una cazuela de fondo grueso, calienta 2 cucharadas de aceite y saltea las berenjenas a fuego medio hasta que se doren. Tendrás que hacerlo en varias tandas. Reserva las berenjenas según las vayas sacando de la cazuela (puede que necesites más aceite). Agrega otra cucharada de aceite a la cazuela y sofríe la cebolla hasta que esté tierna y dorada, unos 10 minutos. Añade los tomates y sofríe durante cinco minutos más. Añade el ajo, el chile, el comino y la cayena y, al cabo de dos minutos, pon de nuevo las berenjenas en la cazuela. Vierte 100 ml de agua y salpimienta. Añade el líquido de los limones encurtidos y la miel y lleva a ebullición. Baja el fuego y deja cocer suavemente durante 10 minutos. La mezcla deberá tener la consistencia de una salsa espesa.

Corta en juliana la piel del limón encurtido —desecha la pulpa— y añade la mitad al *relish*. Prueba y decide si quieres añadir el resto o no; el *relish* debe tener un sabor contundente. También tienes que valorar el punto de sal y el equilibrio entre lo dulce y lo ácido. Añade el cilantro y mezcla. Deja que se atempere (puedes refrigerarlo, pero es mejor servirlo a temperatura ambiente).

Para el pescado, precalienta el horno a 200 ºC/marca 6 si es de gas. Pon un trozo generoso de papel de aluminio (lo bastante grande para envolver el pescado holgadamente) sobre una fuente o una bandeja de horno y unta el centro con aceite. Pon la lubina sobre el papel de aluminio y salpimienta por dentro y por fuera. Esparce la guindilla por encima. Reparte los dientes de ajo alrededor del pescado y riégalo con el aceite de oliva. Levanta los bordes del papel de aluminio y vierte el vino. Une los bordes del papel de aluminio y arrúgalo con los dedos para sellar el pescado en su interior (el pescado necesita espacio para cocerse al vapor, así que el papillote no debe ceñirlo, sino quedar holgado). Hornea durante 30 minutos. Al cabo de 25 minutos, comprueba si está hecho; si es así, la carne más cercana a la espina en la parte más gruesa del pescado habrá perdido su aspecto translúcido, estará completamente blanca y se desprenderá sin esfuerzo. Puedes servir la lubina en su papillote o bien sacarla con cuidado y servirla en una fuente con el *relish* de berenjena. Un bol de cuscús, *bulgur* o arroz integral es ideal para acompañar este plato.

sardinas al pimentón ahumado con alubias blancas y tomates asados

Prepara los tomates asados con antelación y podrás tener este plato listo en menos que canta un gallo. La sabrosa grasa de las sardinas y el gusto ahumado del pimentón casan a la perfección con el sabor terroso de las alubias. Sustituye las alubias blancas por garbanzos si lo prefieres, o sirve el pescado y los tomates con lentejas en lugar de alubias (usa la receta de la pág. 164, prescindiendo del cilantro). Esta receta queda igual de buena con caballa; sirve una por persona y ásala a la parrilla entre tres y cinco minutos por cada lado.

PARA 6 PERSONAS

PARA LOS TOMATES ASADOS

9 tomates de pera grandes

3 cdas de aceite de oliva

¾ de cda de vinagre balsámico

2 cdtas de *harissa* (opcional)

½ cdta de azúcar extrafino (si los tomates no son demasiado dulces)

sal y pimienta

PARA LAS SARDINAS
Y LAS ALUBIAS

3 cdas de aceite de oliva

1 cebolla roja cortada en rodajas finas

2 dientes de ajo picados finos

2 latas de 400 g cada una de alubias blancas tipo cannellini

2 buenos chorros de zumo de limón, y unos gajos para servir

1 cda de hojas de perejil picadas muy finas

12-18 sardinas (según su tamaño), escamadas y limpias

1 cdta de pimentón ahumado

2 puñados —literalmente— de hojas de espinacas *baby* o rúcula

AOVE para servir

Precalienta el horno a 190 ºC/marca 5 si es de gas. Corta los tomates por la mitad y ponlos formando una sola capa en una bandeja de horno o una fuente resistente al calor. Mezcla el aceite de oliva, el vinagre y la *harissa* (opcional) y vierte la mezcla por encima de los tomates. Da la vuelta a los tomates para asegurarte de que quedan bien untados de aceite, pero déjalos con el lado del corte hacia arriba. Espolvorea con el azúcar (opcional) y salpimienta. Hornea durante 45 minutos, o hasta que los tomates se hayan caramelizado y menguado ligeramente.

En una sartén grande, calienta una cucharada de aceite de oliva y sofríe la cebolla a fuego lento hasta que esté blanda pero sin que llegue a tomar color. Añade el ajo y sofríe dos minutos más. Añade las alubias y otra cucharada de aceite. Salpimienta y deja que se calienten e impregnen con los jugos de la cocción. Riega con un buen chorro de limón y añade el perejil. Prueba y rectifica.

Para las sardinas, precalienta el grill del horno a la máxima potencia. Escámalas y asegúrate de eliminar cualquier rastro de sangre del interior. Sécalas. Si son medianas o grandes, haz dos cortes por cada lado, sin llegar a la espina. Esto ayudará a que el calor penetre.

Mezcla el pimentón ahumado y la última cucharada de aceite. Cubre una rejilla de horno con papel de aluminio y reparte las sardinas por encima. Pincela las sardinas con la mezcla de aceite y pimentón y salpimienta por ambos lados. Pon la rejilla justo debajo del grill a máxima potencia y hornea durante dos o tres minutos por cada lado, o hasta que estén bien hechas.

Recalienta rápidamente las alubias —agita la sartén en lugar de removerlas para que no se deshagan— y mézclalas con las espinacas o la rúcula, que se cocerán con el calor residual. Añade un poco más de zumo de limón, prueba y rectifica. Rocía con AOVE. Sirve las sardinas con las alubias, los tomates asados y unos gajos de limón.

calamar con cuscús, chile, menta y limón

Es difícil no enamorarse de esta receta: sabores intensos, mínimo esfuerzo. No hace falta que el cuscús esté caliente, así que puedes prepararlo con antelación y, en el último momento, cocer las judías verdes (nunca es buena idea dejarlas hervidas mucho rato, porque se reblandecen) y añadir las hierbas aromáticas. Lo único que quizá tengas que ajustar si preparas el cuscús con antelación son los condimentos y la cantidad de aceite de oliva, porque el grano los va absorbiendo mientras reposa. Luego saltea el calamar —te llevará poco más de un minuto— ¡y a la mesa!

PARA 4-6 PERSONAS

PARA EL CALAMAR

800 g de calamar limpio

3 cdas de aceite de oliva

el zumo de ½ limón

PARA EL CUSCÚS

300 g de cuscús integral

6 cdas de AOVE

sal y pimienta

150 g de judías verdes, despuntadas sólo por el lado del tallo

2 cdas de aceite de oliva

6 chalotas cortadas en rodajas

3 dientes de ajo cortados en láminas finas

2 chiles rojos, sin semillas y picados finos

6 cebolletas despuntadas y laminadas en diagonal

las hojas de 12 ramitas de menta troceadas

las hojas de 10 g de perejil enteras

1 ½ cdas de alcaparras lavadas

la ralladura fina y el zumo de 1 limón

Corta las aletas de los calamares y, si son grandes, córtalas en tres o cuatro tiras. Corta el cuerpo de los calamares en aros de 1 cm de grosor. Lava el calamar debajo del grifo, asegurándote de eliminar todo rastro de las entrañas. Escurre, tapa y refrigera hasta que vayas a cocinarlos.

Pon el cuscús en un bol y añade 2 cucharadas de aceite virgen extra, 500 ml de agua hirviendo, sal y pimienta. Tapa con film transparente y deja que el cuscús absorba el agua durante 15 minutos.

Cuece las judías verdes al vapor hasta que estén tiernas pero todavía al dente, y luego pásalas por agua fría y escurre.

En una sartén, calienta las 2 cucharadas de aceite de oliva y sofríe las chalotas hasta que estén apenas blandas pero sin que tomen color. Añade el ajo, el chile y las cebolletas y cocina durante otros dos minutos, aproximadamente.

Separa los granos de cuscús con un tenedor mientras aún está caliente. Añade las judías verdes, el contenido de la sartén, las hierbas aromáticas, las alcaparras, el zumo y la ralladura de limón y, por último, las 4 cucharadas restantes de aceite virgen extra. Prueba y rectifica. Pasa el cuscús a un bol ancho y poco profundo.

Seca el calamar con papel de cocina (si está mojado, te costará freírlo). En una sartén grande o un wok, calienta 3 cucharadas de aceite de oliva hasta que humee. Saltea el calamar durante 40 segundos, luego baja el fuego y deja que se haga durante 30 segundos más. Exprime el limón sobre el calamar y salpimienta. Ponlo encima del cuscús y sirve enseguida.

menú de verano para empezar, unos melocotones blancos

caballa asada con hierbas aromáticas | melocotones blancos en almíbar con gelatina de vino rosado

Es buena idea planificar un menú alrededor de un ingrediente específico o a partir de una sensación determinada. En este caso, yo empecé por el postre. Los melocotones blancos son tan elegantes y hermosos que no hace falta embellecerlos. Partiendo de esa idea y desarrollándola en sentido inverso, llegué al verde de las verduras y al plateado de las escamas. Aquí no hay nada que requiera mucho esfuerzo, y sin embargo es seguramente el menú más redondo del libro.

caballa asada con hierbas aromáticas y setas silvestres sobre lecho verde

Este plato sólo necesita un poco de maña, pero el resultado es maravilloso. Lo que lo hace tan especial es las diversas capas de sabores y texturas, la riqueza de contrastes entre lo fresco, lo dulce y lo salado.

PARA 6 PERSONAS

PARA LAS VERDURAS

600 g de guisantes frescos
o congelados

90 ml de caldo de pollo

3 cdas de zumo de limón

1 ½ cdas de AOVE

sal marina y pimienta

225 g de habas (sin la vaina)

1 ½ cdas de aceite de oliva

175 g de setas silvestres o *shiitake*

200 g de espárragos despuntados

PARA LA CABALLA

6 caballas enteras, escamadas
y limpias

las hojas de un manojo de menta
troceadas

un manojo de eneldo picado
grueso y unas ramitas para servir

aceite de oliva

Prepara primero el puré. Cuece los guisantes en agua hirviendo hasta que estén tiernos y escúrrelos. Ponlos en una batidora de vaso junto con el caldo, el zumo de limón, el aceite virgen extra, sal y pimienta. Tritura hasta obtener un puré. Cuece las habas en agua hirviendo durante tres minutos. Escúrrelas y quítales la piel.

Ahora lava las caballas y elimina cualquier rastro de sangre del interior (le daría un sabor amargo). Sécalas con papel de cocina y hazles tres cortes profundos por cada lado. Llena cada una de estas hendiduras con las hierbas aromáticas. Unta el pescado con aceite y ponlo en una rejilla de horno cubierta con papel de aluminio. Sala las caballas por fuera, incluidas las hendiduras, dando palmaditas para que la sal se adhiera a la piel.

Controla los tiempos de cocción para que todas las verduras y el pescado estén listos a la vez. Precalienta el grill del horno a la máxima potencia. En una sartén, calienta el aceite de oliva y saltea las setas hasta que se doren. Salpimienta y añade las habas peladas. Calienta el puré de guisantes. Cuece los espárragos al vapor durante unos cuatro minutos, o hasta que estén apenas tiernos.

Asa las caballas entre tres y cinco minutos por cada lado, según su tamaño. Deben quedar crujientes y chamuscadas por fuera. Sírvelas con el puré de guisantes y las habas, los espárragos y las setas, todo ello espolvoreado con eneldo.

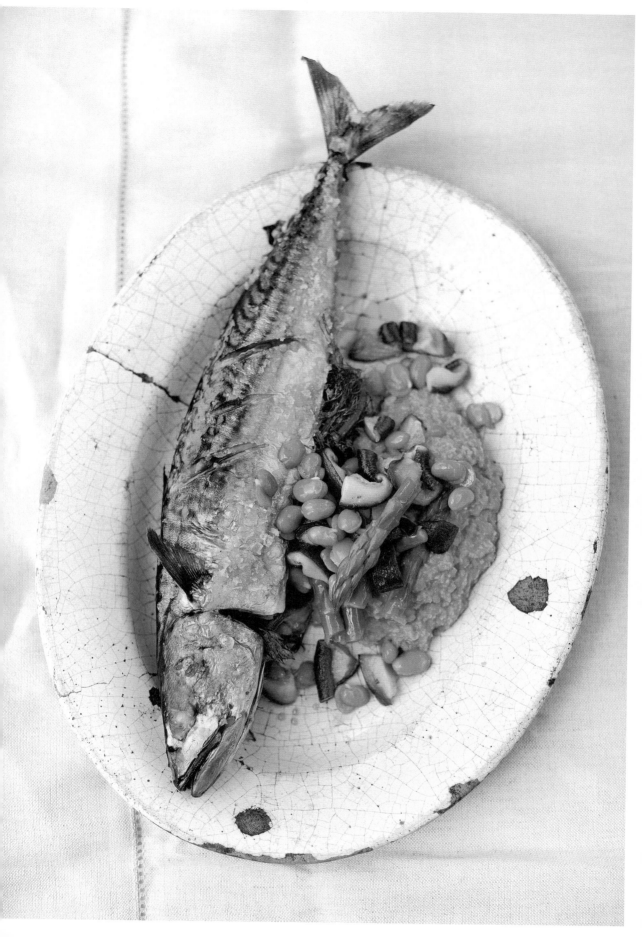

melocotones blancos en almíbar con gelatina de vino rosado

Un postre que entra por los ojos. Si encuentras melocotones blancos en su punto óptimo de maduración, puedes prescindir de la otra mitad del postre y servirlos sin acompañamiento, aunque la gelatina tiene la ventaja de resaltar su colorido.

PARA 6 PERSONAS

PARA LA GELATINA

aceite de cacahuete u otro aceite con poco sabor, para untar los moldes

16 g de hojas de gelatina neutra (9 hojas pequeñas)

175 g de azúcar granulado

475 ml de vino rosado

PARA LOS MELOCOTONES

750 ml de vino blanco

175 g de azúcar

2 tiras de cáscara de limón y el zumo de ½ limón

6 melocotones blancos

Unta ligeramente seis moldes de flan de 150 ml con aceite.

Cubre las hojas de gelatina con agua fría y deja que se reblandezcan. Calienta el azúcar a fuego lento en 200 ml de agua hasta que se haya disuelto. Aparta del fuego. Espera hasta que puedas tocar el almíbar con las manos, y entonces saca la gelatina del agua fría, escurriendo el exceso de líquido. Añádela al almíbar y remueve hasta que se haya disuelto por completo. A continuación, vierte el vino rosado y mezcla. Reparte la gelatina entre los moldes, tapa y refrigera hasta que se haya cuajado.

Para los melocotones, pon el vino blanco, el azúcar, la cáscara y el zumo de limón en una cacerola lo bastante ancha para que quepan todos los melocotones en una sola capa. Lleva suavemente a ebullición, removiendo para que el azúcar se disuelva.

Si los melocotones están bastante maduros y no son demasiado grandes, hazlos enteros; de lo contrario, córtalos por la mitad. Añádelos al vino y cuece a fuego lento, dándoles la vuelta de vez en cuando, hasta que estén apenas tiernos. Saca los melocotones y reduce el líquido de la cacerola hasta que tenga una consistencia de almíbar. Deja que se enfríe —se espesará— y saca la cáscara de limón. Mientras los melocotones están todavía tibios, quítales la piel con delicadeza.

Para desmoldar las gelatinas, sumerge la base de los moldes brevemente en agua muy caliente (no más de cuatro segundos). Vuelca cada molde en un plato y agítalo un poco; la gelatina debería desprenderse con facilidad.

Con cuidado, pon un melocotón entero o dos mitades al lado de cada gelatina, riega con un poco de almíbar y sirve.

atún soasado con aliño de chile y cacahuete

Como todos los platos de atún soasado, éste se prepara en un suspiro. Puedes servirlo con los fideos de arroz y verduras que forman parte de la receta de ternera a la vietnamita (véase la pág. 75) o con un simple arroz integral.

PARA 4 PERSONAS

PARA EL ALIÑO

2½ cdas de aceite de cacahuete

4 chalotas picadas finas

3 chiles rojos, sin semillas
y picados finos

2 dientes de ajo picados finos
o rallados

2,5 cm de raíz de jengibre pelada
y rallada

4 cdtas de azúcar moreno claro

1 cda de salsa de pescado

el zumo de 2 limas

40 g de cacahuetes al natural

2 cdas de hojas de cilantro picadas

PARA EL ATÚN

2 cdas de aceite de cacahuete

8 cdas de salsa de soja

1 cda de azúcar moreno claro

4 filetes de atún, de 175 g
cada uno

sal y pimienta

el zumo de 1 lima

Para hacer el aliño, calienta en una sartén una cucharada del aceite de cacahuete y sofríe las chalotas a fuego medio-fuerte hasta que se doren. Añade el chile, el ajo y el jengibre y sofríe durante otros dos minutos. Añade el azúcar. Cuece hasta que el azúcar se caramelice ligeramente, y entonces agrega la salsa de pescado y el zumo de lima.

Tuesta los cacahuetes en una sartén sin grasa, y luego pícalos gruesos. Incorpóralos a la mezcla de la sartén con el resto del aceite, las hojas de cilantro y una cucharada y media de agua. Prueba, buscando el equilibrio entre lo dulce, lo ácido y lo salado, y añade más azúcar, lima o salsa de pescado, según consideres oportuno. Reserva mientras cocinas el atún.

Para el atún, calienta una plancha a fuego vivo, o enciende la barbacoa a la máxima potencia. Mezcla el aceite con la salsa de soja y el azúcar y pon el atún en este adobo, dándole la vuelta para que se impregne bien. Salpimienta generosamente. Cocina el atún en la barbacoa o la plancha bien caliente durante un minuto y medio por cada lado (de modo que el interior quede tierno y ligeramente crudo), bañándolo con el adobo mientras se hace. Riega cada filete con un chorro de lima recién exprimida y sirve con el aliño de cacahuete. Una ensalada de hojas tiernas de espinaca y tirabeques espolvoreada con semillas de sésamo es un acompañamiento ideal para este plato.

salmonetes rellenos asados

Sentarse ante un plato de salmonetes te alegra el día. Su piel es casi nacarada, iridiscente... si le da la luz, se enciende como un arcoíris. En boca, el salmonete tampoco decepciona. Su carne forma lascas más pequeñas que las del abadejo, pero más grandes que las del lenguado, y es muy jugosa. Se clasifica como pescado blanco, pero posee una cremosidad, una riqueza de sabor, que por lo general sólo se encuentra en el marisco. Su sabor es delicado y contundente a un tiempo.

El salmonete es también un pescado de lo más agradecido, y si nos ponemos puristas no requiere más que una manipulación mínima: pon los salmonetes enteros en una fuente resistente al calor, rocía con un chorrito de aceite de oliva, salpimienta, lleva al horno y sirve con unos gajos de limón. Pero, si quieres ir un paso más allá, rellenar el salmonete es una apuesta segura.

PARA 4 PERSONAS

sal y pimienta

4 salmonetes de buen tamaño, escamados y limpios

aceite de oliva

½ cebolla picada muy fina

200 g de tomates picados finos

3 dientes de ajo picados finos

las hojas de 3 ramitas de tomillo y unas ramitas más para cocinar

200 g de espinacas frescas, sin los tallos más gruesos

75 g de miga de pan integral

el zumo de 1 limón

Precalienta el horno a 190 ºC/marca 5 si es de gas.

Salpimienta los salmonetes por dentro y por fuera y úntalos con aceite de oliva.

En una sartén, calienta una cucharada de aceite de oliva y sofríe la cebolla a fuego medio hasta que esté tierna y empiece a dorarse. Añade los tomates y el ajo y cuece hasta que los primeros estén muy tiernos. Espolvorea con las hojas de las tres ramitas de tomillo, salpimienta y cuece unos minutos más. Pica las espinacas, añádelas a la sartén y deja que pierdan volumen, removiendo para incorporarlas a los tomates. Soltarán un poco de agua, pero no importa porque vas a añadir pan. Añade la miga de pan y otro chorrito de aceite si el relleno ha quedado un poco seco. Rectifica también de sal.

Rellena los salmonetes y ponlos en una fuente de horno en la que quepan formando una sola capa. Pon unas ramitas de tomillo por encima del pescado y rocía con aceite de oliva. Hornea durante 20 minutos y comprueba si está bien hecho. La carne de los salmonetes debería quedar blanca y desprenderse fácilmente de la espina. Riega con el zumo de limón recién exprimido y sirve.

prueba también... un relleno agridulce de inspiración siciliana Saltea 2 chalotas picadas y 1 diente de ajo picado en 1 cda de aceite de oliva hasta que estén tiernos (pero sin que lleguen a tomar color). Añade 15 g de aceitunas negras o verdes deshuesadas y picadas, 50 g de piñones tostados, 2 cdas de pasas, normales o de Corinto, el zumo y la ralladura fina de 1 limón, 2 cdas de hojas de perejil picado u hojas de menta troceadas y 2 ½ cdtas de alcaparras lavadas. Calienta todo junto para que los sabores se mezclen. Agrega 75 g de pan rallado, salpimienta y mezcla. Rellena el pescado y hornéalo como se indica arriba.

salmonetes asados con aliño de *tahina* y tabulé de cebada

El salmonete produce resultados espectaculares con poco esfuerzo. Puedes usar otro cereal en lugar de la cebada (el farro o el trigo en grano son buenas opciones; para saber cómo cocinarlos, véanse las págs. 223-224). En invierno, sustituye los tomates y el pepino por granadas, aceitunas verdes y nueces picadas.

PARA 4 PERSONAS

PARA EL TABULÉ

150 g de cebada perlada

3 cdas de AOVE

1 cda de zumo de limón

1 cda de vinagre balsámico de vino blanco

sal y pimienta

1 cda de aceite de oliva

1 cebolla roja pequeña picada muy fina

2 dientes de ajo picados finos

2 cdtas de comino molido

1 chile rojo, sin semillas y picado fino

un puñado generoso de hojas de menta troceadas

6 cdas de hojas de perejil picadas finas

5 tomates de pera pelados, sin semillas y picados finos (véase la pág. 101)

1 pepino corto y de piel rugosa, pelado, sin semillas y picado fino

PARA EL ALIÑO DE *TAHINA*

2 cdas de *tahina*

el zumo de ½ limón

2 cdas de AOVE

1 diente de ajo prensado

PARA EL PESCADO

4 salmonetes de unos 225 g cada uno, escamados y limpios

4 cdas de aceite de oliva

el zumo de 1 limón

una pizca de zumaque

Pon la cebada en una cazuela y cubre generosamente con agua fría. Lleva a ebullición y cuece a fuego lento durante 30 minutos, o hasta que esté tierna. Escurre la cebada, pásala por agua hirviendo, escurre bien y aliña enseguida con el aceite virgen extra, el zumo de limón, el vinagre, sal y pimienta. Deja que se enfríe a temperatura ambiente.

En una cazuela, calienta el aceite de oliva y sofríe la cebolla hasta que esté tierna pero sin que llegue a tomar color. Añade el ajo, el comino y el chile y prosigue la cocción otros dos minutos. Aparta y deja enfriar. Incorpora la cebolla a la cebada junto con las hierbas aromáticas, el tomate y el pepino. Prueba y rectifica de sal. Puede que también quieras añadir un poco más de aceite virgen extra o zumo de limón.

Para preparar el aliño de *tahina*, bate esta última con un tenedor y luego añade 75 ml de agua, el zumo de limón, el aceite virgen extra y el ajo (asegúrate de añadir el agua antes que el zumo de limón; de lo contrario, la *tahina* se espesará de golpe). Prueba y salpimienta. La consistencia de la *tahina* varía según las marcas, así que ajusta la cantidad de agua y condimentos. La mezcla final debe tener la consistencia de la nata para montar.

Para hacer el pescado, precalienta el horno a 180 ºC/marca 4 si es de gas. Salpimienta los salmonetes por dentro y ponlos en una bandeja de horno sin que se solapen entre sí. Mezcla el aceite de oliva con el zumo de limón y riega el pescado. Salpimiéntalo por fuera. Hornea durante 15 minutos. Rocía el pescado con un poco del aliño de *tahina* (sirve el resto aparte) y espolvoréalo con el zumaque. Acompaña con el tabulé de cebada.

pollo a la israelí con *moghrabieh*, melocotones asados con *harissa* y menta

Para hacer el pollo me he inspirado en una receta del excelente libro de Paula Wolfert, *Mediterranean Cooking*.

El *moghrabieh* (un cuscús de grano grande que se come en Oriente Próximo) es difícil de encontrar, más aún en su forma integral, pero hay establecimientos especializados que lo venden. También puedes usar *matfoul*, un producto similar hecho con *bulgur* de trigo, y cocinarlo del mismo modo. Ambos son perfectos como base para una ensalada.

PARA 4 PERSONAS

PARA EL POLLO CON MOGHRABIEH

5 cdas de mostaza picante (yo uso mostaza inglesa)

8 muslos de pollo con hueso y sin piel (u otras piezas de pollo)

3 cdas de azúcar moreno claro

sal y pimienta

3 cdas de aceite de oliva

150 ml de zumo de naranja

200 g de *moghrabieh* integral

1 cda de AOVE

un buen chorro de zumo de limón

PARA LOS MELOCOTONES

3 melocotones apenas maduros, cortados por la mitad y deshuesados

2 cdas de aceite de oliva

3 cdas de *harissa* (usa menos cantidad si quieres que pique poco)

el zumo de ½ limón

las hojas de 1 manojito de menta troceadas

Precalienta el horno a 190 ºC/marca 5 si es de gas.

Extiende la mostaza por los dos lados de los muslos de pollo y ponlos en una bandeja o fuente de horno pequeña de modo que quepan sin solaparse entre sí. Espolvorea con la mitad del azúcar y salpimienta. Rocía con 2 cucharadas de aceite de oliva y todo el zumo de naranja. Hornea durante 20 minutos. Saca la bandeja, dale la vuelta a los muslos de pollo, riégalos con los jugos de la cocción y espolvorea con el resto del azúcar. Salpimienta y hornea durante 15 minutos más. El pollo deberá tomar un intenso color dorado.

Cuando queden unos 15 minutos para sacar el pollo del horno, prepara el *moghrabieh*. En una cazuela, calienta la cucharada restante de aceite de oliva, añade los granos de *moghrabieh* y saltea a fuego medio hasta que se doren. Al cabo de unos cuatro minutos deberías empezar a notar el olor a cereales tostados. Cubre con agua hirviendo, salpimienta y deja cocer a fuego lento durante 10 minutos, o hasta que el *moghrabieh* esté tierno. Cuela, aliña con aceite virgen extra y limón y salpimienta.

Mientras se hace el *moghrabieh*, corta las mitades de melocotón en cuñas y mézclalas en un bol con las 2 cucharadas de aceite de oliva y la *harissa*. Calienta la plancha a fuego vivo, saca las rodajas de melocotón de la marinada de *harissa*, sacudiéndolas para eliminar el exceso, y ásalas por ambos lados hasta que estén tiernas. Retira los melocotones y rocía con zumo de limón recién exprimido. Cuando el *moghrabieh* esté listo, mézclalo con los melocotones y la menta. Sirve con el pollo.

brochetas de pollo a la lima con ensalada de chile, menta y germinados

Este plato gustará a la mayoría de los niños. La ensalada es una maravilla y casa bien con carne especiada a la parrilla o al horno.

PARA 6 PERSONAS

PARA EL POLLO

12 muslos de pollo deshuesados y sin piel

1 ½ cdas de aceite de cacahuete

el zumo de 1 lima y cuñas de lima

PARA EL ADOBO

la ralladura fina de 4 limas y el zumo de 6

2 chiles rojos, sin semillas y picados

3 cdas de salsa de soja

½ cda de salsa de pescado

6 dientes de ajo prensados

2 cdas de hojas de menta picadas

pimienta negra recién molida

PARA EL ALIÑO

2 cdas de vinagre de arroz

1 cda de azúcar extrafino

½ cda de salsa de pescado

el zumo de 1 lima

2 cdtas de almíbar de jengibre

1 cda de cacahuetes picados

2 cdas de aceite de cacahuete

sal y pimienta

PARA LA ENSALADA

10 rabanitos cortados en bastones

5 hojas de col china cortadas en juliana

1 zanahoria cortada en bastones

15 g de hojas de cilantro troceadas

las hojas de 4 ramitas de menta troceadas

70 g de hojas de *mizuna* o mostaza japonesa, o de berros

35 g de germinados de rábano

Remoja seis pinchos de bambú en agua durante 30 minutos, para impedir que se quemen mientras se hace el pollo.

Corta el pollo en dados. Mezcla todos los ingredientes del adobo. Sumerge el pollo en la mezcla anterior, removiéndolo para asegurarte de que se empapa bien. Tapa con film transparente y refrigera entre una y cuatro horas.

Para el aliño, bate todos los ingredientes excepto el aceite. El azúcar debería disolverse en el zumo de lima. Incorpora el aceite batiendo y prueba de sal.

Ten todos los ingredientes de la ensalada preparados y listos para emplatar.

Ensarta los dados de pollo en los pinchos y calienta el aceite en una sartén grande (lo suficientemente grande para que las brochetas quepan en su interior y el pollo descanse sobre la base). También puedes hacer las brochetas a la parrilla, en cuyo caso bastará con calentar la plancha y pincelarlas con aceite en lugar de calentar el aceite en la sartén. Elimina el exceso de adobo sacudiendo el pollo.

Asa las brochetas por todos los lados, empezando con el fuego fuerte para que se doren y bajándolo luego para que el pollo se haga por dentro. En total, no debería tardar más de unos 10 minutos. Salpimienta y riega con zumo de lima recién exprimido.

Mezcla todos los ingredientes de la ensalada con el aliño y sirve las brochetas con la ensalada, acompañadas de unas cuñas de lima y un bol de arroz integral.

picantones *alla diavola* con judías verdes y migas a la siciliana

Esta receta italiana de pollo picante se hace por lo general a la barbacoa o la parrilla, pero también queda estupendo asado al horno y requiere mucho menos esfuerzo.

Las migas al estilo siciliano admiten toda clase de variaciones, así que no temas improvisar, añadiendo chile, alcaparras o ralladura de limón cuando las sirvas con otros platos de verdura.

La cantidad de picantones dependerá del apetito de los comensales, así que puedes cortarlos o servirlos enteros a sabiendas de que seguramente sobrará pollo.

Si prefieres hacer este plato con muslos de pollo, usa sólo 6 cucharadas de aceite de oliva para el adobo y hornéalos de 40 a 45 minutos a 180 ºC/marca 4 si es de gas.

PARA 8 PERSONAS

PARA LOS PICANTONES

las hojas de 4 ramitas de romero picadas

2 cdas de orégano seco

8 cdas de aceite de oliva

pimienta negra recién molida

el zumo de 1 limón grande

1-1 ½ cdas de guindilla en copos

8 picantones

sal marina en escamas

PARA LAS JUDÍAS VERDES CON MIGAS

3 cdas de aceite de oliva

125 g de pan candeal, sin la corteza, desmenuzado

35 g de pasas

35 g de piñones

4 dientes de ajo picados finos

4 anchoas en aceite escurridas y picadas finas

700 g de judías verdes, despuntadas sólo por el tallo

el zumo de ½ limón

unas 2 cdas de AOVE

pimienta

las hojas de unas 8 ramitas de menta troceadas

Para los picantones, mezcla las hierbas aromáticas, el aceite de oliva, la pimienta, el limón y la guindilla. Pon los picantones en una fuente o en varios platos de acero inoxidable o de cristal, riega con la marinada y frótalos por dentro y por fuera para que se impregnen bien. Cubre con film transparente y deja marinar en la nevera. No necesitan más que un par de horas, pero dales la vuelta de vez en cuando. Precalienta el horno a 190 ºC/marca 5 si es de gas y saca los picantones de la marinada. Espolvorea con sal marina y hornea durante 50 minutos. Comprueba que estén bien hechos: si pinchas un muslo, los jugos que suelte deben ser transparentes, sin rastro de sangre. Tapa los picantones con papel de aluminio, envuélvelos con toallas (reservadas para este fin) y deja reposar durante 15 minutos.

Para las judías verdes, calienta 2 cucharadas de aceite de oliva en una sartén y saltea el pan hasta que esté dorado por todos los lados. Añade otra cucharada de aceite e incorpora las pasas, los piñones, el ajo y las anchoas. Deja que los piñones se tuesten (se queman fácilmente, así que presta atención) y trocea las anchoas con la ayuda de una cuchara de madera. Aparta del fuego y reserva caliente mientras preparas las judías.

Hiérvelas en agua con sal hasta que estén tiernas (pero al dente). Escúrrelas, ponlas en un bol de servir junto con el zumo de limón, el aceite virgen extra, la sal y la pimienta, e incorpora las migas y las hojas de menta troceadas.

Sirve los picantones con las judías verdes. Este plato no necesita carbohidratos, aunque una *fregola* de verano le iría que ni pintada (véase la pág. 142). En su defecto, unos pimientos asados (que puedes preparar de antemano) son una buena guarnición.

brochetas de cordero con *adzhika*

La *adzhika* es una salsa picante originaria de Georgia. Puesto que la intensidad del chile varía mucho, yo empezaría con la mitad de la cantidad indicada y, llegado el caso, añadiría más.

PARA 6 PERSONAS

PARA LAS BROCHETAS

600 g de pierna de cordero cortada en dados

4 cdas de aceite de oliva

1 ½ cdtas de canela molida

1 cdta de pimienta de Jamaica molida

2 cdtas de pimienta de cayena

2 dientes de ajo prensados

PARA LA *ADZHIKA*

4 dientes de ajo picados gruesos

1 rama de apio picada gruesa

4 chiles rojos picados

1 pimiento rojo picado

25 g de hojas de eneldo

25 g de hojas de cilantro

3 ½ cdas de vinagre de vino tinto

4 cdas de AOVE

Limpia la carne de grasa o nervios. Mezcla todos los demás ingredientes de las brochetas en un bol y añade los trozos de carne. Revuelve para que se impregne bien, tapa con film transparente y refrigera entre 2 y 24 horas, removiéndola de vez en cuando. Remoja seis pinchos de bambú en agua durante por lo menos 30 minutos para que no se quemen cuando los pongas al fuego.

Para preparar la *adzhika*, tritura el ajo en un robot de cocina. Añade el apio, el chile y el pimiento y tritúralo todo a impulsos intermitentes hasta obtener la consistencia de una pasta. Añade las hierbas aromáticas y dale dos o tres impulsos más en el robot de cocina. No queremos un puré, sino una mezcla tosca con grumos. Vierte en un bol, añade sal, el vinagre y el aceite virgen extra.

Ensarta los dados de carne en los pinchos y sálalos. Asa las brochetas en una parrilla bien caliente, o en la barbacoa, y ve dándoles la vuelta hasta que se hayan dorado de manera uniforme. Es mejor que queden poco hechos por dentro, así que cerca de siete minutos en total serán suficientes. Sirve con la *adzhika* o con cualquiera de las salsas de abajo

más salsas… salsa de pasas, chile y piñones Esta receta es dulce, picante y tiene un punto de frescura. Maja 2 dientes de ajo pequeños con una pizca de sal marina. Añade 60 g de piñones y májalos ligeramente. Agrega 2 cdas de pasas, 1 chile rojo y otro verde, sin semillas y picados finos, las hojas troceadas de 12 ramitas de menta, 2 cebolletas picadas finas, 2 cdas de vinagre balsámico de vino blanco, el zumo de ½ limón, pimienta negra y 8 cdas de AOVE. Májalo todo ligeramente para liberar los sabores. Prueba, rectifica y sirve. Para 6 personas.

pesto de menta y almendras Pon 60 g de almendras tostadas en un robot de cocina junto con 4 dientes de ajo, 80 g de hojas de menta, 40 g de hojas de perejil, 3 cdtas de miel líquida, el zumo de 1 limón, sal y pimienta. Tritura al tiempo que agregas 300 ml de AOVE en un chorro constante. Prueba y rectifica de sal. Cubre con una capa de aceite de oliva para evitar que se oxide y tapa con film transparente hasta el momento de servir. Para 6 personas.

scottadito de cordero con *fregola* de verano

Este plato, que significa literalmente «te quema los dedos», es fantástico para una cena informal o un almuerzo de fin de semana. El cordero se cocina en el último minuto, pero la técnica no tiene secreto. Es mejor no quitarle la grasa a la carne; si alguno de los comensales no quiere comerla, sólo tiene que apartarla una vez servida.

La *fregola* es una variedad de cuscús de grano grande originaria de Cerdeña. Si no la encuentras, usa un cereal en grano, como el farro (véase cómo cocinarlo en la pág. 223).

PARA 6 PERSONAS

PARA EL CORDERO

18 chuletas de cordero con el hueso limpio (pídele al carnicero que lo haga)

3 cdas de aceite de oliva

el zumo de 1 limón, y gajos de limón para servir

1½ cdas de hojas de orégano picadas

8 cdtas de guindilla en copos

PARA LA *FREGOLA*

400 g de *fregola*

4 cdas de AOVE

1½ cdas de zumo de limón

sal y pimienta

1 cda de aceite de oliva

4 chalotas picadas finas

150 g de tomates cherry cortados en cuartos o picados

las hojas de 1 manojito de albahaca troceadas, o 3 cdas de hojas de perejil picadas gruesas

Pon las chuletas en un bol grande, poco profundo y de acero inoxidable o de cristal. Añade el aceite de oliva, el zumo de limón, el orégano y la guindilla. Remueve con las manos, tapa, refrigera y deja marinar durante un par de horas. Si puedes, remueve la carne de vez en cuando.

Cuece la *fregola* en agua hirviendo durante 10 minutos, escurre y añade enseguida el aceite virgen extra, el zumo de limón, la sal y la pimienta. Separa la pasta con la ayuda de un tenedor.

Mientras, calienta 1 cucharada de aceite de oliva en una sartén pequeña y sofríe las chalotas hasta que estén tiernas pero sin que se doren. Añade la cebolla a la *fregola*, junto con los tomates y las hierbas aromáticas.

Calienta una plancha a fuego vivo. Saca el cordero de la marinada, sacudiendo las chuletas para eliminar el exceso de líquido (no debería haber demasiado). Salpimienta generosamente la carne. Cuando la plancha esté muy caliente, asa las chuletas por cada lado hasta que tomen color. Presiona la parte más gruesa de las chuletas con el dorso de una cuchara de madera mientras se hacen. Deben quedar un poco rosadas en el centro, así que un minuto y medio por cada lado será suficiente. Pincha una de las chuletas con un cuchillo afilado para comprobar el punto de cocción, y asegúrate de servirla con ese lado hacia abajo para que no se vea el corte.

Pon las chuletas en una fuente con los gajos de limón y sirve enseguida, acompañadas de la *fregola*. Asegúrate de poner bastantes servilletas de papel en la mesa. Tus invitados querrán apurar hasta el último bocado de carne de las chuletas, por lo que no dudarán en ensuciarse los dedos.

ternera a la japonesa con aliño rústico de *ponzu* y *wasabi*

A veces el cuerpo te pide proteína en estado puro. Yo no como carne roja muy a menudo, pero de tarde en tarde me viene el antojo (y lo mismo le pasa a mi hijo adolescente). Este plato es un lujo que me doy de forma ocasional, y me encanta su simplicidad. Además, es muy saciante. Puedes servirlo con verduras encurtidas al estilo japonés (véase la pág. 60) para que cunda más.

El aliño de *ponzu* proviene de un libro que es toda una fuente de inspiración, *Japanese Farm Food*, de Nancy Singleton Hachisu, y es mucho más sencillo de preparar que el *ponzu* normal.

PARA 6 PERSONAS

PARA EL *PONZU*

125 ml de salsa de soja japonesa

125 ml de zumo de naranja amarga o una mezcla de zumo de naranja y lima

1 cda de cebollino picado

PARA LA TERNERA

sal marina

450 g de solomillo de ternera de la máxima calidad, sin rastro de grasa visible

wasabi (preferiblemente fresco y rallado) para servir

la cáscara de 2 limones cortada en juliana y 1 limón cortado en gajos para servir

2 chiles rojos pequeños, sin semillas y cortados en rodajas finas

Para hacer el *ponzu*, sencillamente mezcla todos los ingredientes. Tapa y refrigera.

Espolvorea la carne con sal marina. Márcala por todos los lados, ya sea en una plancha muy caliente o en la barbacoa. Envuélvela inmediatamente en papel de cocina y refrigérala durante una hora para que se enfríe.

Corta la carne en lonchas, en sentido contrario a la veta, y ponlas en los platos de servir, montadas unas sobre otras. Sirve a todos los comensales un poquito de wasabi en el plato y espolvorea la carne con la cáscara de limón y el chile. Pon un bol pequeño con salsa *ponzu* en cada plato y ofrece también gajos de limón para acompañar.

tagliata

Esta ensalada italiana con carne de ternera se prepara en un suspiro y es una verdadera delicia. Unos tomates cherry aliñados con zumo de limón y aceite de oliva virgen extra le van perfectos como acompañamiento.

PARA 8 PERSONAS

4 solomillos de ternera de unos 300 g cada uno, sin grasa

4 dientes de ajo sin pelar

200 g de berros y rúcula

aceite de oliva

sal y pimienta

125 ml de AOVE

4 ramitas de romero

2 tiras de cáscara y el zumo de 1 limón

25-50 g de queso parmesano cortado en virutas

Para preparar esta receta hay que trabajar deprisa. Saca la carne de la nevera y deja que se atempere. Golpea los dientes de ajo con la parte ancha de la hoja de un cuchillo y pon los berros y la rúcula en un bol ancho y poco profundo.

Calienta a fuego vivo una sartén de fondo grueso, vierte un chorrito de aceite de oliva y deja que se caliente hasta que empiece a humear. Salpimienta los solomillos y márcalos en la sartén durante 2 minutos y medio en total, dándoles la vuelta cada 20 segundos para que se hagan de forma homogénea. Pon los solomillos en una fuente caliente, tapa con papel de aluminio y reserva.

No habrá demasiado aceite en la sartén, pero deberás desechar el poco que haya. Eso sí, no la laves, pues habrá retenido el sabor de la carne. Añade el aceite virgen extra y calienta la sartén a fuego medio. Saltea el ajo, el romero y la cáscara de limón. Deja que los sabores impregnen el aceite durante tres minutos y luego añade el zumo de limón.

Corta los solomillos en lonchas de medio centímetro de grosor. Cuela la mitad del aliño de la sartén y riega con él la ensalada del bol. Esparce las lonchas de solomillo y el parmesano por encima de la ensalada. Cuela el resto del aliño y úsalo para regar el plato. Espolvorea con un poco más de sal y pimienta recién molida y sirve enseguida.

¿cuántas dietas caben en una vida?

A lo largo de mi vida he seguido la dieta de la Clínica Mayo, la Scarsdale, la del plan F, la Atkins, la de la sopa de repollo, la Cambridge, la Lighter Life, la South Beach y la Dukan. Les he dedicado tanta energía y me han generado tanta angustia que me echaría a llorar. Varios amigos míos, sobre todo mujeres (en su mayoría delgadas), han pasado por lo mismo.

La empresa de estudios de mercado Analysts Mintel concluyó que uno de cada cuatro adultos de Reino Unido pasa «la mayor parte del tiempo» tratando de perder peso. Eso supone que trece millones de personas se pasan la vida haciendo dieta. Todo el mundo tiene su opinión sobre la mejor forma de adelgazar, o la más rápida. Te dirán que estás perdiendo el tiempo o que deberías estar haciendo otro régimen. Más de un flaco te dirá con cierto retintín que te falta voluntad o que no haces suficiente ejercicio físico.

Si estás leyendo esta página, seguramente también hayas hecho dieta alguna vez. Si has comprado este libro es probable que te apasione comer y que te cueste hacer dieta. Yo estoy en las mismas. Por desgracia, cuando empiezas a hacer dieta resulta difícil dejarlo, porque entras en una montaña rusa de privación y rebelión por la que pasas de comer menos de lo que debieras a darte un atracón.

Yo creo que, si no fuera porque vivimos inmersos en una neurosis colectiva sobre nuestro aspecto, cada uno de nosotros alcanzaría un peso aceptable para su constitución. Pero no vivimos en esa clase de sociedad. De hecho, vivimos en una cultura tan saturada de alimentos que engordan —me refiero a los carbohidratos refinados, sobre todo el azúcar— que comer de un modo equilibrado resulta muy difícil. Así que cada vez se nos juzga más severamente en función de nuestro aspecto, y sin embargo, nos sentimos más tentados a comer productos que nos perjudicarán y nos harán engordar. No es el contexto ideal para establecer una relación sana y equilibrada con la comida.

Yo no aspiro a estar flaca. Renuncié a eso años atrás. Cuando tenía veinte años me las arreglaba para no pasar de los cuarenta y ocho kilos (mido 1,65 m) llevando una dieta sumamente estricta de lunes a viernes y comiendo lo que me apetecía los fines de semana. Lo pasaba fatal y, desde luego, no era una alimentación sana. Pero tener sobrepeso tampoco es sano, y si bien este libro no trata sobre cómo perder peso, el tema bien merece una reflexión. Hacer régimen está bien de vez en cuando, pero estar constantemente a dieta no es vida. Es perjudicial para la salud y deprimente.

Las dietas funcionan —algunas de forma espectacular—, pero sólo mientras las seguimos. Casi puedo oírte refunfuñando de frustración al leer estas palabras (tal como yo he refunfuñado cuando me las han dicho), pero tenemos que alcanzar un peso con el que nos sintamos cómodos, y luego viene lo más importante: cambiar nuestra forma de comer. Yo he pasado años haciendo oídos sordos a esta realidad. Más aún, me ponía hecha un basilisco con cualquiera que me la recordara, así que no soy quién para decirte qué debes hacer. Es tu lucha. Pero las recetas que encontrarás en este libro (salvo los pasteles y los sorbetes, que son para los fines de semana) y la información que las acompaña deberían ayudarte a mantener un peso razonable sin sentir que te estás privando de nada. A mí me chifla comer. Pero me harté de hacer dieta. Y ésta es la clase de comida que más me satisface, en todos los sentidos.

ricotta con bayas silvestres y miel

Para hacer esta receta no hace falta cocinar. Todo se reduce a un puñado de buenos ingredientes en estado puro. Busca un queso ricotta recién hecho de forma artesanal en vez de los sucedáneos ultraprocesados que los supermercados venden en tarrinas. La diferencia es abismal.

PARA 4-6 PERSONAS

300 g de queso ricotta fresco

un poco de azúcar glas (opcional)

400 g de frambuesas, grosellas o moras

miel clara y perfumada (las de azahar o tomillo son ideales)

Pon una muselina o un paño de cocina fino sobre un colador de malla. Apóyalo sobre un bol y vierte la ricotta en su interior. Cierra la muselina uniendo las esquinas y pon un plato encima. Refrigera durante un par de horas.

Quita la muselina y prueba la ricotta. Si crees que le falta dulzor, añade un poco de azúcar glas y remueve para integrarlo. Divide la ricotta entre los platos en los que vas a servir el postre, o bien ponla en una fuente grande.

Esparce unas bayas silvestres por encima de cada plato y riega con un chorrito de miel.

otras formas de combinar la ricotta con fruta.... Puedes

usar la ricotta del mismo modo con otras frutas. Está deliciosa con unos higos maduros (usa una buena miel de espliego, que casa a la perfección con los higos) y las grosellas blancas quedan espectaculares (su piel casi nacarada destaca sobre la textura cremosa de la ricotta). Los melocotones o los albaricoques en almíbar también funcionan muy bien (véase la pág. 130, pero haz un almíbar menos azucarado, porque ya vas a regarlas con miel). Si usas fruta de hueso, esparce unos pistachos en el plato antes de servir. Otra buena idea es endulzar ligeramente la ricotta con azúcar glas y servirla con cerezas frescas alrededor.

tarta de grosella espinosa, almendras y espelta

He aquí una tarta agridulce y jugosa. En esta receta hay azúcar, claro está, lo que la convierte en un capricho ocasional. Pero está hecha en parte con harina de espelta integral, que no sólo es más sana que la harina de trigo blanca, sino que le aporta un delicado sabor a frutos secos. Puedes reemplazarla con harina de trigo integral, si lo prefieres.

PARA 8 PERSONAS

125 g de mantequilla, y un poco más para untar el molde

125 g de azúcar moreno claro

3 huevos grandes ligeramente batidos

50 g de harina de espelta integral tamizada

25 g de harina de trigo tamizada

75 g de almendra molida (preferiblemente recién molida)

¾ de cdta de levadura en polvo

350 g de grosellas espinosas (rojas o verdes) despuntadas

4 cdas de azúcar moreno extrafino

30 g de almendras fileteadas

azúcar glas para espolvorear

Precalienta el horno a 190 ºC/marca 5 si es de gas. Unta con mantequilla un molde desmontable de 20 cm de diámetro.

Bate la mantequilla y el azúcar moreno hasta obtener una mezcla clara y esponjosa. Añade los huevos de uno en uno, batiendo bien antes de incorporar el siguiente. Si la mezcla empieza a cortarse, añade una cucharada de harina de espelta. Con una cuchara metálica grande, integra el resto de las harinas, las almendras y la levadura en polvo. Vierte la mezcla en el molde untado con mantequilla.

Mezcla los granos de grosellas con el azúcar moreno extrafino y espárcelos por encima de la tarta. Hornea durante 20 minutos. Espolvorea con las almendras fileteadas y hornea durante 10 minutos más. La tarta estará lista cuando un palillo insertado en el centro salga limpio.

Deja enfriar en el molde y luego desmonta el aro y la base con cuidado. Espolvorea con azúcar glas antes de servir.

pruébalo con cerezas... Esta tarta queda igual de buena si la haces con cerezas. Deshuesa 500 g de cerezas y espárcelas sobre la tarta justo antes de meterla en el horno. En el tiempo que tarda en hacerse, quedarán tiernas y jugosas. El resultado es una tarta esponjosa e irresistible.

frambuesas con albahaca y sorbete de suero de mantequilla

El sorbete es un postre poco común. Se hace con leche y almíbar, y en boca nos recuerda más a un granizado que a un helado. Esta versión con suero de leche es refrescante e irresistible a partes iguales.

Para reducir la cantidad de azúcar, el almíbar de las frambuesas es menos dulce de lo habitual. Resulta bastante liberador desprenderse de la idea de que la fruta tiene que servirse bañada en un jarabe empalagoso. Queda mejor así. Pero hay que ajustar las expectativas en lo tocante a la textura.

PARA 6 PERSONAS

PARA EL SORBETE

125 g de azúcar

225 ml de suero de mantequilla

el zumo de 2 limones

Para las frambuesas

75 g de azúcar granulado

3 tiras de cáscara de limón
y el zumo de 1

3 ramitas de albahaca, y unas
pocas más (u hojas sueltas) para
servir (opcional)

325 g de frambuesas

Para el sorbete, calienta 75 ml de agua con el azúcar hasta que éste se haya disuelto por completo y deja enfriar. Incorpora el suero de mantequilla y el zumo de limón. Vierte la mezcla en una heladera eléctrica y ponla en marcha siguiendo las instrucciones del fabricante, o bien congela en un recipiente resistente al frío, ancho y poco profundo (en este caso, deberás sacar la mezcla tres o cuatro veces durante el proceso de congelación y batirla en un robot de cocina o picarla vigorosamente con un tenedor para romper los cristales de hielo).

Para preparar las frambuesas, pon el azúcar y la cáscara de limón en un cazo con 300 ml de agua y calienta a fuego lento, removiendo para que el azúcar se disuelva. Cuece durante dos minutos, aparta del fuego, añade el zumo de limón y la albahaca y deja enfriar. El almíbar se infusionará con la albahaca. Pon las frambuesas en un bol de servir y, una vez frío, cuela el almíbar vertiéndolo por encima de éstas (las frambuesas se reblandecen si están demasiado tiempo bañadas en el almíbar, así que no dejes pasar más de 15 minutos antes de servirlas).

Decora las frambuesas con unas hojas o ramitas de albahaca (opcional) y acompáñalas con el sorbete de suero de mantequilla.

higos y melón con jengibre y anís estrellado

Los higos y los melones son excelentes frutas «casi otoñales», por lo que podemos disfrutarlos al final del verano. Los melones tienen un punto almizclado, los higos son opulentos y sensuales, mientras que las especias anticipan con su calidez la inminente llegada del otoño.

PARA 6 PERSONAS

125 g de azúcar granulado

2 cm de raíz de jengibre, pelada y cortada en láminas

1 anís estrellado

el zumo de 5 limas jugosas y 2 tiras anchas de cáscara de lima

6 higos grandes no demasiado maduros, sin el tallo y cortados por la mitad

400 g de melón maduro, sin las semillas (el peso indicado corresponde a la pulpa de 1 melón cantalupo o Galia)

Pon el azúcar en una cazuela —lo bastante grande para que quepan los higos en una sola capa— junto con 300 ml de agua. Añade el jengibre, el anís estrellado, la mitad del zumo de lima y las dos tiras de cáscara. Pon la cazuela al fuego, removiendo para que el azúcar se disuelva. Lleva a ebullición y cuece durante 4 minutos. Baja el fuego.

Añade los higos y deja que se confiten a fuego lento durante tres o cuatro minutos. Queremos dejarlos el tiempo suficiente para que presten algo de su sabor al almíbar y absorban también los la cazuela, pero no tanto tiempo que acaben deshaciéndose. Saca los higos con una espumadera y reserva en un bol.

Quita la cáscara y el anís estrellado del almíbar y deséchalos. Cuece hasta que se haya reducido un cuarto de su volumen y luego añade el resto del zumo de lima y deja enfriar. Añade el melón a los higos y riégalo todo con el almíbar frío.

Deja que la fruta macere en el almíbar durante por lo menos 30 minutos (nunca más de tres horas, pues de lo contrario el melón se reblandecerá demasiado). Esta receta queda muy bien con yogur griego y un chorrito de miel.

el placer de desayunar

Sólo con pensar en lo que desayunaba siendo una adolescente se me ponen los pelos de punta: una rebanada de pan blanco tostado con triángulos de queso en porciones y una taza de té con azúcar, o quizá un bol de Frosties. No me extraña que a las once de la mañana, en clase de lengua española, me costara mantenerme despierta. Y la cosa no mejoró cuando llegué a la edad adulta. Nada me apetece más que un desayuno francés: brioches, cruasanes, tartaletas... mi autobiografía podría titularse «Todo por la bollería». No la he desterrado de mi dieta (no podría hacerlo, así que la reservo para el fin de semana), pero es verdad que engorda y además te deja con hambre. El desayuno es la comida más importante del día —pues rompemos el ayuno—, y por tanto debe proporcionarnos una energía duradera (muchos expertos están convencidos de que quienes se saltan el desayuno para perder peso comen más a lo largo del día, no sólo durante las comidas, sino también entre éstas). Y sin embargo, en la cultura occidental los alimentos más populares para desayunar son carbohidratos refinados. Los cereales procesados, las magdalenas, los cruasanes y el pan blanco son seguramente lo peor que podemos llevarnos a la boca, no sólo para desayunar, sino en cualquier momento del día. Incluso el vaso de zumo de fruta que tomamos es básicamente azúcar; puede que tenga vitaminas, pero es mucho mejor comer la pieza de fruta entera (pues de ese modo también nos aporta fibra) que beber su zumo. Saltarse el desayuno, o desayunar frugalmente, nos hace segregar grelina, la hormona que controla el apetito y envía al cerebro la señal de que tenemos hambre, lo que significa que comeremos más de la cuenta durante el almuerzo (o que nos abalanzaremos sobre las galletas a media mañana). Así que desayunar es importante.

Yo no empecé a desayunar mejor porque alguien me dijera que debía hacerlo. Ocurrió gracias a mi curiosidad y a mi pasión por la comida. Empecé a interesarme más por el desayuno desde un punto de vista nutricional cuando vi lo que comían los habitantes de otros países al levantarse por la mañana. El desayuno en una pensión de México consistía en rodajas de aguacate, queso fresco salado, frijoles negros guisados y mango con lima. No había una sola caja de cereales a la vista. En Alemania comía todos los días «huevos al vaso»: dos huevos pasados por agua que se sirven sin cáscara dentro de un vaso (de ahí su nombre) y se acompañan de esa clase de pan que te obliga a masticar mucho (algo que, por suerte, me encanta). En Grecia, el desayuno consiste en tomates, pepino, queso feta, aceitunas, yogur y fruta. Pero el que me hizo dar el paso fue el desayuno escandinavo. Hace unos años, en un hotel de Helsinki, me sirvieron un desayuno con muesli casero, gachas de avena, compota de fruta, una selección de quesos, huevos duros, tomate, pepino y pimiento cortado en rodajas, arenque en conserva, salmón marinado con eneldo, jamón y cinco clases de pan candeal integral. Cada mañana me sentaba a desayunar con la misma ilusión que hasta entonces reservaba para una buena cena.

Empezar el día comiendo proteínas (pescado, huevos y queso) te hace sentir realmente saciado, mientras que los carbohidratos complejos (las gachas de avena y el pan de harina integral) me aportaban energía para toda la mañana. Tomé el desayuno finlandés durante dos semanas, y rara vez tuve hambre antes de las tres de la tarde. Cuando volví a casa, me aterraba subirme a una báscula. Estaba segura de que pagaría por ello. Sin embargo, la báscula de mi cuarto de baño reveló que no había engordado ni un gramo. Y cada día había tenido energía de sobra.

Todos vamos escasos de tiempo por las mañanas. Eso explica en parte que los fabricantes de cereales lograran convencernos de que un bol de copos ultraprocesados es un buen desayuno. Pero lo cierto es que no son lo bastante buenos.

Prueba a preparar tus propios cereales del desayuno con cereales integrales, frutos secos y semillas. No tardarás en comprobar que el muesli casero es mucho más rico. Y sabes exactamente qué lleva, porque lo has hecho tú.

En este libro he incluido recetas de desayunos que requieren cierta dedicación y tiempo, como las gachas de avena tradicionales, cocidas a fuego lento, pero no tendría nada de malo sustituirlas por las gachas de cocción rápida. Me encanta desayunar un bol de gachas de avena que ha hervido durante no más de cinco minutos y que sólo he removido un par de veces mientras intentaba encontrar los zapatos de mi hijo pequeño. Y es que vivimos en el mundo real. Pero, si empiezas a desayunar gachas de avena habitualmente, descubrirás que te las comes mucho más a gusto que el bol de cereales fríos que solías engullir a toda prisa.

Lo principal es tener una actitud abierta. A mí me gusta pensar que el desayuno es una comida como cualquier otra, con todo el placer que implica, y no algo que tragas sin pensar antes de salir de casa. No dejes que una de tus tres comidas diarias venga determinada por los fabricantes de cereales industriales. Piensa también en alimentos salados. Da rienda suelta a tu creatividad. Tal vez no sean del agrado de todos, pero los arenques en conserva son un desayuno estupendo (muy saciante), así como el pescado ahumado. La tortilla francesa —rellena de queso rallado, espinacas picadas o berros— y los huevos en general, servidos de cualquier manera, también constituyen un desayuno fantástico y rico en proteínas que te dará energía hasta la hora del almuerzo. Luego está el *kedgeree* (hecho con arroz integral y lentejas) o el pan de masa madre tostado con aguacate o *labneh* y tomates asados, o un plato de setas salteadas y rociadas con salsa de soja... ¿A que se te hace la boca agua?

Nadie va a privarte de ese vaso de zumo recién exprimido, pero intenta comer la fruta en lugar de beberla (o haz ambas cosas). La compota de manzana —yo intento añadirle muy poco azúcar— es económica y te permite comer la primera de las cinco piezas de fruta y verdura al día en el desayuno. Aunque no sea temporada de frutos rojos, hago compota con grandes bolsas de bayas silvestres congeladas; luego le añado una pizca de azúcar y un puñado de arándanos frescos y me la como con yogur (prefiero el yogur de leche entera, que sabe mejor y sacia más que los desnatados; además, muchos de éstos tienen un elevado contenido de azúcar o edulcorante, así que lee la etiqueta. Encontrarás más información sobre las grasas que comemos en las págs. 284-285).

Incluso entre semana, el desayuno puede ser una comida tan gratificante como la cena. Si te gusta comer y cocinar, se abre ante ti todo un mundo de posibilidades con las que jugar. El desayuno puede ser una comida variada, incluso exótica, lo bastante saciante para que no te acuerdes de las galletas de chocolate a las once de la mañana y, lo mejor de todo, absolutamente delicioso. Aunque no haya un solo cruasán a la vista.

huevos escalfados al estilo turco con espinacas y yogur

Los turcos hacen maravillas con los huevos. A nadie se le ocurriría que unos huevos escalfados pudieran convertirse en un festín exótico, pero eso es lo que ocurre en esta receta. Un desayuno sencillo y apetitoso que también puede servirse como almuerzo o cena para dos.

PARA 2 PERSONAS

100 g de yogur griego

1 diente de ajo prensado

1-2 panes de pita

2-4 huevos

50 g de mantequilla

½ cdta de semillas de comino

½ cdta de guindilla en copos

100 g de hojas de espinaca, sin los tallos más gruesos y lavadas

1 cda de aceite de oliva

sal y pimienta

Mezcla el yogur con el ajo prensado. Calienta o tuesta el pan de pita y pon uno en cada plato. Extiende una cucharada de yogur sobre cada pan.

Mientras, escalfa los huevos, uno o dos por persona, según vuestro apetito. Al mismo tiempo, calienta la mantequilla hasta que espumee, añade las especias y cocina durante un minuto. Pon las espinacas en una sartén con el aceite de oliva y saltéalas rápidamente, dejando que pierdan volumen. Salpimienta. Intenta tener todos los componentes de la receta listos a la vez.

Pon un poco de espinacas sobre el pan untado con yogur, corona con los huevos y riega con la mantequilla especiada, todavía tibia. Salpimienta y sirve.

huevos revueltos al estilo de Roopa

Un plato originario del Punjab que me enseñó mi gran amiga Roopa Gulati. Con esta receta tienes asegurado un desayuno espectacular o incluso un almuerzo. Ningún otro plato indio se prepara en tan poco tiempo. Roopa recomienda acompañarlo con *chutney* de zanahoria. Yo sugiero también cualquiera de las ensaladas de zanahoria de las págs. 273 y 277.

PARA 3-4 PERSONAS

1 cdta de semillas de comino

2 cdas de aceite de girasol

2 cebollas rojas grandes picadas finas

2 chiles verdes picados (con las semillas)

½ cdta de pimienta negra en grano ligeramente majada

3 tomates picados finos

6 huevos ligeramente batidos y salados

2 cdas de hojas de cilantro picadas

En una sartén sin grasa, calienta el comino durante un par de minutos, hasta que libere su aroma. Échalo en un mortero y májalo hasta reducirlo a polvo. Calienta el aceite en la misma sartén y sofríe las cebollas a fuego medio hasta que se doren. Añade el chile y la pimienta negra y prolonga la cocción otros 2 minutos.

Incorpora los tomates y deja hervir hasta que se ablanden y se haya evaporado el exceso de líquido; tardará por lo menos 5 minutos.

Baja el fuego y agrega los huevos. No los remuevas hasta que hayan pasado 2 o 3 minutos, y entonces levántalos con cuidado y dales la vuelta en la sartén. Deja que se hagan hasta que se hayan cuajado. Antes de servir, espolvorea con el comino y el cilantro.

grosellas con yogur y migas de centeno

Un desayuno escandinavo especialmente indicado para los meses de primavera y verano, cuando abundan las bayas silvestres (puedes prepararlo con cualquier fruto rojo salvo las fresas, que se reblandecen demasiado). El punto ácido de las bayas al estallar en la boca contrasta con el sabor tostado del centeno, que casi recuerda al café, en un toque de diana para las papilas gustativas que es un verdadero placer matutino. Ten un platito de arenque encurtido a mano (en la pág. 155 encontrarás más información al respecto; tal vez te persuada) e imagina que empiezas el día en Helsinki...

PARA 4 PERSONAS

300 g de grosellas, de la variedad disponible, o mezcladas

75 g de azúcar extrafino

100 g de pan de centeno integral

2 cdas de azúcar moreno claro

yogur natural o yogur griego, para servir

Lava las grosellas, pero no las seques. Extiéndelas sobre una bandeja o fuente de horno grande y espolvoréalas con el azúcar extrafino. Déjalas reposar durante un par de horas, agitándolas de vez en cuando, y luego ponlas en un tarro y refrigéralas.

Para las migas de centeno, precalienta el horno a 100 ºC/ marca ¼ si es de gas. Desmenuza el pan con las manos (no queremos una miga tan pequeña como la que obtendríamos con el robot de cocina). Espárcelo en una bandeja de horno (no hace falta que la engrases) y hornéalo durante 15 minutos. Deja que se enfríe y mézclalo con el azúcar moreno.

Sirve las grosellas con el yogur y las migas de pan de centeno.

más desayunos con fruta... En verano suelo preparar toda clase de frutas para desayunar a lo largo del año, y a veces echo mano de bolsas de frutos rojos congelados (son más económicos que los frutos rojos frescos, incluso en plena temporada). Pon la fruta en un cazo, caliéntala a fuego lento, añade suficiente azúcar para endulzarla un poco y deja enfriar. También puedes asar albaricoques, nectarinas o melocotones. Precalienta el horno a 180 ºC/marca 4 si es de gas. Usa 16 albaricoques, 8 en el caso de las nectarinas y los melocotones. Deshuesa la fruta. Corta los albaricoques por la mitad, en 8 trozos en el caso de las nectarinas y los melocotones. Ponlos en una fuente de horno y añade 225 ml de agua, el zumo de 1 naranja y 2 cdtas de extracto de vainilla. Espolvorea con 50 g de azúcar moreno claro y hornea durante 20 o 25 minutos, o hasta que la fruta esté tierna. Para 4-6 personas.

otoño

comer en otoño

El otoño es la mejor estación del año para el cocinero. Abarca tanto meses cálidos como fríos, y la llegada de estos últimos es amable, casi imperceptible. Tras un verano de apetito errático (puede hacer demasiado calor para cocinar, e incluso para comer), me encanta la llamada de la cocina que traen consigo los primeros fríos. Septiembre es un mes casi abrumador en su abundancia, pues verano y otoño se funden en una explosión de calabazas y manzanas, frambuesas y calabacines. Muchos de los ingredientes que antes considerábamos propios del verano tienen ahora una vida más larga: las frambuesas más tardías siguen llegando en octubre; las berenjenas se deshacen en la boca tras pasar por la parrilla y son un bocado perfecto para el otoño; los tomates siguen llenando los mercados, aunque, una vez terminado el verano, están más sabrosos cocinados al horno que crudos. Y entonces la temperatura empieza a bajar de verdad. Te pones un buen jersey y suspiras por la dulce y carnosa pulpa de la calabaza.

Conviene recordar que algunos de los mejores platos otoñales nos están esperando en el fondo de la despensa. En esta época me encanta volver a cocinar lentejas —verdes de Puy, beluga, pardina—, y me hace ilusión recuperar los cereales más contundentes.

principio de temporada

acelga
apio
apionabo
avellana
berenjena
berros
brócoli
calabacín
cebolleta
col rizada (*kale*)
hinojo
judía «perona»
judía verde
lechuga
maíz
nabo
nueces
patata
pepino
pimiento
puerro
rábano
rábano picante
remolacha
rúcula
setas silvestres
tomate
zanahoria

ciruela
ciruela damascena
frambuesa
grosella
higo
manzana
melocotón
melón
moras
nectarina
pera
uva

media temporada

aguaturma
calabaza
castañas

final de temporada

hinojo

arándanos
granada
membrillo

tomates asados con lentejas y huevos rebozados con *dukka*

Con las cantidades indicadas te sobrará *dukka*; guárdalo en un recipiente hermético y tenlo a mano para aderezar alubias estofadas, crema de verduras o huevos duros con rabanitos. Si lo prefieres, puedes sustituir las semillas de calabaza por semillas de girasol.

PARA 6 PERSONAS COMO
ALMUERZO O COMO UN PLATO
PRINCIPAL LIGERO

PARA EL *DUKKA*

75 g de avellanas con piel

50 g de semillas de sésamo

1 cdta de semillas de ajenuz

1 cda de semillas de girasol

3 cdas de semillas de cilantro

1 cda de pimienta blanca en grano

1 ½ cdas de semillas de comino

1 cdta de pimentón

½ cda de sal marina en escamas

PARA LOS TOMATES CON HUEVOS

12 tomates de pera grandes cortados por la mitad

3 cdas de aceite de oliva

2 cdtas de *harissa*

½ cda de azúcar extrafino

sal y pimienta

6 huevos grandes

PARA LAS LENTEJAS

1 cda de aceite de oliva

½ cebolla picada muy fina

1 rama de apio picado muy fino

1 diente de ajo picado fino

250 g de lentejas verde de Puy

1 ramita de tomillo

1 hoja de laurel

el zumo de ½ limón

1 cda de vinagre de jerez

3 ½ cdas de AOVE

2 cdas de hojas de cilantro picadas

Para el *dukka*, pon las avellanas en una sartén sin grasa y saltéalas a fuego vivo hasta que se tuesten sin quemarse. Viértelas en una fuente para que se atemperen y májalas en el mortero hasta obtener una pasta de consistencia gruesa.

Mezcla en la sartén las semillas de sésamo y de ajenuz y tuéstalas hasta que las de sésamo se doren. Repite con las de girasol. Maja ligeramente todas las semillas tostadas y agrégalas a las avellanas. Tuesta las semillas de cilantro hasta que liberen su olor y luego májalas ligeramente. Repite con la pimienta en grano y las semillas de comino. Mezcla las avellanas, las semillas y las especias tostadas con el pimentón y la sal. Guarda el *dukka* en un recipiente hermético.

Precalienta el horno a 190 ºC/marca 5 si es de gas. Pon los tomates en una bandeja de horno en una sola capa. Mezcla el aceite de oliva con la *harissa* y viértelo sobre los tomates. Dales la vuelta para que se impregnen bien, dejándolos con la parte del corte hacia arriba, y espolvoréalos con azúcar, sal y pimienta. Hornea durante 45 minutos, o hasta que se hayan caramelizado un poco.

Mientras, prepara las lentejas. En una cazuela, calienta el aceite y sofríe a fuego lento la cebolla, el apio y el ajo hasta que estén blandos. Añade las lentejas y remuévelas. Incorpora el tomillo y la hoja de laurel. Vierte 700 ml de agua, salpimienta ligeramente, lleva a ebullición y deja cocer destapado a fuego lento hasta que las lentejas estén apenas tiernas. Tardará de 15 a 25 minutos, dependiendo de si son frescas o viejas. Cuando estén listas, habrán absorbido todo el líquido (si no fuera así, escúrrelas). Retira el tomillo y la hoja de laurel y añade el zumo de limón. Mezcla el vinagre y el AOVE y aliña las lentejas. Añade el cilantro, remueve y rectifica de sal.

Cuece los huevos en agua hirviendo durante seis minutos. La yema debe quedar un poco cruda. Pásalos por agua fría y, cuando estén templados, pélalos. Rebózalos ligeramente en el *dukka* y sirve un huevo con cada ración de lentejas y tomates o, si prefieres que se vea la yema, parte el huevo en dos y espolvoréalo con el *dukka*. Sirve enseguida.

caldo oriental con chalota, lima y cilantro

He aquí una receta simple donde las haya. Puedes añadirle tofu, setas *shiitake* cortadas en láminas, brotes de soja, pollo cocinado o gambas crudas. Sin embargo, este caldo queda delicioso tal cual, y es perfecto para despejar la mente. El azúcar (en una cantidad ínfima) permite alcanzar ese maravilloso equilibrio entre lo picante, lo ácido, lo salado y lo dulce tan característico de la gastronomía del sudeste asiático, pero si lo prefieres puedes prescindir de él.

PARA 4 PERSONAS

12 chalotas peladas

1 l de caldo de pollo

4 cm de raíz de jengibre pelada y cortada en láminas

2 hojas de lima (opcional)

1 chile rojo cortado en rodajas finas

el zumo de 1 lima

un manojito de cilantro fresco, picado o no, al gusto

1 ½ cdtas de salsa de pescado

1 cdta de azúcar extrafino

2 cebolletas cortadas en juliana muy fina

Corta las chalotas, primero por la mitad y luego longitudinalmente en juliana.

Vierte el caldo en una cazuela y llévalo a ebullición. Baja el fuego y añade el jengibre, las hojas de lima y las chalotas. Deja hervir a fuego lento durante unos 15 minutos, añade el chile y deja cocer otro par de minutos. Incorpora todos los demás ingredientes, prueba y rectifica, buscando el equilibrio entre el chile, la lima, la salsa de pescado y el azúcar (picante, ácido, salado y dulce).

No hace falta que quites el jengibre, pero avisa a tus invitados de que se lo van a encontrar.

al estilo japonés... **sopa de *miso* con verduras** Si tienes algo de caldo en la nevera, esta receta te permite preparar un buen almuerzo en un abrir y cerrar de ojos. Si lo que hay son espinacas, puedes usarlas en lugar de la col china. En una cazuela, lleva a ebullición 500 ml de un buen caldo de pollo y añade 4 cdas de pasta de *miso* blanco. Deja hervir a fuego lento. En un mortero, mezcla ½ chile verde picado, 2 cebolletas picadas, 2 cdas de hojas de cilantro o menta picadas gruesas, 1 diente de ajo picado y 1 cm de raíz de jengibre pelada y picada. Májalo todo hasta obtener una pasta. Incorpórala al caldo, añade el zumo de media lima (o más, al gusto) y 75 g de col china cortada en cuatro en sentido longitudinal. Dejar hervir unos minutos para que la col se ablande, prueba, rectifica de sal y sirve. Para 2 personas.

el milagroso caldo

Todas las modas culinarias van y vienen, pero algunos platos nunca cambian. Es el caso de la sopa. Las recetas más antiguas de sopa se parecen mucho a las de los libros de cocina actuales —la base siempre es un líquido, por lo general caldo, al que se añaden verduras o cereales— y el hecho de que acudamos a ella cuando la salud decae revela un buen instinto de supervivencia. Los médicos ya recomendaban el caldo de gallina para combatir el resfriado en una época tan lejana como el siglo XII, y según el historiador gastronómico estadounidense Ken Albala, esto se debe a que posee propiedades antiinflamatorias y es fácil de digerir. No sólo nos reconforta mientras sorbemos una cucharada tras otra con parsimonia, sino que además nos ayuda a recuperarnos. Si tienes la costumbre de comer caldo de pollo cuando estás enfermo, sabrás que es un reconstituyente milagroso.

En este libro hay muchas recetas de sopas y cremas, que son una manera fantástica de aumentar la ingesta de verduras, pero quiero detenerme un poco en el caldo, porque es algo que ni siquiera necesita receta. Es buena idea tener siempre a mano una olla de caldo —en mi casa, por lo general, de pollo— que puedes transformar según cómo te sientas y lo que encuentres en el cajón de las verduras. Eso sí, conviene partir de un caldo de buena calidad. A veces compro caldo en *brick*, pero no suele tener la intensidad de sabor que me gusta. Si puedes, hazlo en casa.

El caldo tiene la ventaja de que no hay que triturarlo, además de ser muy versátil. Si tienes una olla de caldo, tienes media comida hecha. ¿Que te apetece algo contundente? Añádele calabaza troceada, judías blancas enlatadas, ajo cortado en láminas y una cucharada de tomate triturado. Deja hervir hasta que la calabaza esté tierna, añade unas espinacas cortadas en juliana y un puñado de hierbas aromáticas (hojas de albahaca o perejil) y unas láminas de parmesano y ya está listo. En verano puedes usar calabacín, judías verdes y tomates picados. ¿Quieres probar algo típico de los climas fríos? Hierve un poco de espelta o cebada en grano en el caldo antes de añadir salmón (fresco o ahumado en caliente) y eneldo. Una cucharada de nata agria o suero de mantequilla acabarán de redondear el plato. Si el cuerpo te pide el calor de las especias, prepara una sopa ácida y picante al estilo oriental añadiendo al caldo guindilla, láminas de jengibre, pasta de tamarindo o zumo de lima y tal vez un chorrito de salsa de pescado. Y si tienes antojo de algo agridulce, añade un poco de azúcar moreno. Puedes mezclar sobras de pollo asado, gambas, col china, brotes de soja y setas cortadas en láminas. Sólo hay que dejar hervir la sopa a fuego lento hasta que todos los ingredientes estén cocidos (o, en el caso de que aproveches las sobras, hasta que se hayan calentado). Tanto si quieres limitar los carbohidratos en tu dieta como asegurarte de que comes suficientes verduras, una sopa elaborada a partir de un buen caldo siempre es una delicia, un plato saciante que además reconforta.

Es hora de almorzar, está lloviendo y mi hervidor ha pasado a mejor vida. Menos mal que tengo una olla con caldo en la nevera. Para cuando rompa a hervir, habré picado unas verduras y decidido con qué voy a sazonarlo (creo que hoy toca pasta de *miso*), y pronto estaré comiendo un bol lleno de deliciosa y nutritiva sopa. Infinitamente mejor que un plato precocinado, no me lo negaréis.

sopa de zanahoria y jengibre con *raita* de pepino

Especias de India y un intenso sabor a zanahoria. Si no quieres usar zumo de zanahoria —sabe mejor si lo exprimes tú mismo—, sustitúyelo por caldo o agua.

PARA 4 PERSONAS

PARA LA SOPA

2 cdas de aceite de oliva

1 cebolla picada fina

1 rama de apio picada fina

10 zanahorias picadas finas

2 dientes de ajo picados muy finos

2,5 cm de raíz de jengibre, pelada y picada muy fina

2 cdtas de comino molido

500 ml de caldo de pollo

500 ml de zumo de zanahoria

sal y pimienta

PARA LA *RAITA*

¼ de pepino

125 ml de yogur natural (normal, no griego)

1 diente de ajo prensado

1 cda de hojas de menta troceadas

Calienta el aceite en una cacerola. Sofríe la cebolla a fuego medio, junto con el apio y las zanahorias, removiendo hasta que empiecen a tomar color. Añade el ajo, el jengibre y el comino y sofríe un par de minutos más. Agrega el caldo de pollo y el zumo de zanahoria, salpimienta y lleva a ebullición.

Hierve a fuego lento hasta que las zanahorias estén muy tiernas (unos 20 minutos). Deja que se atemperen mientras preparas la *raita*.

Corta el pepino por la mitad a lo largo y usa una cuchara para extraer las semillas. Pica la pulpa y mézclala con el yogur, el ajo y la menta.

Tritura la sopa en un robot de cocina o con la batidora de mano. Recalienta, rectifica de sal y sirve con una cucharada de *raita* en cada bol.

una versión caribeña... sopa jamaicana de zanahoria y boniato

Esta receta me la preparó un amigo que sigue en parte las normas dietéticas del movimiento *rastafari*. Ellos creen que la comida debería impulsar nuestra «levedad» o energía vital. Yo no podía creer que algo tan sabroso pudiera ser... bueno, tan sencillo de preparar. Pon 1 litro de zumo de zanahoria recién exprimido en una olla y añade 2 puerros picados, 2 boniatos pelados y picados, 3 ½ cdas de manteca de coco, 1 diente de ajo prensado, 1 chile rojo sin semillas y picado, 2 cm de raíz de jengibre pelada y picada fina, y las hojas de 2 ramitas de tomillo. Salpimienta, lleva a ebullición y deja hervir a fuego lento durante 10 minutos o hasta que el boniato esté tierno. Puedes servir la sopa tal como está o triturarla. Devuelve al fuego y añade 50 g de hojas de espinacas *baby* y 400 g de garbanzos cocidos (opcional). Deja que la espinaca pierda volumen y añade un buen manojo de hojas de cilantro picadas. Para 6 personas.

caldo de salmonete y azafrán con salsa de ajo de Corfú

Este caldo es contundente, así que considéralo más un plato principal que un entrante. Aunque prescindas de la salsa de ajo seguirá estando delicioso.

PARA 4 PERSONAS

PARA EL PESCADO

8 lomos de salmonete

el zumo de ½ naranja

10 granos de pimienta negra majados

4 cdas de AOVE

2 cdas de aceite de oliva

PARA LA SALSA

25 g de pan candeal sin la corteza

50 g de nueces

3 dientes de ajo

¼ de cdta de sal

100 ml de AOVE

1-2 cdas de vinagre de vino tinto

pimienta

PARA EL CALDO

2 puerros delgados

3 bulbos de hinojo pequeños

8 patatas de platillo de una variedad cérea, peladas y cortadas por la mitad

2 cdas de aceite de oliva

6 chalotas cortadas en juliana

1 guindilla pequeña desmenuzada (opcional)

una pizca generosa de hebras de azafrán

600 ml de caldo de pescado

Pon el salmonete en un plato con el zumo de naranja, la pimienta y el AOVE. Dale la vuelta para que se impregne bien y tapa con film transparente. Refrigera y deja marinar de 3 a 4 horas.

Para la salsa, pon el pan en un bol. Rocíalo con 3 o 4 cdas de agua y deja que se ablande un poco. Pasa las nueces por una sartén sin grasa hasta oler a tostado y sácalas. Pon el ajo y la sal en un mortero y maja. Escurre el pan y añádelo a la picada. Por último, agrega las nueces y májalas. Sin parar de majar, incorpora el AOVE y luego el vinagre. Puedes hacerlo en un robot de cocina, pero no sale igual de buena. Si la pasta queda muy gruesa, añade un poco de agua caliente hasta obtener la consistencia deseada y rectifica los condimentos. Reserva.

Corta los extremos de los puerros y desecha las capas externas. Córtalos en trozos de 3 cm de largo. Lava bien, eliminando todo rastro de tierra sin que se desmonten. Corta las puntas del hinojo, reservando las hojas, y desecha las capas externas más leñosas. Corta los bulbos a lo largo en cuartos y desecha el corazón, pero con cuidado para que los hinojos no se desmonten.

Hierve las patatas en agua salada de 12 a 15 minutos, hasta que estén tiernas, y escurre. Mientras, calienta el aceite de oliva en una cacerola y saltea las chalotas, el puerro y el hinojo durante 5 minutos a fuego lento, hasta que estén tiernos. Añade la guindilla (opcional), el azafrán y el caldo y lleva a ebullición. Deja hervir destapado 15 minutos, añadiendo las patatas cuando falten unos minutos para finalizar la cocción. El líquido debería reducirse un poco. Añade las hojas de hinojo que has reservado.

Saca los lomos de salmonete de la marinada y calienta dos sartenes a fuego medio. Calienta una cucharada de aceite de oliva en cada una y reparte los lomos de salmonete entre ambas, con la piel hacia abajo. Deja que se hagan durante un minuto (hasta que la piel tome un ligero color dorado), dales la vuelta con cuidado, baja el fuego y que se hagan un minuto más.

Vierte el caldo y las verduras en boles y pon en cada uno dos lomos de salmonete. Sirve con una cucharada de salsa y el resto en un cuenco.

lentejas beluga con ensalada de uvas asadas y endibias rojas

La persona a la que se le ocurrió llamar «beluga» a las lentejas negras era un genio del marketing. No deja de ser una artimaña, claro está —no saben mejor que las lentejas verdes de Puy—, pero ese apodo hace que parezcan un producto de lujo (menudo caché tienen las lentejas hoy en día...), y es verdad que su color da mucho juego. A mí me inspira toda clase de combinaciones vistosas con la paleta rojinegra. Puedes añadir a esta receta queso de cabra desmenuzado, incluso queso azul, y unas nueces tostadas también le irían de maravilla.

**PARA 4 PERSONAS
COMO COMIDA LIGERA**

2 cdas de aceite de oliva

½ cebolla roja picada fina

½ rama de apio picada fina

1 diente de ajo picado fino

250 g de lentejas beluga

4 cdas de AOVE y un poco más para las endibias

1 cda de vinagre balsámico de vino blanco

un buen chorro de zumo de limón, y un poco más para las endibias

sal y pimienta

2 cdas de hojas de perejil picadas gruesas

300 g de uva roja sin pepitas, separada en pequeños racimos (teniendo en cuenta que menguan con la cocción)

½ cda de vinagre balsámico

2 endibias rojas pequeñas

En una cazuela, calienta una cucharada de aceite de oliva y añade la cebolla y el apio. Sofríe hasta que las verduras estén tiernas pero sin que lleguen a tomar color. Añade el ajo y sofríelo todo dos minutos más antes de incorporar las lentejas y agua suficiente para cubrirlas y tres dedos de más. Lleva a ebullición y luego cuece a fuego lento hasta que las lentejas estén hechas (pruébalas al cabo de 15 minutos; necesitarán más o menos tiempo de cocción según lo tiernas que sean). Cuela las lentejas y sazónalas con el aceite virgen extra, el vinagre balsámico de vino blanco, el zumo de limón, sal, pimienta y perejil. No deben quedar secas, pero tampoco nadar en aceite. Deja que se enfríen hasta alcanzar la temperatura ambiente.

Para las uvas, precalienta el horno a 200 ºC/marca 6 si es de gas. Pon las uvas en una bandeja de horno y rocíalas con la cucharada restante de aceite de oliva y el vinagre balsámico. Hornea durante 15 o 20 minutos.

Separa las hojas de las endibias. Disponlas en los platos y rocíalas con aceite de oliva virgen extra y zumo de limón. Añade las lentejas y remata el plato con las uvas asadas.

ensalada de apionabo, achicoria, hinojo y manzana con avellanas

Para esta receta me he inspirado en la *rémoulade*, un clásico de la gastronomía francesa, pero no quería que todo el protagonismo se lo llevara la mayonesa (me resulta un poco empalagosa). Funciona muy bien como guarnición, sobre todo para platos con pescado ahumado como el salmón o la caballa (en ese caso, no dejéis de usar rábano picante; de hecho, podéis usar una mezcla de eneldo y rábano picante). También es una forma estupenda de contrarrestar la contundencia del queso o del cerdo asado.

PARA 4 PERSONAS COMO ACOMPAÑAMIENTO

PARA LA ENSALADA

el zumo de medio limón

125 g de apionabo

1 bulbo de hinojo pequeño

2 manzanas ácidas pequeñas, preferiblemente de piel roja o rayada

¼ de achicoria roja cortada en juliana fina

1 cda de hojas de eneldo picadas o de rábano picante recién rallado

50 g de avellanas tostadas, picadas gruesas

2 cdtas de semillas de amapola (opcional)

PARA EL ALIÑO

1 ½ cdas de yogur griego

2 cdas de mayonesa

½ cdta de mostaza de Dijon

¼ de cda de vinagre de sidra

2 cdas de aceite de oliva

¼ de cdta de miel líquida

sal y pimienta

Vierte el zumo de limón en un bol grande. Pela el apionabo, corta la pulpa en bastones finos y ponla en el bol con el zumo de limón para evitar que se oxide.

Corta el hinojo en cuartos, elimina las puntas y desecha las capas menos tiernas de fuera. Quita el corazón de cada cuarto. Usando un cuchillo muy afilado o una mandolina, corta el hinojo en láminas casi transparentes. Añade el hinojo al bol del apionabo.

Corta las manzanas por la mitad, quítales el corazón y córtalas en bastones finos. Añádelas de inmediato al bol y remuévelas para bañarlas en el zumo de limón.

Para hacer el aliño, pon el yogur en un cuenco y, con un tenedor, incorpora los demás ingredientes y una cucharada de agua. En algún momento puede parecer que la mezcla se corta, pero sigue batiendo hasta obtener una crema homogénea. Prueba y rectifica si es necesario.

Añade el aliño, la achicoria, el eneldo o el rábano picante y las avellanas al bol del apionabo y mézclalo todo. Prueba y rectifica; tal vez quieras añadir un poco más de mostaza, o de sal y pimienta. Pasa la mezcla a un bol de servir y espolvorea con las semillas de amapola (opcional).

ensalada de zanahoria, lombarda y manzana con alcaravea

Una ensalada exuberante, colorida y sana, con un punto crujiente y un aliño de inspiración escandinava. Si encuentras col rizada tierna, puedes usarla en crudo (simplemente elimina la nervadura central y corta las hojas en juliana fina). Añade las semillas que más te gusten, ya sean de calabaza, girasol, sésamo o linaza.

**PARA 6 PERSONAS
COMO ACOMPAÑAMIENTO**

PARA EL ALIÑO

1 cdta de semillas de alcaravea

1 ½ cdas de miel líquida

2 cdtas de mostaza a la antigua

el zumo de 1 limón

sal y pimienta

4 cdas de aceite de colza

PARA LA ENSALADA

¼ de col lombarda

¼ de col de Milán

1 manzana de pulpa ácida y firme

1 zanahoria grande pelada

10 rabanitos

Para hacer el aliño, maja las semillas de alcaravea en un mortero para que liberen su aroma. Mezcla la miel, la mostaza y la mitad del zumo de limón en una taza o jarra pequeña. Añade la sal, la pimienta y la alcaravea. Mientras bates la mezcla con un tenedor, vierte poco a poco el aceite de colza. Prueba y rectifica, si es necesario.

Quita la parte central leñosa de cada cuarto de col y deséchala. Elimina las hojas externas que estén algo mustias o descoloridas. Corta las coles en juliana fina. Corta la manzana por la mitad, quítale el corazón (no hace falta que la peles) y córtala en bastones finos. Riégala enseguida con el zumo de limón restante para impedir que se oxide. Despunta la zanahoria y córtala también en bastones finos. Despunta los rabanitos y córtalos en láminas muy finas (si tienes una mandolina, úsala).

Mezcla todas las verduras y la manzana con el aliño en un bol. Prueba, rectifica si es necesario y sirve.

otra ensalada afrutada... farro, avellanas, uvas e higos

Una combinación irresistible. Y muy otoñal. Añade un poco de queso para convertir esta ensalada en un plato más sustancioso (uno de cabra o un queso azul le irían bien). Pon 1 cda de vinagre balsámico de vino blanco, 4 cdas de aceite de avellana o de nueces, 2 cdas de AOVE afrutado y ½ cdta de miel líquida en un bol pequeño, salpimienta y bate con un tenedor para hacer una vinagreta. Pon 150 g de farro semiperlado en un cazo, cubre con agua y lleva a ebullición. Hierve a fuego lento durante 20 o 25 minutos, hasta que quede tierno pero ofrezca cierta resistencia al ser mordido. Escurre, salpimienta y añade el zumo de medio limón y una cucharada de aceite de oliva. Deja que se atempere. Prueba y rectifica si es necesario; el farro absorbe bastante los sabores. Añade las hojas de 1 endibia roja, 75 g de berros (sin los tallos más gruesos), 8 higos maduros cortados por la mitad, 25 g de uvas negras sin pepitas con los granos cortados por la mitad y 15 g de avellanas tostadas y picadas gruesas. Aliña con la vinagreta y mezcla con cuidado. Sirve enseguida. Para 4-6 personas como acompañamiento.

la cuestión del almuerzo

De lunes a viernes, los almuerzos dignos de tal nombre son cosa del pasado. Al parecer, todos estamos demasiado ocupados para eso. Debo decir que yo tampoco estoy libre de culpa en lo que concierne a la imparable decadencia del almuerzo. Suelo comer sentada al escritorio. No es que me guste demasiado este estilo de vida, pero no me corresponde a mí reivindicar un cambio en los hábitos laborales modernos. Lo que sí puedo hacer es ayudarte a recuperar el almuerzo, aunque tengas que comerlo mientras navegas por internet.

Si comes en el trabajo, el almuerzo tiene que ser fácil de transportar; si comes en casa, debe ser rápido de elaborar. Lo más fácil es preparar un sándwich de queso, pero no es lo ideal. No hay nada de verduras. La base son los carbohidratos (mala idea si queremos evitar los picos de insulina y mantener la grasa a raya). Cuando almuerzo un sándwich, por lo general vuelvo a tener hambre hacia las cuatro de la tarde. He intentado averiguar qué me llevaba a elegir ese menú tan a menudo y he llegado a la conclusión de que estaba convencida de que no «debía» comer nada más elaborado. En nuestra cultura de sacralización del trabajo, cuesta creer que «merecemos» hacer un alto para degustar una buena comida. El caso es que el almuerzo es la segunda oportunidad que se nos brinda cada veinticuatro horas de experimentar placer comiendo, y debe mantenernos saciados hasta la hora de cenar. También es una ocasión para comer alimentos que nos beneficien en algún sentido.

Lo mío me ha costado, pero he conseguido cambiar mis hábitos. Si no te preocupa la ingesta de carbohidratos, un sándwich o bocadillo (de pan integral) puede ser una buena opción, pero intenta añadir verduras. Si estás tratando de mantener los carbohidratos a raya, reduce la cantidad de pan a la mitad preparando una tostada en vez de un bocadillo (usa una buena hogaza hecha con masa madre o una rebanada de pan de centeno). Y por algún motivo —tal vez porque el relleno queda expuesto—, las tostadas se prestan más a la creatividad culinaria.

Si nos esforzamos en ir más allá del pan, hay infinidad de platos sanos que podemos hacer de antemano o meter en una fiambrera. Puedes incorporar su preparación a tu rutina diaria y hacer raciones de más para tener un abanico de buenos alimentos siempre a mano. Las berenjenas asadas, las verduras crudas con aliños asiáticos de estimulante sabor, las lentejas, las alubias y los cereales integrales son bases perfectas, y en este libro hay ensaladas para todas las estaciones del año que puedes preparar con antelación. Guarda los aliños (encontrarás numerosas recetas en la pág. 103 y a lo largo de todo el libro) en la nevera, dentro de frascos, para aderezar un puñado de hojas en el último momento (y de paso incluir más verduras en el menú).

Luego están las preparaciones para las que ni siquiera necesitas receta, pero que te sentarán de maravilla: ensalada de berros y naranjas; ensalada de pollo, arándanos y arroz integral; vinagreta de aguacate; tomates cortados en rodajas y aderezados con aceite de oliva, ajo y anchoas picadas. La vida es demasiado corta para comer sándwiches de queso todos los días. *Le déjeuner, il pranzo...* llámalo como quieras, pero el almuerzo puede ser una puerta abierta a todo un mundo de posibilidades. Y no te sorprendas si tu fiambrera se convierte en objeto de sana envidia.

almuerzos para comer en la oficina o en casa

ensalada de requesón de cabra y arándanos 17

ensalada de queso feta y naranja con almendras a la miel 18

cuscús de primavera 20

ensalada de lentejas 30

ensalada de rabanitos y alcaparras 30

ensalada de salmón ahumado en caliente, centeno y remolacha 96

calabacines y berenjenas a la parrilla con *tarator* 106

ensalada macedonia de verduras a la parrilla 107

alubias blancas con pimientos asados y *hilbeh* 114

lentejas beluga con ensalada de uvas asadas y endibias rojas 172

ensalada de apionabo, achicoria y manzana 174

ensalada de zanahoria, lombarda y manzana con alcaravea 175

ensalada de berenjenas a la parrilla con dátiles y yogur 187

kisir 187

ensalada birmana ácida y picante de col de Milán 198

caballa ahumada y ensalada de remolacha 206

ensalada de pollo y mango al estilo tailandés 216

ensalada de pollo al estilo birmano 216

ensalada loca 230

ensalada de farro a la mostaza y verduras de invierno asadas 269

ensalada marroquí de zanahoria 272

ensalada de zanahoria especiada, dátiles y sésamo 273

ensalada de zanahoria y *daikon* con aliño de cacahuete 274

ensalada de zanahoria al estilo de Mandalay 277

ensalada de centeno con fruta y gorgonzola 287

ensalada de aguacate, salmón crudo y arroz integral 306

más almuerzos para comer en casa

40 rollitos de arroz, sólo el relleno (para comer con arroz integral)

43 bol de arroz japonés

48-49 cualquier receta de brócoli

53 tartar de salmón con pepino y galletas crujientes de centeno

66 verduras laminadas con limón y aceite de oliva

75 fideos de arroz a la vietnamita con verduras crujientes (prescinde de la ternera)

157 huevos escalfados al estilo turco con espinacas y yogur

202 tostadas con tomates asados, *hummus* y espinacas

238 tostada de tomates asados y aguacate

244 champiñones salteados con cintas de tortilla y sésamo

259 verduras de invierno con cebolla, *tahina* y zumaque

282 pesto de col rizada con tallarines integrales

292 salteado de alubias y col rizada con salsa de anchoas

295 fideos *soba* con chile, brócoli morado y huevo frito

cualquier sopa, caldo o crema

32 sopa de *tofu*, langostinos y cebollino

35 caldo de pollo peruano

88 crema fría de tomate con aguacate y comino

94 crema de pepino y yogur con nueces

167 caldo oriental con chalota, lima y cilantro

169 sopa de zanahoria y jengibre con *raita* de pepino

226 sopa de lentejas, tomates asados y azafrán

258 bol familiar de pollo y huevo sobre lecho de arroz

260 sopa de espinacas, granada y *bulgur*

261 sopa de col rizada, salmón y cebada con suero de mantequilla

menú de otoño la primera comida con calabaza

verduras asadas con *agresto* | *pilaf* de *cavolo nero* con higos | ensalada de berros | *galette* de centeno con moras y manzana

Me encanta esta clase de comida. No hay carne, y sin embargo es rica en nutrientes, saciante y sabrosa. El postre tiene un punto pecaminoso —lleva bastante azúcar—, pero la masa está hecha de harina de centeno, y por supuesto lleva mucha fruta.

calabaza asada y aguaturmas con *agresto*

He aquí un plato rico en sabores otoñales, endulzados por las verduras asadas y los frutos secos. El *agresto* es una salsa italiana que casa bien con los pescados carnosos y el pollo, pero también con las verduras. No prescindas del sabor ligeramente amargo de las endibias rojas; el contraste que se establece con el dulzor de las aguaturmas y la calabaza es el secreto de esta receta.

PARA 6 PERSONAS COMO PLATO PRINCIPAL CON ALGUNA GUARNICIÓN, O PARA 8 PERSONAS COMO ACOMPAÑAMIENTO

PARA LAS VERDURAS

900 g de aguaturmas

el zumo de 1 ½ limones

1,5 kg de calabaza

sal y pimienta

3 cdas de aceite de oliva

3 endibias rojas grandes
o 4 pequeñas

1 ½ cdas de AOVE

PARA EL *AGRESTO*

3 dientes de ajo

una buena pizca de sal marina
en escamas

150 g de nueces picadas

75 g de avellanas blanqueadas
y picadas gruesas

240 ml de AOVE

240 ml de agraz

las hojas de 1 manojo grande
de perejil picadas

Precalienta el horno a 180 ºC/marca 4 si es de gas. Frota bien la piel de las aguaturmas y elimina los ojos. No hace falta que las peles (demasiada molestia, y además la piel queda fantástica y aporta textura al plato). Córtalas por la mitad a lo largo y ponlas en un bol con agua y el zumo de un limón, para impedir que se oxiden. Corta la calabaza por la mitad y saca las semillas y las hebras. Corta la pulpa en tajadas de unos 3 cm de grosor en su parte más gruesa. Pela todas las tajadas.

Escurre las aguaturmas y ponlas junto con la calabaza en una fuente de horno en la que quepan formando una sola capa. Salpimienta y rocía con aceite de oliva. Mézclalo todo y hornea durante 40 minutos, hasta que las verduras estén tiernas y la calabaza, ligeramente chamuscada en los bordes.

Mientras, pon el ajo en un mortero con la sal y májalo hasta obtener una pasta. Añade los frutos secos y májalos también. Incorpora poco a poco el AOVE, sin parar de majar, y a continuación el agraz. Incorpora el perejil y maja; buscamos la consistencia de una crema grumosa. Añade pimienta y rectifica de sal.

Separa las hojas de las endibias y ponlas en un bol de servir con el resto del zumo de limón y el AOVE. Salpimienta y mezcla. Forma una corona con las hojas, coloca las verduras asadas en el centro y sirve con el *agresto*.

pilaf de *cavolo nero* y *bulgur* con higos glaseados

El *bulgur* es rico en sabor y tierno al mismo tiempo, lo que lo convierte en uno de los cereales más versátiles. Si no encuentras *cavolo nero*, puedes usar col rizada o berza (cocínalas del mismo modo). Añade *labneh* (véase la pág. 104), feta o queso de cabra desmenuzado y un puñado de avellanas tostadas para hacerlo más sustancioso. Lo ideal es que los higos estén listos al mismo tiempo que el *bulgur*, así que tenlo en cuenta (aunque pueden esperar un buen rato a temperatura ambiente si prefieres hacerlos de antemano).

PARA 6 PERSONAS

PARA EL *PILAF*

1 bulbo de hinojo

1 cebolla roja cortada en juliana

1 ½ cdas de aceite de oliva

2 dientes de ajo prensados

una pizca de guindilla en copos (opcional)

5 bayas de enebro majadas

175 g de *bulgur* de trigo

350 ml de caldo de pollo o de verduras

2 tiras de cáscara de naranja

sal y pimienta

400 g de *cavolo nero*

1 ½ cdas de AOVE

un buen chorro de zumo de naranja

PARA LOS HIGOS GLASEADOS

8 higos hermosos y firmes

3 cdas de miel líquida

2 cdas de vinagre balsámico

Precalienta el horno a 200 ºC/marca 6 si es de gas.

Elimina los extremos del hinojo (pero reserva las hojas), córtalo en cuartos y desecha las capas externas leñosas o descoloridas. Con cuidado, quita el corazón de la base de cada cuarto (sin que se desmonten). En una cacerola de fondo grueso, sofríe la cebolla y el hinojo en el aceite de oliva. Cuando empiecen a dorarse, añade el ajo, la guindilla (opcional) y las bayas de enebro y sofríe dos minutos más. Echa el *bulgur* a la cacerola, vierte el caldo, añade la cáscara de naranja y salpimienta. Lleva a ebullición y deja hervir a fuego lento, tapado, durante unos 15 minutos. El *bulgur* habrá absorbido el caldo. Aparta del fuego y deja reposar, todavía tapado, 15 minutos más.

Mientras, despunta los higos y córtalos por la mitad longitudinalmente. Ponlos en una fuente de hornear en la que quepan en una sola capa pero sin que queden demasiado holgados (si esto ocurre, la humedad se evapora y se queman). Rocía con la miel y el vinagre y hornea durante 20 minutos, regando los higos un par de veces con los jugos de la cocción. Deben quedar oscuros, apetitosos y tiernos sin llegar a deshacerse.

Mientras los higos se asan, quita y desecha las nervaduras centrales del *cavolo nero*. Lava las hojas y pícalas (no demasiado finas). Ponlas en una olla con agua hirviendo y cuece durante cuatro minutos. Escurre bien, salpimienta y aliña con el aceite virgen extra.

Saca la cáscara de naranja del *bulgur* y separa los granos con la ayuda de un tenedor. Mezcla el *cavolo nero* con el *bulgur*, prueba y rectifica si es necesario. Vierte la mezcla en un bol de servir ancho y poco profundo, previamente templado, y corona con los higos, rociándolos con los jugos de su propia cocción. Riega con el zumo de naranja y sirve con las verduras asadas con *agresto* (véase la pág. 178).

ensalada de berros y zanahoria

Yo trato de comer berros por lo menos una vez al día, y no es difícil si preparas una sencilla ensalada como entrante o acompañamiento del plato principal (aunque también puedes convertirlos en la base de un plato único). Sus propiedades nutricionales son innegables (para más información al respecto, véase la pág. 253).

Los berros tienen un regusto ligeramente picante, pero no tan marcado como para que no puedas mezclarlos con infinidad de ingredientes. Casan muy bien con sabores frescos —hinojo, pepino, eneldo, menta— y contrastan a la perfección con ingredientes dulces, jugosos o carnosos, como el pimiento y la calabaza asados, manzanas, peras, cerezas y setas silvestres. También puedes usarlos para dar un contrapunto verde a platos calientes como el arroz *pilaf*; se reblandecerán un poco, pero no perderán su carácter.

Los berros están disponibles a lo largo de todo el año, aunque tradicionalmente sólo se cosechaban y vendían durante los meses con erre, por lo que su uso se limitaba al otoño y el invierno. Ahora ya no es así, pero no te acuerdes de ellos sólo en primavera y verano.

PARA 6-8 PERSONAS

PARA LA ENSALADA

150 g de zanahorias

100 g de berros sin los tallos más gruesos

½ cda de mezcla de semillas (opcional)

2 cdtas de semillas de amapola

PARA LA VINAGRETA

½ cda de vinagre de jerez

1 cda de zumo de naranja

1 cdta de mostaza de Dijon

1 cdta de miel líquida

sal y pimienta

4 cdas de AOVE

Si tienes zanahorias finas, puedes cortarlas en cuartos a lo largo. En el caso de las zanahorias más gruesas, córtalas en bastones finos (aunque te llevará más tiempo) o en cintas. Para hacer las cintas (lo que resulta más fácil con zanahorias grandes), córtalas por la mitad a lo largo y luego usa un pelador de patatas para sacar láminas finas. Siempre acaban sobrando trocitos que no se pueden usar, así que guárdalos para hacer caldo (o cómetelos tal cual).

Para la vinagreta, pon todos los ingredientes salvo el aceite virgen extra en una taza y bate con un tenedor. Ve añadiendo el aceite gradualmente, sin parar de batir. Prueba y rectifica si es necesario. Esta vinagreta es contundente, pero vamos a usarla para aliñar ingredientes de sabor bastante marcado. Mezcla con las zanahorias, los berros y las semillas (opcional). Espolvorea con las semillas de amapola (quedan preciosas sobre la zanahoria) y sirve.

galette de centeno con moras y manzana

Esta receta entra por los pelos en un libro de comida sana. No voy a fingir que la masa de repostería tiene propiedades beneficiosas para la salud, pero es verdad que está hecha con harina de centeno y que lleva bastante fruta. Además, ésta es la única masa de repostería de todo el libro, y tiene un encanto tan otoñal, gracias al sabor a frutos secos que aporta la harina de centeno, que no he podido resistirme.

PARA 6 PERSONAS

PARA LA MASA

125 g de harina de centeno

125 g de harina de trigo, y un poco más para espolvorear

una pizca de sal

150 g de mantequilla fría cortada en dados

2 cdas de azúcar moreno claro

1 yema de huevo

PARA EL RELLENO

250 g de manzanas (unas 2)

el zumo de ½ limón

la ralladura fina de 1 naranja

4 cdas de azúcar moreno claro

200 g de moras

85 g de avellanas

PARA EL GLASEADO

1 huevo ligeramente batido

4 cdas de azúcar

Tamiza las harinas juntas y devuelve a la mezcla los granos que hayan quedado atrapados en el tamiz. Añade la sal e incorpora la mantequilla con las yemas de los dedos hasta obtener grumos pequeños, del tamaño de guisantes. Incorpora el azúcar y la yema de huevo, y ve agregando poco a poco media cucharada de agua helada hasta lograr una masa homogénea con forma de bola. Achátala hasta formar un disco, envuélvela en film transparente y refrigera durante una hora.

Saca la masa del film y extiéndela sobre una superficie ligeramente enharinada hasta formar un círculo de unos 32 cm de diámetro, procurando darle un grosor uniforme. Colócala sobre una bandeja de horno con papel antiadherente. No te preocupes si la masa se desmigaja, sencillamente pega los trozos que se suelten. Esta tarta es muy sufrida, porque en realidad no tiene forma.

Pela, descorazona y corta las manzanas en rodajas. Ponlas en un bol con el zumo de limón, la ralladura de naranja y la mitad del azúcar moreno. Añade las moras y mézclalo todo con las manos.

En un robot de cocina, pica ligeramente las avellanas —lo que buscamos es una mezcla de avellanas molidas y trozos más o menos grandes— y añade el resto del azúcar moreno.

Espolvorea la masa con las avellanas, dejando unos 5 cm libres en los bordes. Pon la fruta en el centro y luego levanta con cuidado los bordes de la masa y dóblala sobre la fruta para contenerla. Una vez más, si la masa se parte, pégala formando un pliegue. Pon la *galette* en la zona más fría de la nevera durante 30 minutos (o en el congelador, si cabe, durante unos 10 minutos). Precalienta el horno a 170 ºC/marca 3 ½ si es de gas.

Para el glaseado, mezcla el huevo con 2 cucharadas de azúcar granulado y pincela la masa. Espolvorea la tarta con las 2 cucharadas restantes de azúcar. Hornea durante 50 o 60 minutos. La masa debe quedar dorada y crujiente, y la fruta tierna.

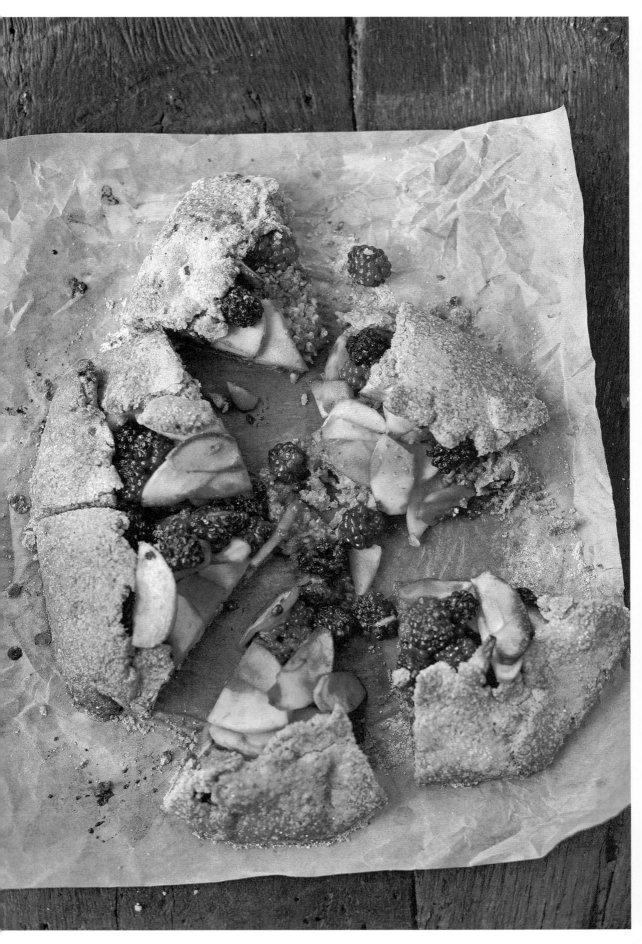

ensalada de caqui, granada y endibias rojas con queso de cabra y avellanas tostadas

Hay ciertas combinaciones a las que no puedo resistirme, y la de fruta con queso y frutos secos es una de ellas. Hay personas a las que no les apasionan los caquis, pero yo creo que eso se debe en parte a que los comen antes de que alcancen su punto óptimo de maduración. Para esta receta, el caqui tampoco puede estar demasiado maduro —cuando se vuelve blando es muy difícil cortarlo sin que se deshaga—, pero déjalo en un bol en la cocina y ve comprobando si está en su punto presionándolo suavemente con la yema del dedo. Con la experiencia, acabarás sabiendo cuándo ha llegado el momento de comerlo.

PARA 4 PERSONAS

½ cdta de vinagre balsámico de vino blanco

sal y pimienta

un pellizco de mostaza de Dijon

1 ¼ cdas de AOVE (suave, y mejor afrutado que herbáceo)

1 ¼ cdas de aceite de avellana

2 endibias rojas

125 g de berros

2 caquis de pulpa dura

1 granada

25 g de avellanas crudas con piel, partidas por la mitad

150 g de queso de cabra cremoso desmenuzado

Prepara la vinagreta para tenerla a punto. Sencillamente mezcla el vinagre balsámico de vino blanco, sal, pimienta y mostaza de Dijon en una taza y bátelo todo con un tenedor, incorporando el aceite virgen extra y el aceite de avellana sin parar de batir. Prueba y rectifica si es necesario.

Separa las hojas de las endibias rojas (desecha la parte leñosa de la base) y elimina los tallos más gruesos de los berros. Mézclalos en un bol ancho y poco profundo.

Quita el cáliz a cada caqui y córtalos en rodajas lo más finas posibles, ya sea con un cuchillo muy afilado (como los que se usan para cortar pescado) o con una mandolina.

Corta las granadas en dos y trata de sacar los granos golpeándola por fuera con una cuchara de madera mientras la sujetas sobre un bol con la parte del corte hacia abajo. Si están en su punto, los granos caerán sin ofrecer resistencia. Si no funciona (a veces pasa), saca los granos con una cuchara. Lo que no hay forma de evitar es la laboriosa tarea de quitar la membrana blanca que los rodea.

Pon las avellanas en una sartén sin grasa y caliéntala a fuego medio para tostarlas (con 30 segundos puede que tengan bastante, así que no las pierdas de vista o se quemarán). Pasa las avellanas a un bol y deja que se enfríen.

Añade el caqui y las avellanas a las endibias junto con tres cuartas partes de la vinagreta y mezcla con delicadeza. Por último, añade el queso de cabra y esparce la granada por encima. Rocía con el resto de la vinagreta y sirve enseguida.

ensalada de berenjenas a la parrilla con dátiles, nueces y yogur

Esta receta es perfecta para cenar entre semana. Los dátiles contienen mucho azúcar, y por eso eran un alimento habitual entre los nómadas del desierto. Puedes usar fruta deshidratada con menos azúcar, pero los dátiles se llevan de maravilla con las berenjenas.

PARA 4 PERSONAS

125 g de yogur griego

75 g de dátiles deshuesados y picados gruesos

50 g de nueces tostadas y picadas gruesas

6 cdas de aceite de oliva

2 dientes de ajo prensados

4 berenjenas

sal y pimienta

el zumo de 1 limón

Para hacer la ensalada, remueve el yogur para volverlo más cremoso y añade los dátiles, las nueces, una cucharada de aceite de oliva y el ajo.

Quita los tallos a las berenjenas y córtalas a lo largo en lonchas de 1 cm de grosor. Pincélalas con parte del aceite restante, salpimiéntalas y calienta la parrilla (o una sartén). Pásalas por ambos lados, hasta que queden ligeramente chamuscadas y tiernas. Tendrás que regular la potencia del fuego: primero marca las berenjenas por ambos lados a fuego vivo y luego bájalo para que se hagan por dentro. A medida que las saques, riégalas con zumo de limón, sazona de nuevo y ponlas en una fuente de servir.

Emplata la berenjena con la ensalada de dátiles y el *kisir* (véase abajo).

kisir

Este tabulé otoñal brilla cuando los tomates aún son sabrosos y las granadas empiezan a llegar.

PARA 4 PERSONAS

1 cda de aceite de oliva

1 cebolla roja pequeña picada fina

2 dientes de ajo picados finos

2 ½ cdtas de comino molido

1 chile rojo, sin semillas y picado

1 ½ cdas de tomate triturado

200 g de *bulgur* de trigo

4 tomates de pera, pelados, sin semillas y picados

un puñado de hojas de menta troceadas

35 g de perejil picado fino

el zumo de 1 limón

75 ml de AOVE

1 ½ cdas de melaza de granada

las semillas de 1 granada

En una cacerola, calienta el aceite de oliva y sofríe la cebolla y el ajo durante dos minutos. Añade el comino y el chile y sofríe un minuto más. Incorpora el tomate triturado y vierte 150 ml de agua hirviendo. Agrega el *bulgur*, aparta la cacerola del fuego, tapa y deja reposar durante 15 minutos. Con un tenedor, separa los granos del *bulgur*. Es posible que la mezcla te parezca seca y que algunos de los granos queden un poco duros, pero no te preocupes: ahora vas a añadir ingredientes húmedos.

Incorpora los tomates y las hierbas aromáticas a la preparación anterior con la ayuda de un tenedor. En una taza, mezcla el zumo de limón, el AOVE y la melaza de granada. El *bulgur* no debe quedar empapado, así que añade tres cuartas partes del aliño y prueba para decidir si necesita más. Añade las semillas de granada y revuelve. Prueba de nuevo; es posible que tengas que rectificar de sal. Deja reposar el *kisir* hasta el momento de servirlo. Puedes refrigerarlo tapado, pero deja que se atempere antes de llevarlo a la mesa.

berenjenas con *miso* al estilo japonés

La primera vez que probé este plato no me lo podía creer: la pulpa de berenjena absorbe la salsa de *miso*, que la impregna con ese sabor entre dulce y salado, sacando así el máximo partido a su textura porosa, que funciona como una esponja. Me gusta preparar esta receta con una mezcla de *miso* dulce y salado, pero si lo prefieres puedes usar únicamente *miso* blanco, que es el dulce (por cierto, de blanco sólo tiene el nombre, porque su color es amarillo). El *togarashi* es una mezcla de especias japonesa que incluye chile, cáscara de naranja, semillas de sésamo y jengibre.

**PARA 4 PERSONAS
COMO ACOMPAÑAMIENTO**

6 berenjenas largas y delgadas

2 cdas de aceite de cacahuete

2 cdas de pasta de *miso* blanco

2 cdas de pasta de *miso* rojo

2 cdtas de azúcar moreno claro

3 cdas de *mirin*

1 cda de sake o jerez seco

¼ de cdta (o menos, porque su sabor es potente) de *togarashi*, o chile en polvo

3 cdtas de semillas de sésamo blanco tostadas

Precalienta el horno a 180 ºC/marca 4 si es de gas.

Corta las berenjenas por la mitad y con el cuchillo haz cruces en la pulpa sin llegar a atravesarla. Pincela con el aceite y pon las berenjenas en una fuente resistente al calor. Hornea durante 40 minutos, o hasta que estén bien tiernas, tapándolas con papel de aluminio a media cocción.

Mientras, mezcla las dos pastas de *miso*, el azúcar, el *mirin* y el sake en un cazo pequeño y calienta a fuego lento. Aparta del fuego y añade el *togarashi*.

Extiende la mezcla de *miso* por encima de cada berenjena y devuélvelas al horno. Ásalas hasta que se doren, unos cinco minutos más. La parte de arriba de las berenjenas debe quedar húmeda y reluciente, en absoluto seca. Espolvorea con las semillas de sésamo tostadas y sirve.

calabaza especiada al estilo de Oriente Próximo y alubias blancas con menta y limón

He usado alubias cannellini, pero podéis emplear cualquier otra alubia blanca, alubias pintas o incluso garbanzos.

Puedes prescindir de la menta fresca, pero en ese caso sugiero que hagas lo habitual en algunas regiones de Oriente Próximo: freír un puñado de hojas de menta seca en dos cucharadas de aceite de oliva y verterlo sobre las alubias. También puedes usar hojas de cilantro o perejil picadas en vez de la menta, o además de ésta.

PARA 6 PERSONAS

2 cdas de aceite de oliva

1 cebolla grande picada fina

1 zanahoria grande picada fina

4 dientes de ajo picados finos

2 chiles rojos, sin semillas y picados

5 tomates de pera picados

3 cdtas de comino molido

1 cda de tomate triturado

1 kg de calabaza pelada, sin semillas y cortada en trozos

500 ml de caldo de verduras o agua

sal y pimienta

400 g de alubias blancas cannellini, escurridas y enjuagadas

el zumo de ½ limón y la ralladura fina de 1

las hojas de 6 ramitas de menta troceadas

En una cazuela de fondo grueso, calienta la mitad del aceite de oliva y sofríe en él la cebolla y la zanahoria hasta que la primera esté ligeramente blanda y empiece a tomar color. Añade el ajo, el chile y los tomates y sofríe todo durante unos cinco minutos más. Agrega el comino y, al cabo de un minuto, incorpora el tomate triturado.

En una sartén grande, calienta el resto del aceite de oliva y saltea la calabaza (tendrás que hacerlo en varias tandas) hasta que se haya dorado por todos los lados y empiece a ablandarse.

Añade la calabaza al sofrito junto con el caldo o el agua y salpimienta. Lleva a ebullición y cuece a fuego lento, tapado, durante 40 minutos. Transcurridos 30 minutos, destapa la cazuela y añade las alubias.

El plato estará listo cuando la calabaza esté bien tierna y el caldo haya tomado una consistencia bastante espesa. Añade el zumo de limón y la mitad de la ralladura, prueba y rectifica si es necesario. Espolvorea con la menta y el resto de la ralladura de limón.
Sirve con *bulgur* de trigo (o una mezcla de *bulgur* y lentejas, que también le va de fábula) y alguna verdura de hoja.

ideas con las que jugar... Para darle un toque italiano a esta receta, añade 2 hojas de laurel y 1 ramita de romero a la calabaza. Mezcla 1 diente de ajo picado, la ralladura fina de 1 limón y 1 cda de hojas de romero y espárcelo todo por encima de la calabaza. Si prefieres darle un aire marroquí, añade 1 cdta de jengibre molido, ½ rama de canela y ½ cda de *harissa*. Unas aceitunas verdes tampoco le irían mal. Remata con tiras de limón encurtido, hojas de cilantro y almendras tostadas y fileteadas. Para darle un sabor español, añade 2 cdtas de pimentón ahumado y unas hojas de cilantro y perejil.

lentejas caseras al estilo del Punyab (*tarka dal*)

En un libro repleto de sabores contundentes, esta receta es una rareza. Es discreta, simple, y hasta habrá quien la describa como insulsa. Pero hay días en los que te apetece justamente eso. Tendemos a enmascarar el sabor de las lentejas; aquí las hemos cocinado con especias, pero preservando su carácter. De vez en cuando pruebo nuevas recetas de *dal*, pero siempre vuelvo a ésta. Es el equivalente indio a nuestro caldo de pollo: un plato sin pretensiones y muy reconfortante. También funciona de maravilla como punto de partida para incorporar sabores más intensos. Prueba a acompañarlo con *kachumber* (véase la pág. 89) o con *relish* de jengibre y mango (véase la pág. 220).

PARA 4 PERSONAS

PARA EL DAL

200 g de *chana dal*, o guisantes amarillos partidos (el *chaan dal* conserva mejor su forma)

½ cdta de cúrcuma

3 cm de raíz de jengibre pelada

sal y pimienta

PARA EL ADEREZO

2 cdas de aceite de girasol

1 ½ cdtas de semillas de comino

1 cdta de guindilla en copos

1 cebolla roja pequeña cortada en juliana fina

3 cm de raíz de jengibre pelada y picada fina

2 dientes de ajo picados

1 tomate de pera grande picado

½ cdta de *garam masala*

2 cdas de hojas de cilantro picadas gruesas (opcional)

Pon las lentejas en una cazuela de fondo grueso. Añade 500 ml de agua, la cúrcuma y el jengibre pelado. No eches sal aún, pues haría que quedaran duras. Lleva a ebullición y deja hervir a fuego lento hasta que las lentejas estén tiernas y se deshagan al tocarlas. Saca el jengibre y deja que las lentejas se atemperen.

Si prefieres un *dal* más cremoso, tritura con la batidora la mitad de las lentejas y luego mézclalas con las que siguen más o menos enteras en la cazuela. Añade un chorrito de agua si crees que lo necesitan y salpimienta.

Vamos con el aderezo. En una sartén pequeña, calienta el aceite y añade el comino, seguido de la guindilla. Remueve durante unos 20 segundos, hasta que tomen un color más oscuro. Añade la cebolla y sofríe hasta que se dore. Incorpora el jengibre y el ajo y sofríe un minuto más. Finalmente, añade el tomate y el *garam masala* y prolonga la cocción otros dos minutos, o hasta que el tomate esté tierno.

Vierte este aderezo sobre el *dal* caliente y espolvorea con las hojas de cilantro (opcional). Remueve bien y sirve con arroz integral o pan de pita integral. Como acompañamiento, puedes servir un *chutney* de sabor refrescante o un poco de yogur natural.

prueba también... **una versión del sur de India** Prescinde del comino en el aderezo y fríe 2 cdtas de granos de mostaza en el aceite durante 30 segundos (hasta que empiecen a abrirse); añade 8 hojas de curry y ¼ de cdta de semillas de fenogreco. Incorpora la cebolla y sigue los pasos indicados arriba. Se suele añadir de 250 a 300 g de hojas de espinacas cortadas en juliana al finalizar la cocción, para que se hagan con el calor residual.

divino *dal*

Este libro incluye muchas recetas de legumbres secas, pero no porque sean sanas, sino porque son una buena alternativa a la carne (si me dan a elegir entre un solomillo de ternera y un bol de *dal*, me ponen en un verdadero apuro). En esencia, son sustanciosas y reconfortantes, pero no siempre. Unas lentejas negras mezcladas con berros, mango y un aliño indio cremoso tiene más de número de Bollywood que de dulce canción de cuna. Y un potaje de garbanzos que se deshacen entre la cebolla sofrita, el ajo a discreción, el comino, el limón y una buena cucharada de *harissa* tampoco es lo que se dice un plato suave. Pero es verdad que las legumbres son buenas para la salud (ése es su gran plus). Además, son muy saciantes, se consideran carbohidratos «buenos» y son una excelente fuente de proteína. Y para colmo son económicas. Pero, si hay una forma de cocinarlas que me tiene robado el corazón, son los *dal* de India.

La palabra *dal* significa sencillamente «legumbre partida», pero en India se emplea para referirse a cualquier clase de legumbre seca, así como a los platos que las emplean como ingrediente principal. Aparte del genérico *tarka dal*, que siempre figura en los menús de los restaurantes indios, los *dal* eran hasta hace poco un misterio para mí, así que le pedí a mi amiga Roopa que me instruyera en la materia. Hoy puedo decir con orgullo que conozco recetas de *dal* de toda India. La variedad es abrumadora, y pese a naturaleza humilde de sus ingredientes, algunos de estos platos son un auténtico lujo, al menos para mí. También son un homenaje a la sencillez. La clave está en la cremosidad —eso es lo que hace que el *dal* sea un plato tan reconfortante—, que se consigue mediante una cocción larga a fuego lento. De hecho, los mejores *dal* de India son los que se sirven en precarias chozas a pie de carretera. Grandes calderos —llamados *patilas*— descansan toda la noche sobre los hornos *tandoor* (así no se desperdicia su calor), llenos de legumbres que a la mañana siguiente estarán listas para comer.

El *dal* puede ser tan líquido como una sopa caldosa o tan consistente como un potaje espeso. No necesita caldo para su elaboración, sólo agua, puesto que su distintivo sabor lo aportan las especias. También se le pueden añadir verduras, como las espinacas o la calabaza (las verduras de hoja se incorporan al final). Cuando consigas la consistencia deseada (añadiendo más agua o prolongando la cocción, según el caso), añade el *tarka* o aderezo, que es lo que termina y «redondea» el plato de *dal*. Se trata de un sofrito especiado de cebolla roja (y a veces tomate) que se sirve mezclado con el guiso de legumbres. En el sur de India, los condimentos más empleados son las hojas de curry, las semillas de fenogreco y los granos de mostaza, mientras que en el Punyab prefieren el comino, el jengibre, el ajo, la guindilla y la cebolla.

Ahora sólo te queda averiguar dónde comprar los distintos tipos de legumbres (la única dificultad que entraña el *dal*), así que busca una tienda de comestibles indios y descubre el inmenso placer de abrir unos paquetes cuyos nombres evocan los tórridos días de Delhi y las frescas noches de Bombay: *urad dal*, *chana dal*, *toor dal*, *moong dal*... te espera todo un mundo de reconfortantes sabores exóticos.

espinacas y champiñones al estilo indio con lentejas negras y *paneer*

Esta receta tiene poco de auténtica. Yo buscaba algo con especias e ingredientes indios pero que no perdiera la forma durante la cocción y cuyos elementos se distinguieran perfectamente pese a formar una misma unidad de sabor, y éste es el resultado. No hace falta que uses el *paneer*, también está bueno sin él, pero aporta otra textura. Y me encanta su cremosidad como contrapunto a las lentejas.

PARA 6 PERSONAS

3 ½ cdas de aceite de cacahuete
y un poco más para el *paneer*

2 cebollas picadas

2 chiles rojos pequeños, sin
semillas y picados finos

5 cm de rama de canela

175 g de lentejas negras

sal y pimienta

el zumo de 1 lima

2 cdas de hojas de cilantro picadas
finas

3 dientes de ajo picados finos

3 cm de raíz de jengibre pelada
y picada fina

600 g de champiñones Portobello
cortados en láminas

15 g de mantequilla (opcional)

¾ de cdta de comino molido

¾ de cdta de cilantro molido

2 tomates grandes picados

300 g de espinacas *baby*

125 g de *paneer* cortado
en dados

1 cdta de *garam masala*

3 ½ cdas de yogur natural

En una cazuela, calienta una cucharada de aceite y añade una de las cebollas picadas. Sofríe hasta que esté tierna y dorada, agrega uno de los chiles y la canela y sofríe un minuto más. Incorpora las lentejas, cubre generosamente con agua y lleva a ebullición. Cuece a fuego lento hasta que las lentejas estén tiernas, lo que puede tardar entre 15 y 30 minutos, según lo frescas que sean. Escurre las lentejas rápidamente y devuélvelas a la cazuela caliente. Salpimienta, añade el zumo de lima y el cilantro y remueve. Tapa para mantener las lentejas calientes.

Mientras, sofríe la cebolla restante en una cacerola con otra cucharada de aceite. Cuando empiece a dorarse, añade el ajo, el chile restante y el jengibre y sofríe un minuto más.

En una sartén aparte, saltea los champiñones a fuego vivo, en varias tandas, hasta que tomen color. Añádelos a la cebolla. Incorpora la mantequilla (opcional, pero aporta mucho sabor) y cuece unos minutos más antes de incorporar el comino molido, el cilantro y el tomate. Saltea hasta que el tomate esté tierno. Baja el fuego y deja hervir hasta que el tomate esté a punto de deshacerse y haya menguado, unos 10 minutos. Añade las espinacas en varias tandas y remueve para integrarlas. Las hojas perderán volumen y aportarán humedad al guiso. Sube el fuego para que se evapore parte de ese líquido si ves que está aguado.

Pincela los dados de *paneer* con un poco de aceite y pásalos por la plancha o dóralos rápidamente en una sartén.

Mezcla el *garam masala* y el yogur con los champiñones y caliéntalo todo sin que llegue a hervir. Prueba y rectifica si es necesario. Sirve los champiñones con el *paneer* por encima y las lentejas a un lado.

pilaf de cereales mixtos, boniato e hinojo con «crema» de aguacate

Una receta deliciosa, pero rica en carbohidratos cuando se sirve como plato principal, incluso con la crema de aguacate. Necesita el acompañamiento de unas verduras especiadas y una buena ensalada. También funciona como guarnición para un plato de carne. La quinua no tiene que ser roja, pero si la encuentras queda muy vistosa.

PARA 4 PERSONAS COMO PLATO PRINCIPAL, PARA 6-8 COMO GUARNICIÓN

2 boniatos (cerca de 500 g) pelados

3 cdas de aceite de oliva

1 ½ cdas de vinagre balsámico

sal y pimienta

2 bulbos de hinojo pequeños

80 g de arroz salvaje

100 g de quinua roja

1 cebolla picada fina

2 dientes de ajo picados finos

2 chiles rojos, sin semillas y picados finos

100 g de *bulgur* de trigo

400 ml de caldo de pollo o de verduras

PARA LA CREMA DE AGUACATE

2 aguacates maduros

el zumo de 2 limas

1 chile rojo, sin semillas y picado fino

1 diente de ajo prensado

1 cda de aceite de oliva

un chorrito de vinagre de jerez

Precalienta el horno a 190 ºC/marca 5 si es de gas. Corta los boniatos en trozos de 3,5 cm. Ponlos en una fuente de horno y mézclalos con 2 cucharadas de aceite, el vinagre balsámico, sal y pimienta. Hornea durante una hora.

A media cocción, despunta el hinojo (reservando las hojas), corta los bulbos en cuartos y desecha las capas externas más leñosas o descoloridas. Con cuidado, retira el corazón de cada cuarto procurando que no se desmonten. Añade el hinojo a los boniatos y hornea por lo menos 20 minutos, regándolos con los jugos de la cocción. Ambos deberían quedar tiernos y un poco chamuscados.

Mientras, pon el arroz salvaje en una cacerola y cubre con agua. Lleva a ebullición y cuece durante 45 minutos.

Tuesta la quinua en una sartén sin grasa durante dos minutos. Pon la cucharada restante de aceite de oliva en una cazuela y sofríe la cebolla hasta que quede tierna y dorada. Añade el ajo y el chile y sofríe un par de minutos más antes de añadir la quinua tostada, el *bulgur* y el caldo. Salpimienta. Lleva a ebullición y deja hervir a fuego lento, tapado, durante 15 minutos. Los granos de cereal deben quedar esponjosos y más bien secos.

Escurre el arroz salvaje, pásalo por agua hirviendo y, con la ayuda de un tenedor, mézclalo con la quinua, el *bulgur* y las verduras. Prueba y rectifica.

Prepara el aguacate justo antes de servir, pues se oxida enseguida. Córtalo por la mitad, deshuésalo y saca la pulpa con una cuchara. Májala junto con los demás ingredientes hasta obtener una pasta homogénea. Prueba y rectifica (puede que le falte un poco más de vinagre). Sirve con el *pilaf*.

pruébalo con... yogur a la menta

Mezcla 225 g de yogur griego, 1 diente de ajo prensado, unas 20 hojas de menta picadas gruesas y 2 cdas de AOVE. Sirve en vez de la crema de aguacate o además de ésta.

menú de otoño Oriente en el plato

ensalada de caqui y aguacate | pescado picante al estilo birmano | compota de cítricos con escarcha de jengibre

Comer de un modo más sano me ha acercado a las distintas tradiciones culinarias de Oriente, y sobre todo a la gastronomía de Vietnam y Japón. Los ingredientes son sanos, los sabores puros, picantes o ácidos, de esos que te hacen la boca agua y alegran el paladar. A menudo, nos levantamos de la mesa con la sensación de haber salido a correr en pleno bosque. Además, la comida suele ser un placer también para la vista, y uno empieza a disfrutar nada más sentarse a la mesa. Este menú ilustra a la perfección por qué me gusta acudir a Oriente en busca de recetas que, además de irresistibles, son buenas para la salud.

ensalada japonesa de caqui y aguacate con jengibre

Yo sirvo el aliño aparte para que los invitados aderecen el plato a su gusto. Encontrar los caquis en su punto no es tarea sencilla; se pueden comprar con antelación y dejar que maduren en casa.

PARA 4 PERSONAS

PARA EL ALIÑO

1 cda de vinagre de arroz

el zumo de ½ lima

2 ½ cdas del líquido del jengibre en conserva

2 cdas de aceite de cacahuete

2 cdtas de salsa de soja oscura

3 cm de raíz de jengibre pelada y rallada

PARA LA ENSALADA

2 aguacates grandes en su punto

el zumo de 1 lima

sal y pimienta

3 caquis de pulpa dura

175 g de daikon pelado

50 g de hojas de mizuna o una mezcla de hojas tiernas (idealmente, deberá incluir microhojas)

unas 4 cdtas de semillas de sésamo negro

Para el aliño, bate todos los ingredientes. Prueba y rectifica, buscando el equilibrio entre lo picante, lo ácido, lo dulce y lo salado, jugando con cada elemento según convenga.

Corta los aguacates por la mitad y deshuésalos. Córtalos en rodajas finas y pela cada una con cuidado (de este modo, conseguirás rodajas más limpias e intactas). Riega con zumo de lima recién exprimido y salpimienta. La ensalada siempre quedará mejor si aliñas el aguacate aparte.

Corta los caquis por la mitad y desecha los cálices. Córtalos en rodajas y pélalas de una en una con cuidado. Riégalas también con zumo de lima recién exprimido.

Con el *daikon* puedes hacer dos cosas: o bien cortarlo en láminas finas (usando una mandolina o un cuchillo muy afilado), o bien formar tiras rizadas, moviendo el cuchillo en un gesto circular (el resultado se parece a las virutas que salen de un sacapuntas).

Forma un lecho con las hojas en un cuenco ancho y poco profundo, y dispón encima las rodajas de caqui, aguacate y *daikon*. Espolvorea con las semillas de sésamo y sirve enseguida con el aliño aparte.

pescado picante al estilo birmano con ensalada ácida y picante

Para elaborar este plato me he inspirado en uno de mis libros de recetas preferido, *Burma: Rivers of Flavor*, de Naomi Duguid. Se prepara en un abrir y cerrar de ojos y está delicioso.

PARA 4 PERSONAS

750 g de filetes de pescado blanco (a mí me gusta usar dorada), sin la piel

2 cdtas de cúrcuma

½ cdta de sal

8 chalotas picadas muy finas

½ cdta de sal marina en escamas

3 cm de raíz de jengibre pelada y picada

4 dientes de ajo pelados y picados

1 ½ cdas de aceite de cacahuete

1 guindilla desmenuzada

1 cda de salsa de pescado

zumo de lima al gusto

PARA LA ENSALADA ÁCIDA Y PICANTE

¼ de col de Milán

8 chalotas

10 rabanitos con los extremos cortados

1 chile rojo, sin semillas y cortado en láminas finas

3 cdas de salsa de pescado

3 cdas de zumo de lima

1 cdta de azúcar extrafino

Lava el pescado, sécalo con papel de cocina y recorre la superficie con los dedos en busca de cualquier espina que pueda haber quedado. Corta los filetes en trozos de 5 cm y mézclalos en un bol con la cúrcuma y la sal. Remueve los trozos de pescado para que se impregnen bien y deja reposar durante 15 minutos.

En un mortero grande, maja las chalotas con la mitad de la sal marina (la sal funciona como abrasivo) hasta obtener una pasta. Sácala y repite con el jengibre y el ajo usando la sal restante.

Prepara la ensalada para que puedas servirla en cuanto el pescado esté listo. Quita y desecha las capas externas más leñosas o descoloridas y el corazón de la col y corta las hojas en juliana muy fina. Pon la col en un bol de servir. Corta las chalotas en láminas lo más finas posible (si tienes una mandolina, úsala) y haz lo mismo con los rabanitos. Añade al bol junto con el chile. En una taza o bol pequeños, mezcla la salsa de pescado, el zumo de lima y el azúcar, removiendo para que este último se disuelva. Prueba y rectifica; puede que le falte un poco más de azúcar. Mezcla las verduras con el aliño (sé generoso, deben quedar bien impregnadas).

Calienta media cucharada de aceite y saltea las chalotas majadas a fuego medio hasta que estén tiernas y empiecen a dorarse. Añade un chorrito de aceite, el ajo y el jengibre majados y la guindilla y sofríe un par de minutos más, hasta que toda la mezcla esté tierna y dorada. Añade un poco más de aceite (puede que no necesites todo el que queda), incorpora los trozos de pescado y cuece durante un minuto y medio, aproximadamente; dales la vuelta y deja que se hagan cerca de un minuto más. Deberían quedar de un bonito tono dorado. Añade la salsa de pescado y prueba; tal vez quieras añadir un poco más. Riega con zumo de lima recién exprimido y sirve con la ensalada ácida y picante y un bol de arroz integral.

compota de cítricos con escarcha de jengibre

Este postre tiene un encanto especial —la *granita* parece realmente escarcha— y es muy refrescante. Tanto que me hace pensar en Nenè, el pequeño protagonista de *El mar color de vino*, la novela de Leonardo Sciascia. Nenè les dice a sus compañeros de viaje que cuando llegue a Catania va a comer «un cubo lleno de *granita*». Debía de estar pensando en algo así.

Tal vez la cantidad de cítricos te parezca excesiva, pero cuando los peles a lo vivo verás que se pierde mucho volumen de fruta (si prefieres no hacerlo, puedes cortar los cítricos en rodajas y usar sólo cuatro piezas). Por supuesto, no es necesario que bañes la fruta en almíbar. Puedes limitarte a pelar los gajos y servirlos con el granizado.

PARA 4-6 PERSONAS

PARA LA ESCARCHA DE JENGIBRE

155 g de azúcar

la ralladura fina de 2 limas
y el zumo de 3

40 g de raíz de jengibre pelada
y rallada

PARA LA COMPOTA

2 pomelos rosa

2 pomelos rojos

2 naranjas o pomelos blancos

100 g de azúcar

el zumo de 2 limas

Para hacer el granizado, mezcla en un cazo el azúcar, la ralladura de lima y el jengibre. Vierte 600 ml de agua y lleva suavemente a ebullición, removiendo para que el azúcar se disuelva. Una vez que rompa a hervir, cuece a fuego lento durante dos minutos. Deja que se atempere.

Cuela el almíbar, añade el zumo de lima y vierte la mezcla en un recipiente poco profundo y resistente al frío, preferiblemente metálico. Mételo en el congelador. Cuando el almíbar haya empezado a solidificar, pícalo con un tenedor para romper los cristales de hielo. Repite tres o cuatro veces durante el proceso de congelación. Deberías obtener una escarcha de aspecto cristalino.

Para la compota, corta la parte superior e inferior de cada cítrico, para que tengan una base estable sobre la que apoyarse. Usando un cuchillo muy afilado, quita no sólo la piel sino también el albedo o parte blanca, girando el cítrico para obtener tiras anchas y trabajando de arriba abajo. Ahora pélalo a lo vivo: sostén el cítrico sobre un cuenco y, con un cuchillo, separa cada gajo de la membrana que lo recubre a ambos lados y déjalo caer en el bol.

Cuela el zumo que haya quedado en el fondo del bol y viértelo en una cacerola. Añade 5 cucharadas de agua, el azúcar y el zumo de lima y calienta, removiendo de vez en cuando para que el azúcar se disuelva. Lleva a ebullición y cuece a fuego muy lento durante cinco minutos. Deja enfriar, cuela y refrigera hasta que esté frío.

Pon los gajos de cítricos en un bol de servir y riégalos con el almíbar frío. Sirve con el granizado por encima.

tostadas con tomates asados, *hummus* y espinacas

Los tomates asados y el *hummus* son dos cosas que conviene hacer de antemano y tener en la nevera para preparar almuerzo para uno, o incluso para desayunar (ya que vas a encender el horno, puedes aprovechar para asar también pimientos y guardarlos en la nevera). Si te apetece rizar el rizo (¿por qué no?), un huevo escalfado quedaría perfecto a modo de colofón y convertiría esta tostada en un plato más sustancioso.

PARA 4 PERSONAS

PARA LOS TOMATES ASADOS, LAS ESPINACAS Y LAS TOSTADAS

6 tomates de pera grandes

1 ½ cdas de aceite de oliva

½ cda de vinagre balsámico

cerca de ½ cdta de *harissa*, si te gusta el picante (opcional)

1 cdta de azúcar extrafino

sal y pimienta

4 rebanadas de pan integral

15 g de hojas de espinacas *baby*

PARA EL *HUMMUS*

400 g de garbanzos cocidos

4 cdas de *tahina*

2 dientes de ajo grandes prensados

el zumo de 1 limón

½ cdta de comino molido

3 cdas de AOVE y un poco más para servir

1 cda de yogur griego o turco (opcional)

Precalienta el horno a 190 °C/marca 5 si es de gas.

Corta los tomates por la mitad y colócalos en una sola capa en una bandeja de horno o una fuente resistente al calor. Mezcla el aceite, el vinagre y la *harissa* (opcional) y riega los tomates. Revuelve para asegurarte de que están bien impregnados, pero cuida de que los tomates queden con el lado del corte hacia arriba. Espolvorea con azúcar y salpimienta. Hornea durante 45 minutos, o hasta que los tomates estén caramelizados y hayan menguado ligeramente.

Para el *hummus*, escurre y lava los garbanzos y ponlos en un robot de cocina. Añade la *tahina*, el ajo, el zumo de limón, el comino, la sal, el aceite virgen extra y 3 cucharadas de agua tibia. Tritura hasta obtener una consistencia cremosa. Prueba y añade el yogur, si te gusta (a mí sí). Vuelve a probar y rectifica; tal vez quieras añadir otro chorrito de zumo de limón. También puedes agregar un poco más de agua si la crema ha quedado muy espesa. Pon el *hummus* en un bol, tapa y refrigera hasta el momento de servir.

Para emplatar, tuesta el pan y échale un chorrito de aceite de oliva virgen extra. Pon las hojas de espinaca por encima, añade una buena cucharada de *hummus* y corona la tostada con tres medios tomates. Sirve.

vieiras con aliño de anchoas y alcaparras

Un auténtico capricho para dos. Y realmente sano. Proteína, ácidos grasos omega-3 y vitamina B12. Además, la carnosidad de las vieiras hace que sea también un plato saciante. Puedes servirlo con una ensalada ligeramente aliñada; el punto amargo de la endibia contrasta bien con la carne dulce del molusco, pero unos berros también le irían de fábula.

PARA 2 PERSONAS

6 vieiras frescas

2 cdas de AOVE

2 dientes de ajo cortados en láminas

3 anchoas en aceite, escurridas y picadas finas

1 cda de alcaparras lavadas

2 cdas de zumo de limón

aceite de oliva

sal y pimienta

½ cda de hojas de perejil picadas gruesas

Prepara las vieiras. Puede que a un lado del cuerpo central veas un trocito de carne firme, más blanca y de textura distinta al resto (es un poco de músculo, y algunos pescaderos no se molestan en quitarlo). Tira de él y córtalo. Seca las vieiras con papel de cocina (si están mojadas, no se doran bien).

Prepara el aliño. Calienta el aceite virgen extra y sofríe el ajo a fuego lento, pero sin que llegue a tomar color (unos 30 segundos). Añade las anchoas y sofríe durante otros 45 segundos, presionándolas con el dorso de una cuchara de madera para que se deshagan un poco. Añade las alcaparras y el zumo de limón y deja reposar el aliño en el cazo mientras haces las vieiras.

Unta las vieiras ligeramente con el aceite de oliva y salpiméntalas. Pon una sartén o parrilla al fuego y, cuando esté muy caliente, marca las vieiras un minuto por cada lado —queremos que tomen un bonito color dorado— y luego baja el fuego y deja que se hagan durante 30 segundos más. Deben quedar bien cocidas por dentro, pero cuida de no pasarte o se pondrán gomosas. Pincha una de las vieiras con la punta de un cuchillo afilado para comprobar el punto antes de sacarlas del fuego.

Recalienta el aliño —no hace falta que esté caliente, sólo tibio— y añade el perejil. Reparte las vieiras en dos platos, riega con los jugos de la cocción y adereza con el aliño. Sirve enseguida. No te olvides de poner un poco de pan en la mesa para rebañar.

chipirones con *tarator* ahumado de almendras, pimiento, *freekeh* y espinacas

Un gran plato muy completo. El *freekeh* es el cereal que mejor casa con sabores intensos; si no lo encuentras, usa granos de trigo o kamut (véase la pág. 224 para consejos sobre cómo cocinarlos).

PARA 6 PERSONAS

**PARA LOS PIMIENTOS
Y LOS CHIPIRONES**

3 pimientos rojos

aceite de oliva

sal y pimienta

900 g de chipirones (pesados después de limpiarlos)

el zumo de ½ limón y unos gajos de limón para servir

2 chiles rojos, sin semillas y picados

2 cdas de hojas de cilantro picadas

PARA EL *FREEKEH*

200 g de *freekeh* (de grano entero, no partido)

2 cdas de aceite de oliva

3 cdas de hojas de perejil picadas gruesas

el zumo de 1 limón

3½ cdas de AOVE

50 g de espinacas *baby*

PARA EL *TARATOR*

25 g de pan candeal sin la corteza

4 cdas de leche

50 g de almendras blanqueadas

¾ de cdta de pimentón ahumado

¼ de cdta de pimienta de cayena

2 dientes de ajo

125 ml de AOVE

el zumo de ¾ de limón

Precalienta el horno a 180 ºC/marca 4 si es de gas. Pincela los pimientos con aceite de oliva, salpimiéntalos y ponlos en una bandeja de horno. Ásalos durante 35-40 minutos. Deben quedar muy tiernos y con la piel ligeramente levantada. Cuando estén lo bastante fríos para manipularlos, córtalos en tiras.

Para el *tarator*, remoja la miga de pan en la leche durante 15 minutos. Tritúrala en un robot de cocina junto con las almendras, el pimentón ahumado, la pimienta de cayena, el ajo, sal y pimienta, añadiendo el aceite y el zumo de limón. Agrega 75 ml de agua y vuelve a triturar. Debería quedar una crema densa pero no pastosa, así que añade más agua si consideras que lo necesita. Prueba y rectifica de sabor.

Pon el *freekeh* en una cacerola con agua, media cucharadita de sal y el aceite de oliva. Lleva a ebullición. Tapa bien y que hierva a fuego lento de 20 a 25 minutos. Debe quedar tierno, pero ofrecer cierta resistencia al ser mordido. Escurre, mezcla con el perejil, el zumo de limón y el aceite y salpimienta. El *freekeh* es agradable tibio, así que tápalo mientras haces los chipirones.

Limpia los chipirones, también por dentro, y sécalos con papel de cocina. Si son pequeños, déjalos enteros. De lo contrario, corta las aletas laterales y ponlas a un lado junto con los tentáculos. Corta el cuerpo de arriba abajo para abrirlos. Si vas a usar calamares en lugar de chipirones, córtalos por la mitad a lo largo y hazles unos surcos cruzados en el interior. Ponlos en un bol con aceite de oliva para que no se peguen.

Pon una parrilla a fuego vivo. Cuando esté muy caliente, salpimienta los chipirones y pásalos por ambos lados presionándolos para que las estrías de la parrilla queden marcadas (no necesitarán más de 20 segundos por cada lado); una vez hechos, ponlos en una fuente y riégalos con zumo de limón. Por último, añade el chile y el cilantro y mézclalo todo.

Mezcla las espinacas con el *freekeh* y reparte entre los platos con los chipirones y los pimientos por encima. Añade una cucharada de *tarator* y sirve el resto en un bol.

caballa ahumada, ensalada de remolacha con semillas de amapola y pan de cerveza negra

Este plato posee influencias escandinavas e irlandesas. El pan es dulce y se parece a un bizcocho, pero, si buscas algo menos rico en hidratos de carbono, usa pan de centeno normal. La receta de pan es suficiente para hacer dos moldes pequeños. Reduce las cantidades a la mitad si sólo quieres uno.

PARA 4 PERSONAS

PARA EL PAN

500 g de harina integral de trigo malteado

175 g de harina de trigo

75 g de copos de avena semimolida

1 cdta de sal

2½ cdtas de bicarbonato de soda

50 g de mantequilla cortada en dados pequeños, y un poco más para engrasar los moldes

4 cdas de azúcar mascabado

175 ml de cerveza negra

80 ml de melaza de caña de azúcar

400 ml de suero de mantequilla

copos de avena enteros para espolvorear

PARA EL RESTO

1 manzana

1 cda de vinagre de sidra

¼ de cebolla roja cortada en juliana fina

1½ cdas de aceite de oliva

3 hojas grandes de col de Milán

1 cdta de azúcar moreno claro

2 cdtas de semillas de amapola

sal y pimienta

3 remolachas no muy grandes, cocidas (unos 300 g en total)

un puñado de microhojas, mejor de nervadura roja (opcional)

4 filetes de caballa ahumada

Para hacer el pan, precalienta el horno a 180 ºC/marca 4 si es de gas. Mezcla las harinas y los copos de avena con la sal y el bicarbonato de soda. Añade la mantequilla e intégrala con las yemas de los dedos. Incorpora el azúcar. Haz un hueco en el centro y vierte poco a poco la cerveza negra, seguida de la melaza y por último el suero de leche. Incorpora los líquidos mezclándolos con un cuchillo de mantequilla según los vas añadiendo. Obtendrás una masa bastante pastosa. Repártela entre dos moldes rectangulares previamente engrasados (deben medir 19 x 9 x 5 cm cada uno y tener unos 5 cm de profundidad) y espolvorea con los copos de avena.

Hornea durante 40 o 50 minutos. Para saber si los panes están hechos, saca uno del molde y da unos golpecitos en la base. Si suena hueca, está bien cocido. Si no, devuélvelo al horno y prolonga la cocción un poco más, pero vigila que no queden resecos. Desmóldalos y deja que se enfríen sobre una rejilla.

Pela la manzana, quítale el corazón y corta la pulpa en bastones finos. Ponla enseguida en un bol con el vinagre y remueve para que se impregne bien. Sofríe la cebolla a fuego lento en media cucharada de aceite de oliva durante un minuto y medio. No queremos que lleguen a dorarse, sólo que no estén crudas. Añade la cebolla al bol de la manzana. Quita la nervadura central de cada hoja de col, enróllalas y córtalas en juliana. Añádelas al bol junto con el resto del aceite de oliva, el azúcar, las semillas de amapola, la sal y la pimienta.

Pela las remolachas y córtalas en bastones finos. Añádelas al bol justo antes de servir (si lo haces mucho antes, teñirán los demás ingredientes) y esparce las microhojas por encima de la ensalada (opcional).

Sirve la caballa ahumada con el pan y la ensalada.

dorada con jengibre, soja y cebolletas

He aquí una de las recetas más sencillas y ligeras del libro. Si por el motivo que sea estás intentando reducir la ingesta de grasas, no hace falta que frías el chile y el jengibre, aunque el contraste de texturas con el pescado hecho al vapor es sublime. Puedes ponerlos sobre los filetes de dorada, junto con el resto del jengibre, y hacerlos también al vapor.

PARA 4 PERSONAS

3 ½ cdas de salsa de soja

3 ½ cdas de vino de arroz

4 cdtas de azúcar extrafino

4 filetes de dorada de 175 g cada uno (u otro pescado similar, como la lubina)

2,5 cm de raíz de jengibre pelada y rallada

6 cdas de aceite de cacahuete

2 chiles rojos, sin semillas y picados

8 cebolletas despuntadas, cortadas por la mitad a lo largo y luego en juliana

Mezcla la salsa de soja, el vino de arroz y el azúcar. Pon los filetes de dorada en una fuente y riégalos con 4 cucharadas de la mezcla anterior y la mitad del jengibre. Deja reposar durante 15 minutos.

Pon agua en una cacerola lo bastante grande para que puedas encajar encima un cestillo de cocer al vapor y lleva a ebullición. Coloca el cestillo sobre la cacerola con el pescado dentro, en su fuente (puedes sacudir el exceso de marinada, pero no quites el jengibre). Tapa herméticamente. Cuece durante siete minutos, aparta del fuego y deja que acabe de cocerse con el calor residual durante un minuto. Comprueba si el pescado está bien hecho.

Calienta el aceite y fríe enseguida el chile y el resto del jengibre hasta que se doren ligeramente. Sirve el pescado con las cebolletas por encima, y luego riégalo todo con el aceite caliente con chile y jengibre. Rocía con un poco de la marinada de soja y pon el resto en un bol para que los invitados se sirvan en la mesa.

otra vuelta de tuerca… vieiras con jengibre, soja y cebolletas

Corta en bastones finos 4 cm de raíz de jengibre pelada. Reparte un tercio de los bastoncitos entre 4 conchas de vieira limpias y pon en cada concha 3 vieiras con sus huevas. Pica 6 cebolletas en diagonal y colócalas encima de las vieiras junto con 6 cdas de salsa de soja. Prepara una vaporera de dos niveles y pon dos conchas en cada uno. Cuece al vapor entre seis y ocho minutos, según su tamaño (lo ideal es que intercambies las de arriba y las de abajo a media cocción para asegurarte de que se cuecen por igual). En una sartén, calienta 1 cda de aceite de cacahuete y sofríe el resto del jengibre y 2 dientes de ajo cortados en láminas finas. El ajo debe quedar ligeramente dorado y el jengibre un poco más oscuro y crujiente. Sácalos de la sartén y ponlos a escurrir en papel de cocina. Emplata las vieiras y espolvoréalas con el jengibre y el ajo fritos, añadiendo unas gotas de aceite de sésamo tostado. Sirve enseguida. Usa esta receta como un entrante contundente o, servida con arroz y verduras salteadas, como un plato principal para 4 personas.

sashimi

El pescado crudo no es del agrado de todos, y es verdad que se necesita una materia prima fresquísima (así como la complicidad de un buen pescadero), pero, una vez que lo pruebas, no tardas en aficionarte a su sabor. De hecho, a mí me parece poco menos que adictivo (a excepción del calamar). No es un plato económico —a menos que lo hagas sólo con caballa—, pero sí increíblemente saciante (aporta una altísima dosis de proteína) y fantástico para quienes quieren mantener el peso a raya.

La calidad del *wasabi* varía muchísimo. Lo venden en tubos, en polvo para que lo mezcles tú mismo y también la raíz fresca (véase una foto de la raíz en la pág. 59). Comprarlo fresco es la mejor opción, pero es difícil de encontrar; se puede rallar con un rallador japonés especial. La salsa de soja japonesa es más ligera y delicada que otras, y no eclipsa el sabor del pescado.

PARA TANTOS COMENSALES
COMO QUIERAS

unos 90 g de lomos limpios de
pescado muy fresco por persona
(atún, salmón, lubina, caballa,
sardina)

PARA SERVIR

daikon o nabo japonés rallado

zanahorias cortadas en juliana

ramitas de berro hortelano
u otras microhojas

cebolletas picadas finas

rabanitos picados finos

jengibre encurtido

wasabi

salsa de soja japonesa

Usando un cuchillo muy afilado —preferiblemente especial para pescado—, corta los filetes inclinando un poco la hoja en lonchas de unos 3 mm de grueso y 2,5 cm de ancho. La hoja del cuchillo debe deslizarse fácilmente por la carne del pescado sin necesidad de «serrarlo».

Dispón los diversos tipos de pescado en los platos, solapándose ligeramente entre sí. Puedes servir los acompañamientos vegetales (*daikon*, zanahoria, verduras de hoja, cebolletas, rabanitos) en pequeñas pilas al lado del pescado, pero siéntete libre de improvisar a la hora de montar el plato. Uno de los grandes placeres de preparar y comer *sashimi* es comprobar hasta qué punto la simplicidad y la belleza van de la mano.

Sirve los otros acompañamientos —jengibre, *wasabi* y salsa de soja— en pequeños boles aparte.

caballa con picada de avellanas

La picada se emplea para espesar salsas en la cocina catalana y se añade a los guisos en el último momento, pero algunos cocineros españoles han empezado a usarla para rubricar sus platos con un toque personal, tal como los italianos usan la *gremolata*.

Una ensalada de berros y unas lentejas le irían estupendamente a este plato.

PARA 4 PERSONAS

PARA LA PICADA

4 cdas de AOVE

50 g de pan candeal, sin la corteza y cortado en rebanadas de 1 cm de grosor

40 g de avellanas crudas con piel

la cáscara de media naranja picada fina

1 diente de ajo picado fino

2 cdas de hojas de perejil picadas finas

1 cda de vinagre de jerez

sal y pimienta

PARA EL PESCADO

4 filetes de caballa grandes, de unos 150 g cada uno, u 8 filetes pequeños

2 cdas de aceite de oliva

un buen chorro de zumo de naranja

Para la picada, precalienta el horno a 190 °C/marca 5 si es de gas. Pon 2 cucharadas aceite en una sartén pequeña y caliéntala a fuego medio-bajo. Para saber si la temperatura es la adecuada, echa un trocito de pan en el aceite. Si chisporrotea, baja un poco el fuego y añade las rebanadas de pan en una sola capa. Fríe durante dos o tres minutos, hasta que el pan se dore ligeramente. Sácalo y ponlo a escurrir sobre papel de cocina.

Pon las avellanas en una fuente de horno y tuéstalas durante 10 minutos, o hasta que la piel se haya oscurecido pero sin que se queme. Espárcelas sobre un paño de cocina y frótalas mientras están calientes para quitarles casi toda la piel. Pícalas finas. Parte el pan en trozos, ponlo en una bolsa de papel y aplástalo con un rodillo de cocina hasta obtener una miga gruesa. Añade el resto de los ingredientes, incluida la cucharada restante de aceite de oliva virgen extra, salpimienta al gusto y mezcla.

Salpimienta los filetes de caballa. Calienta el aceite en una sartén antiadherente y fríe los filetes a fuego medio durante 3 minutos por cada lado, primero con la piel hacia abajo si los filetes son grandes. Repártelos en platos tibios, con la piel hacia arriba, y riega con el zumo de naranja. Espolvorea con la picada y sirve.

más caballa… caballa a la japonesa con setas Imagino que los japoneses bautizarían este plato como «hojas de otoño bajo la lluvia» (tienes que buscar tu lado más zen para que no se te escape la risa, lo sé… ¡pues búscalo!). Las setas doradas y la caballa de piel iridiscente conforman un plato muy vistoso. Calienta 2 cdas de aceite de colza en una cazuela y fríe los 4 filetes de caballa (de 115 g cada uno) con la piel hacia bajo hasta que se doren (unos 3 minutos). Dales la vuelta y fríelos por el otro lado durante 3 minutos. Reserva. En la misma cazuela, sofríe 2 dientes de ajo cortados en láminas finas durante 1 minuto y agrega 100 g de setas *shiitake* —cortadas por la mitad o en láminas, según su tamaño— y 100 g de setas *enoki*. Saltea a fuego alegre durante 3 minutos, devuelve la caballa a la cazuela, añade 4 cdas de sake o jerez seco y 1 cda de salsa de soja y calienta todo junto. Espolvorea con semillas de sésamo negro o blanco, al gusto. Para 4 personas.

calamares salteados con chile y jengibre

Picante, rápido, sano y relativamente barato. En serio, ¿qué más se puede pedir?

PARA 4 PERSONAS

1 tallo de citronela despuntado y sin las capas externas más leñosas

1 cda de aceite de cacahuete

2 dientes de ajo cortados en láminas finas

2 cm de raíz de jengibre pelada y picada muy fina

1-2 chiles rojos, sin semillas y picados

900 g de calamar limpio y cortado en anillas

4 cebolletas picadas

1 cdta de azúcar extrafino

un chorro de salsa de pescado

sal y pimienta

el zumo de ½ lima

2 cdas de hojas de cilantro o de menta picadas

Pica la citronela y májala en el mortero. En un wok o sartén, calienta el aceite y añade la citronela, el ajo, el jengibre y el chile. Saltea a fuego medio durante un minuto.

Es muy importante que el calamar esté seco para poder freírlo bien, así que sécalo con papel de cocina. Añádelo a la sartén y saltea a fuego vivo durante un minuto. Baja el fuego y añade las cebolletas, el azúcar, la salsa de pescado, la sal, la pimienta y el zumo de lima.

Saltea durante unos 30 segundos más, prueba de sal y busca el equilibrio entre lo dulce y lo ácido, ajustando la cantidad de azúcar y lima según convenga. Añade las hierbas aromáticas y reparte entre los platos, que deberán estar tibios. Sirve con arroz integral y una ensalada o con verduras salteadas.

pruébalo también con langostinos... **langostinos con lima y *bok choi*** En un wok, calienta 1 cda de aceite de cacahuete y añade un trozo de 2 cm de raíz de jengibre pelada y picada fina, 1 tallo de citronela (desecha las hojas más leñosas) picado fino, 1 chile rojo y otro verde, sin semillas y picados, y 4 cebolletas despuntadas y cortadas en juliana. Saltéalo todo a fuego medio hasta que el jengibre esté tierno y empiece a tomar color. Sube el fuego y añade 500 g de colas de langostino (mejor de pesca sostenible) crudas, peladas y sin el intestino. Saltéalas hasta que empiecen a tomar color, añade el zumo y la ralladura fina de 1 lima, 1 cda de salsa de pescado y 1 cda de azúcar extrafino. Cuece hasta que los langostinos hayan tomado un color rosado. Sácalos con una espumadera y reserva. Pon en el wok 250 g de *bok choi* o col china cortada en juliana. Deja que pierda volumen y que la «salsa» reduzca antes de volver a incorporar los langostinos junto con 15 g de hojas de cilantro picadas muy gruesas y 10 g de hojas de albahaca troceadas. Prueba, buscando el equilibrio entre lo dulce y lo ácido (azúcar y lima) y sirve enseguida. Puedes comerlo tal cual o acompañado de arroz integral. Ofrece gajos de lima. Para 4 personas.

ensalada tibia de pato con aliño de *umeboshi* y jengibre confitado

Cada vez es más fácil encontrar *umeboshi*, la pasta japonesa de ciruelas en conserva, en herbolarios y tiendas especializadas. Su sabor fresco y ácido es ideal para preparar aliños y marinadas. Yo quito la piel y la grasa a las pechugas de pato y sigue siendo una ensalada muy apetitosa, pero puedes dejarlas si lo prefieres.

PARA 4 PERSONAS

PARA EL ALIÑO

3½ cdas de *mirin*

2 cdas de vinagre de arroz

2½ cdas de aceite de cacahuete

2½ cdas de aceite de oliva

2 cdtas de *umeboshi*

2 cdtas de azúcar moreno claro

½ trozo de jengibre en almíbar picado fino

PARA LA ENSALADA

2 aguacates

sal y pimienta

10 rabanitos

2 pechugas de pato grandes sin piel ni grasa

1 cda de aceite de cacahuete

150 g de judías verdes, despuntadas por el lado del tallo (o tirabeques, o bien una mezcla de ambos)

125 g de hojas de espinacas *baby*

2 cdas de semillas de sésamo (preferiblemente negro)

Precalienta el horno a 220 ºC/marca 7 si es de gas.

Prepara el aliño sencillamente batiendo todos los ingredientes juntos. La pasta de *umeboshi* no acabará de integrarse, por lo que quedará una emulsión salpicada de puntitos rosados. Prueba, buscando el equilibrio entre lo dulce y lo ácido, y añade más azúcar, vinagre o *umeboshi* según convenga.

Prepara las verduras. Corta los aguacates por la mitad, deshuésalos y córtalos en rodajas. Pela cada una de las rodajas, salpimienta y aderézala con un poco del aliño. Lava los rabanitos, despúntalos y córtalos a lo largo en láminas muy finas.

Salpimienta las pechugas de pato. En una sartén, calienta el aceite y dora las pechugas por ambos lados. Ponlas en una fuente de horno y ásalas durante cinco minutos (puedes comprobar si la carne está hecha hundiendo un cuchillo en el centro de una pechuga; debería tener un aspecto rosado, como un filete de ternera poco hecho). Saca las pechugas del horno, tapa la fuente con papel de aluminio y deja reposar durante tres o cuatro minutos.

Mientras, cuece las judías verdes al vapor o en agua hirviendo hasta que estén tiernas y pásalas enseguida por agua fría para detener la cocción. Corta las pechugas de pavo en lonchas, salpimiéntalas, mézclalas con los demás ingredientes (excepto las semillas de sésamo) y aderézala con el aliño. Pon la ensalada en una fuente grande o repártela entre cuatro platos. Espolvorea con las semillas de sésamo y sirve enseguida.

ensalada de pollo y mango al estilo tailandés

Para ser fieles al espíritu *thai*, habría que prescindir de los berros y aumentar la cantidad de hierbas aromáticas. Si no encuentras mangos verdes o prefieres comerlos maduros, puedes usar un mango maduro y una manzana verde ácida (sin el corazón). Además de acidez, los mangos verdes aportan un punto crujiente al plato, por lo que la manzana es un sustituto perfecto.

**PARA 4 PERSONAS
COMO PLATO PRINCIPAL**

sal y pimienta

4 pechugas o muslos de pollo deshuesados y sin piel

5 cdas de aceite de cacahuete

6 cebolletas despuntadas y cortadas en rodajas al bies

8 dientes de ajo pelados y cortados en láminas finas

2 mangos verdes pelados

3 chiles rojos, sin semillas y picados

2 cdas de salsa de pescado

1 ½ cdas de azúcar extrafino

el zumo de 1 ½ limas

50 g de hojas de cilantro

40 g de hojas de menta

50 g de berros sin los tallos más gruesos

1 ½ cdas de cacahuetes tostados, picados gruesos

Salpimienta ligeramente el pollo y saltéalo en 2 cucharadas de aceite hasta que esté bien hecho por dentro. Reserva (si tienes sobras de pollo asado, puedes usar la misma cantidad, deshilachando la carne).

En la misma cazuela, vierte media cucharada más de aceite, saltea las cebolletas y ponlas en un cuenco ancho y poco profundo. Saltea el ajo hasta que se dore, pero cuida de no quemarlo. Añádelo también al cuenco.

Corta la pulpa de los mangos en rodajas y luego en bastones del grosor aproximado de dos cerillas. Ponlos en el cuenco junto con el chile, la salsa de pescado, el azúcar y el zumo de lima.

Por último, corta el pollo en tiras y añádelo al cuenco junto con las hierbas aromáticas, los berros y las dos cucharadas y media restantes de aceite. Mezcla todo. Esparce los cacahuetes por encima y sirve.

y además... ensalada de pollo al estilo birmano Corta 2 chalotas en rodajas, remójalas en agua fría durante 10 minutos y escúrrelas. Ponlas en un plato con 200-250 g de carne de pollo deshilachada (aprovecha lo que tengas más a mano, yo suelo usar restos de pollo asado). Añade el zumo de 3 limas, ½ chile verde, sin semillas y picado, y un buen puñado de hojas de cilantro y menta. Corta otras 4 chalotas en rodajas y saltéalas en 2 cdas de aceite de cacahuete hasta que se doren bien. Agrégalas a la ensalada, salpimienta y mezcla. Espolvorea con 1 cda de cacahuetes tostados y picados, si te gustan. A veces, también añado bastoncitos de zanahoria cruda o col cortada en juliana, sobre todo si ando un poco escasa de pollo. Para 2 personas como plato principal ligero.

pollo al estilo *shawarma* con crema tibia de garbanzos y cebollas al zumaque

Esta magnífica combinación de sabores y temperaturas es un éxito asegurado.

PARA 4 PERSONAS

PARA EL POLLO Y LA MARINADA

4 dientes de ajo prensados

1 cdta de jengibre molido

1 cdta de mezcla de especias (canela, nuez moscada, pimienta de Jamaica)

½ cdta de cúrcuma

2 cdtas de comino molido

3 cdas de aceite de oliva

el zumo de 1 limón

sal y pimienta (sé generoso con esta última)

8 muslos de pollo deshuesados y sin piel

PARA LA CREMA DE GARBANZOS

1 cebolla picada fina

1 cda de aceite de oliva

4 dientes de ajo picados finos

3 cdtas de comino molido

½ cdta de mezcla de especias

400 de garbanzos cocidos, escurridos y pasados por agua

150 ml de AOVE

2 cdas de *tahina*

el zumo de 1 limón

PARA LAS CEBOLLAS

½ cebolla roja pequeña, pelada y cortada en juliana muy fina

los granos de ½ granada

½ cdta de zumaque

PARA SERVIR

unas ramitas de cilantro

yogur griego o turco

gajos de limón

Prepara la marinada mezclando todos los ingredientes (excepto el pollo) en una fuente poco profunda de acero inoxidable o de cristal, lo bastante grande para que los trozos de pollo quepan en una sola capa. Añádelos a la marinada, dándoles la vuelta para que queden bien impregnados, y tapa. Deberías dejar el pollo marinando al menos dos horas en la nevera, pero si tienes prisa con 30 minutos es suficiente. Ve dando la vuelta a los trozos de pollo mientras se está marinando.

Para la crema de garbanzos, sofríe la cebolla en el aceite de oliva hasta que esté tierna y dorada. Añade el ajo y sofríe otros dos minutos antes de añadir las especias. Sofríe un minuto más, agrega los garbanzos y remueve para que se caliente todo junto. Vierte esta mezcla en un robot de cocina con el AOVE, la *tahina*, el zumo de limón, sal, pimienta y 6-8 cucharadas de agua. Tritura y prueba; quizá tengas que añadir un poco más de agua para lograr la textura adecuada. Vierte la crema en una cacerola limpia para que puedas recalentarla.

Pon la cebolla roja en un bol con agua muy fría y déjala en remojo durante unos 15 minutos.

Saca el pollo de la marinada y sálalo. Calienta una sartén o una plancha hasta que esté muy caliente y marca el pollo durante un minuto y medio por cada lado (no hace falta añadir aceite). Baja el fuego y deja que se haga durante otros dos minutos y medio por cada lado. El pollo debe quedar dorado.

Escurre la cebolla roja, sécala con papel de cocina, mézclala con la granada y espolvorea con el zumaque.

Recalienta la crema de garbanzos si es necesario. Sirve los muslos de pollo con una cucharada de crema, añade las ramitas de cilantro y remata con la mezcla de granada y cebolla roja. Deja en la mesa un bol con yogur y otro con gajos de limón. Puedes ofrecer pan de pita o *bulgur* como acompañamiento, pero en realidad le va mejor una ensalada con verduras de hoja amarga.

pollo con calabaza, soja y anís estrellado

Esta receta está ligeramente adaptada de un magnífico libro de cocina estadounidense —*All About Braising*, de Molly Stevens— y pronto se convirtió en uno de los platos más habituales en mi casa, porque es fácil y a los niños les encanta. A lo mejor te da la impresión de que la cantidad de salsa de soja indicada es escasa, pero ten en cuenta que el pollo suelta bastantes jugos durante la cocción.

Resiste la tentación de añadir más anís estrellado. Uno es más que suficiente, porque tiene un sabor intenso.

PARA 4 PERSONAS

1 cda de aceite de cacahuete

8 muslos de pollo con hueso, troceados

2 cdas de salsa de soja

2 cdas de vinagre de arroz

2 cdas de salsa de pescado

2 cdas de azúcar moreno claro

1 chile rojo, sin semillas y picado

2,5 cm de raíz de jengibre, pelada y picada muy fina

3 dientes de ajo picados muy finos

8 cebolletas despuntadas y picadas

900 g de calabaza pelada, despepitada y cortada en trozos

3 tiras de cáscara de naranja

1 anís estrellado

2 cdas de zumo de naranja

pimienta

Precalienta el horno a 180 ºC/marca 4 si es de gas.

Calienta el aceite en una cazuela lo bastante grande para que quepan todos los trozos de pollo sin solaparse entre sí. Quita la piel al pollo si lo prefieres y dora los trozos por ambos lados. No intentes darles la vuelta hasta que se desprendan con facilidad de la cazuela, porque de lo contrario desgarrarás la carne. Retira el pollo de la cazuela y reserva. Vierte en una taza la grasa que haya quedado en la cazuela.

Mezcla la salsa de soja, el vinagre y la salsa de pescado con el azúcar y remueve. Echa en la cazuela una cucharada de la grasa reservada, caliéntala y añade el chile, el jengibre y el ajo. Reserva los trozos más verdes de la cebolleta para decorar el plato y añade el resto a la cazuela. Saltea a fuego medio durante un par de minutos, hasta que el ajo esté dorado, y agrega la mezcla de salsa de soja. Pon de nuevo el pollo en la cazuela, junto con los jugos que haya soltado. Añade la calabaza, la cáscara de naranja, el anís estrellado, el zumo de naranja y 3 o 4 cucharadas de agua. Espolvorea con pimienta recién molida, tapa y hornea durante 40 minutos. Cuando hayan pasado 15 minutos, da la vuelta a los trozos de pollo y vuelve a tapar la cazuela. Cuando hayan pasado 30 minutos, destapa y hornea durante 10 minutos más.

Esparce los trozos de cebolleta reservados por encima del pollo y sirve. Cualquier cereal vale como acompañamiento: arroz integral, kamut, quinua o trigo en grano (véanse las págs. 223-224 para consejos sobre cómo cocinarlos). Acuérdate de salpimentar bien los cereales que elijas y de aderezarlos con un buen puñado de hojas de cilantro picadas y un chorrito de zumo de lima.

chuletas de cerdo especiadas con *relish* de mango y jengibre

No reserves este *relish* sólo para las chuletas, pues queda espectacular con cualquier carne especiada (y también con un salmón o una caballa asados). Yo lo llamo *relish*, pero en realidad se parece más a una ensalada exótica, y los comensales acaban llenando un tercio del plato con estos trozos de mango especiado (y pidiendo más). Puedes usar la misma receta para preparar pollo. Si estás tratando de mantener las grasas a raya, quítasela a las chuletas o deja que los comensales lo hagan una vez servidas, pero no la cortes antes de cocinarlas, pues les da mucho sabor.

PARA 6 PERSONAS

PARA LAS CHULETAS

2 cdas de aceite de cacahuete

el zumo de 3 limas

2 chiles rojos, sin semillas y picados

2 dientes de ajo prensados

2 cm de raíz de jengibre pelada y rallada

6 chuletas de cerdo

PARA EL *RELISH*

2 mangos

la ralladura fina y el zumo de 1 lima

1 cda de aceite de cacahuete

10 dientes de ajo rallados

120 g de raíz de jengibre pelada y rallada

2 cdtas de mostaza a la antigua

1 cdta de azúcar extrafino

sal y pimienta

1 chile verde, sin semillas y picado

las hojas de un manojito de cilantro, picadas gruesas

Mezcla todos los ingredientes de las chuletas (excepto la carne) para hacer una marinada y viértela en un cuenco poco profundo de acero inoxidable o de cristal. Añade las chuletas, dales la vuelta para que se impregnen bien, tapa y refrigera durante un par de horas. Ve dando la vuelta a las chuletas de vez en cuando.

Pela los mangos, córtalos por la mitad bordeando el hueso y saca toda la pulpa que puedas antes de desecharlo. Corta los trozos de pulpa en cuñas de medio centímetro de grosor y mézclalas con la ralladura y el zumo de lima.

En una sartén, calienta el aceite y añade el ajo y el jengibre rallados. Rehoga a fuego medio-bajo hasta que se doren y notes el olor característico del ajo sofrito. Aparta del fuego, agrega la mostaza a la antigua y vierte la mezcla sobre las cuñas de mango. Incorpora el azúcar, la sal, la pimienta, el chile y el cilantro y mezcla con delicadeza.

Calienta una sartén a fuego vivo y saca las chuletas de la marinada. Escúrrelas bien, dejando que la marinada vaya a parar otra vez al cuenco. Salpimienta las chuletas y márcalas a fuego vivo durante unos tres minutos, o hasta que tomen color. Dales la vuelta y dóralas también por el otro lado. Baja el fuego y deja que se cuezan hasta que estén bien hechas por dentro (tardarán por lo menos 10 minutos). Al pincharlas, no debe salir líquido rosado. Hacia el final de la cocción, vierte la marinada por encima de las chuletas y deja que reduzca. Esto les dará un aspecto glaseado. Sirve las chuletas con el *relish* de mango y jengibre.

locos por los cereales

Los cereales integrales son el no va más de la gastronomía. Y no des por sentado que todos tienen una textura correosa o saben a paja. La quinua es de grano pequeño y delicado sabor, mientras que el sabor del *bulgur* evoca vagamente los frutos secos. Yo prefiero los cereales más contundentes y todos ellos me han convertido en una cocinera más imaginativa.

Existe consenso en cuanto a los beneficios de los cereales integrales para la salud, y desde luego son preferibles a los cereales procesados industrialmente, que se han visto privados de casi todos sus nutrientes. Los cereales integrales no provocan altibajos en nuestro metabolismo. La digestión lenta de los carbohidratos y proteínas presentes en los cereales integrales estabiliza la montaña rusa del azúcar y la insulina. Además, los cereales integrales nos hacen sentir llenos durante más tiempo, y no tardan en enviar al cerebro una señal de «saciedad», por lo que también nos sentimos llenos antes. Por si todo eso fuera poco, sus defensores los señalan como una buena alternativa a la carne y destacan la importancia de la fibra en la dieta.

A mí me convencen los hallazgos de The Nurses' Health Study. Este estudio, centrado en el papel de la fibra en la dieta, ha puesto de manifiesto que los individuos que comían más fibra de cereales integrales (unos 7,5 g al día) tenían un 35 % menos de probabilidad de desarrollar diabetes tipo 2 que los que comían una cantidad inferior (2,5 g) de dicha fibra, mientras que quienes comían dos raciones de cereales integrales al día tenían un 30 % menos de probabilidad de desarrollar enfermedades cardiovasculares que quienes sólo comían una ración por semana. Las conclusiones son inapelables.

Pero no todo son alabanzas para los cereales integrales. En el libro *What to Eat* [Qué comer], la periodista especializada en gastronomía Joanna Blythman sostiene que todas las vitaminas y minerales de los cereales integrales se encuentran en mayor proporción en la carne, el pescado y los huevos (aunque la proteína animal no siempre es una opción viable por varios motivos, y algunos cereales —como el trigo sarraceno, el kamut, la avena, la quinua, el centeno y la espelta— proporcionan cantidades generosas de proteínas). Los detractores de los carbohidratos tampoco les tienen demasiado cariño porque, aunque sean «de los buenos», siguen siendo carbohidratos. Sin embargo, los cereales integrales son tan saciantes que difícilmente te atiborrarás de ellos, así que, a menos que tengas algún problema que te impida comerlos, yo los incluiría en la dieta.

arroz integral de grano largo
Este arroz conserva cierta firmeza una vez hervido. Cuécelo en agua hirviendo durante unos 25 minutos, o úsalo para preparar un arroz seco. No necesita remojo. Los granos suelen quedar sueltos (como ocurre con muchos otros cereales integrales), por lo que es perfecto como base para una ensalada.

arroz rojo de la Camarga
Este arroz, que se cultiva en los humedales de la región francesa de la Camarga, tiene un color maravilloso y queda perfecto en ensaladas o arroces secos, mezclado con arroz integral, arroz

salvaje o quinua. Tarda 25 minutos en cocer y comparte con el arroz integral un regusto a frutos secos y la firmeza del grano.

arroz salvaje

Se trata de una gramínea acuática procedente del continente americano. El arroz salvaje conserva su firmeza después de cocido y queda fenomenal combinado con quinua y arroz rojo o integral, sobre todo por su color, pero también por su textura (aunque por sí solo me parece demasiado correoso y duro; es mejor mezclado). Tarda unos 45 minutos en hervir.

avena

En la página 240 encontrarás todo lo que necesitas saber sobre la avena.

bulgur

Este cereal, muy usado en Oriente Próximo, se prepara en un abrir y cerrar de ojos. Para producir el *bulgur* se hierve el grano de trigo (por lo general, de la variedad conocida como trigo duro o candeal), se seca y se parte. Cuécelo en agua hirviendo o caldo. El tiempo de cocción dependerá del tamaño del grano (el mediano, que es el que suelo usar yo, tarda 15 minutos). Si vas a emplearlo en ensaladas, basta con remojarlo en agua durante 15 minutos, pues no necesitas una textura tan esponjosa.

cebada

La cebada hoy en día es la protagonista de toda clase de ensaladas innovadoras. La perlada, la variedad más común, ha sido procesada y se cuece en 25 o 30 minutos. Escúrrela, aderézala con una vinagreta y úsala como base para una ensalada, o cuécela como si fuera un arroz *pilaf* (es decir, cociéndola en un caldo condimentado y dejando que el grano vaya absorbiendo todo el líquido) o como un *risotto*, removiéndola para que quede cremosa. La cebada sin procesar, conocida como «cebada escocesa», tarda una hora en cocer (y hay que dejarla en remojo toda la noche).

centeno

Es el cereal de los climas fríos, porque se cultiva fácilmente en las lluviosas y gélidas tierras septentrionales. A mí me encanta su sabor intenso, complejo y afrutado. Casa a la perfección con otros ingredientes «del norte», como la remolacha, el pescado ahumado, el eneldo, la alcaravea y el suero de mantequilla. Déjalo en remojo de un día para otro y cuécelo durante 50-60 minutos.

espelta

Quizá debido a su sonoridad austera, tiendo a combinarla con alimentos de latitudes frías, como los ahumados y el suero de mantequilla. A menudo, la espelta y el farro se usan indistintamente, pero la espelta perlada, que es la variedad más común, es más refinada (y permite hacer un mejor *risotto*, más rico y cremoso) que el farro semiperlado. La espelta perlada tarda de 20 a 25 minutos en cocer. Si lo prefieres, puedes usar su versión integral, la espelta no perlada, salvo para los *risottos* (ponla en remojo la víspera y cuécela durante aproximadamente una hora).

farro

He aquí un cereal cuyos orígenes se pierden en la noche de los tiempos y que según se cree dio de comer a las legiones romanas. Posee un color canela, un sabor que recuerda a la avellana, y con él se preparan unas ensaladas magníficas. La variedad más disponible es el farro semiperlado, que no necesita remojo y se cuece en 20-25 minutos. Si lo prefieres, usa el farro sin perlar; tendrás que dejarlo en remojo la víspera y tarda una hora en hervir.

freekeh

El *freekeh* no pasa desapercibido. Tiene un punto ahumado y conserva cierta dureza después de cocido. Está hecho con trigo tierno y verde tostado, se come sobre todo en Oriente Próximo y es el último grito en materia de cereales. Aguanta bien sabores intensos como los del limón encurtido, la melaza de granada o el pescado azul. Hiérvelo en agua durante 20 o 25 minutos, escúrrelo y podrás añadirlo a cualquier ensalada, o bien cocerlo en caldo para preparar un arroz seco.

kamut

Se trata del nombre comercial del trigo *khorasan*, una variedad ancestral de trigo que se resiste a pasar de moda. El sabor no es su principal atractivo —es más bien insulso—, pero sus granos grandes de color miel son la base perfecta para una buena ensalada. Déjalo en remojo la víspera y cuécelo durante 50-60 minutos.

quinua

Este seudocereal —en realidad se trata de una semilla— es un regalo para la salud. Para empezar, es una proteína completa, algo raro en el mundo vegetal. Por su textura y tamaño, queda a medio camino entre el cuscús y el *bulgur*, y está tan deliciosa fría como caliente. Tuéstala unos minutos en una sartén sin grasa —ayuda a realzar su sabor—, añade 675 ml de líquido por cada 300 g de quinua y cuece durante 15 minutos para obtener granos sueltos y esponjosos. La quinua puede ser de color crema, rojo o negro, así que puedes usarla para dar color a tus platos.

trigo en grano

No es nada difícil encontrar en el mercado trigo en grano, ya sea la variedad dura o blanda (ten en cuenta que la primera resiste mejor la cocción). Ambas variedades necesitan remojo. El trigo blando se cuece en 40 minutos, mientras que el duro puede tardar cerca de 90 minutos.

trigo sarraceno

Un alimento básico en Rusia y en la Europa del Este. Tanto tostado (variedad conocida como *kasha*) como sin tostar, posee un sabor contundente que casi recuerda al de la carne (sobre todo el trigo sarraceno tostado). Puedes empezar consumiendo trigo sin tostar: saltéalo en aceite antes de añadir el agua y hiérvelo durante 15 minutos.

pollo a la parrilla, col rizada y farro con aliño cremoso de ajo y anchoa

Veo esta receta como una versión más sana de la típica ensalada César con pollo. Tiene los mismos ingredientes, pero con el añadido de los cereales y el *kale*, que es fantástico. En vez de hacer el pollo a la parrilla, puedes asar un pollo entero en el horno, trincharlo y servirlo con los cereales y la verdura.

PARA 4 PERSONAS

200 g de farro

2 ½ cdas de aceite de oliva

1 cebolla pequeña picada fina

250 g de col rizada o *kale*

½ cda de AOVE

un buen chorro de limón y unos gajos para servir

4 muslos de pollo deshuesados

PARA EL ALIÑO

6 anchoas en aceite, escurridas

30 g de piñones o almendras blanqueadas

1 diente de ajo grande

sal y pimienta

2 cdas de AOVE

el zumo de ½ limón

½ cda de hojas de perejil picadas finas

Pon el farro en una cazuela, tapa y cubre con abundante agua. Lleva a ebullición y cuece a fuego alegre durante 20 o 25 minutos, o hasta que el farro esté apenas tierno (no se reblandece del todo como el arroz, sino que conserva un punto crujiente).

Mientras, para preparar el aliño, pon las anchoas, los frutos secos, el ajo y un poco de pimienta en un robot de cocina. Con el robot en marcha, añade el AOVE, el zumo de limón y 2 cucharadas de agua. Tritura hasta obtener una crema suave. Puedes añadir un poco más de agua si quieres un aliño más líquido. Pasa a un bol e incorpora el perejil.

En una sartén, calienta una cucharada y media de aceite de oliva y sofríe la cebolla a fuego medio-bajo hasta que esté dorada y tierna. Reserva.

Saca la nervadura central de las hojas de col rizada y deséchalas. Trocea las hojas con las manos, ponlas en una olla con abundante agua hirviendo y cuece durante cuatro minutos. Escurre y añade la col al sofrito. Saltea la mezcla a fuego medio, removiendo la col para que quede bien impregnada de aceite.

Pasa el farro por agua hirviendo para calentarlo y mezcla enseguida con la col, el AOVE y el zumo de limón. Salpimienta (pero recuerda que vas a añadir un aliño de sabor potente).

Pinta los muslos de pollo por ambos lados con el aceite de oliva restante y salpimiéntalos. Calienta una plancha a fuego vivo y marca los muslos durante dos minutos por cada lado. Baja el fuego y deja que se hagan durante dos minutos más por cada lado, o hasta que estén bien hechos (no debe quedar ni rastro de sangre en el centro).

Reparte el farro y la col rizada entre cuatro platos y riega con el aliño (sirve el resto aparte). Coloca los muslos de pollo sobre este lecho de cereales y verduras, ya sea enteros o cortados. Sirve con unos gajos de limón.

menú de otoño calidez india

sopa de lentejas con tomates asados y azafrán | salteado de remolacha, calabaza y espinacas con especias | mango

He aquí un menú con el que sorprenderás a tus invitados. No hay carne, pero no la echarán de menos. Las especias indias aportan a los platos una calidez dulce y perfumada. Para el postre propongo unos mangos en su punto, acompañados de jugosas limas. Una buena alternativa sería un bol de lichis frescos (se encuentran con facilidad entre noviembre y enero). Si prefieres un postre más tradicional, sirve una compota de cítricos con escarcha de jengibre (véase la pág. 200).

sopa de lentejas, tomates asados y azafrán

Es un entrante contundente, pero el plato principal del menú es aparentemente ligero.

PARA 6 PERSONAS

10 tomates de pera cortados por la mitad

4 cdas de aceite de oliva

2 cdtas de *harissa*

sal y pimienta

2 cdtas de azúcar moreno (opcional)

2 cdtas de semillas de comino

1 cdta de semillas de cilantro

1 cda de aceite de cacahuete

1 cebolla grande picada

4 dientes de ajo picados

½ cdta de cúrcuma

un buen pellizco de hebras de azafrán

2 cm de raíz de jengibre picada

1 chile verde picado fino

150 g de lentejas rojas partidas

900 ml de caldo de verduras

4 cdas de hojas de cilantro picadas

yogur natural (opcional)

almendras fileteadas y tostadas

Precalienta el horno a 190 ºC/marca 5 si es de gas. Pon los tomates en una bandeja de horno lo bastante grande para que quepan en una sola capa. Mezcla el aceite de oliva, la *harissa*, la sal y la pimienta en una taza y riega los tomates con esta mezcla. Dales la vuelta para que queden bien impregnados, pero déjalos con la parte del corte hacia arriba. Hornea durante 45 minutos, hasta que hayan menguado un poco y estén chamuscados aquí y allá. Escoge las seis mitades más bonitas y resérvalas.

Tuesta las semillas de comino y cilantro durante dos minutos en una sartén sin grasa. Májalas en un mortero y reserva. En una cazuela, calienta el aceite de cacahuete y sofríe la cebolla hasta que quede tierna y dorada. Añade el ajo, todas las especias, el jengibre y el chile, y sofríe durante dos minutos más. Incorpora las lentejas, removiendo para integrar todos los sabores. Añade los tomates con el jugo que hayan soltado durante la cocción y el caldo. Salpimienta generosamente. Lleva a ebullición y hierve a fuego lento de 15 a 20 minutos, o hasta que las lentejas se deshagan. Los tomates también se habrán desintegrado. Llegados a este punto, puedes triturar la sopa o dejarla tal cual. Prueba, rectifica de sal y agrega la mayor parte del cilantro. Sirve cada bol de sopa con una cucharada de yogur (opcional), una mitad de tomate, un puñado de almendras tostadas y el cilantro restante.

salteado de remolacha, calabaza y espinacas con especias indias

Esta receta empezó como un *thoran*, un plato de verduras salteadas originario de Kerala en el que no pueden faltar las semillas de mostaza, las hojas de curry ni el coco. Pero luego decidí que me apetecía algo más sustancioso, así que no es una receta auténtica, pero sí una auténtica delicia. Uno de los puntos a su favor es que no lleva demasiadas especias. Puedes comprar las hojas de curry en tiendas especializadas, grandes supermercados o por internet, y aguantan bien la congelación. Si no las encuentras, prescinde de ellas (no las sustituyas por hojas de curry secas). No quedará igual, pero seguirá estando bueno.

PARA 6 PERSONAS

1 ½ cdas de aceite de cacahuete

4 cdtas de semillas de mostaza

unas 30 hojas de curry frescas

3 cdtas de guindilla en copos

2 cebollas rojas pequeñas cortadas en juliana

4 cm de raíz de jengibre pelada y picada

1 cdta de cúrcuma

200 g de remolacha pelada y cortada en trozos

400 g de calabaza pelada, sin semillas y cortada en trozos

sal y pimienta

175 g de patatas céreas peladas y cortadas en trozos

200 g de hojas de espinacas *baby* lavadas

el zumo de 1 lima

6 cdas de pulpa de coco recién rallada

En un wok o cazuela grande, calienta el aceite a fuego medio. Añade las semillas de mostaza, seguidas de las hojas de curry y la guindilla. Saltea hasta que las hojas y las semillas de mostaza dejen de chisporrotear. Baja el fuego.

Incorpora las cebollas y el jengibre a la cazuela y saltea durante cinco minutos más, hasta que estén tiernos. Añade la cúrcuma y cocina durante un minuto más.

Agrega la remolacha y la calabaza. Remueve bien para que tomen el sabor de las especias. Si has comprado un coco fresco para hacer esta receta, añade el agua de coco a la cazuela y 75 ml de agua. Si no tienes agua de coco, añade 120 ml de agua a la cazuela. Salpimienta generosamente. Lleva a ebullición, tapa y cuece a fuego lento durante unos 15 minutos. Incorpora las patatas y prolonga la cocción hasta que todas las verduras estén tiernas. Ve echando un vistazo a la cazuela para asegurarte de que las verduras no se pegan en el fondo y añade un poco de agua si fuera necesario, aunque este plato debe quedar más bien «seco».

Cuando las verduras estén tiernas, añade las espinacas, mezcla y deja que se hagan, removiendo un poco para que se integren, hasta que hayan perdido volumen (no tardarán más de unos minutos). Añade el zumo de lima y rectifica de sal. Espolvorea la cazuela con el coco rallado antes de servir. Ofrece arroz integral como acompañamiento, y también yogur natural.

ensalada loca

Ésta es una de mis recetas favoritas del libro. Quería inventar una ensalada que resultara especialmente apetecible en los meses más fríos y que fuera contundente, sana e irresistible a partes iguales (es decir, «casualmente sana»). Cuando se la di a probar a mis hijos, dijeron que era una «ensalada loca» y que tenía un punto *hippy*. Yo no sabía si tomármelo como un elogio o todo lo contrario, hasta que vi cómo devoraban un plato detrás de otro.

Piensa en esta receta como un punto de partida. Usa otros cereales —como el kamut o el trigo en grano (véase la pág. 224)— y añade guisantes, pepino, queso feta desmenuzado o menta, otras legumbres, lentejas negras o rojas en vez de verdes de Puy y arándanos o manzanas troceadas en vez de la granada. Puedes hacer infinidad de variaciones si comienzas con un cereal como base de la ensalada. También puedes personalizar la vinagreta a tu gusto, mientras te atengas a las proporciones básicas (una cucharada de vinagre, cuatro cucharadas de aceite).

PARA 6 PERSONAS COMO ACOMPAÑAMIENTO

PARA LA ENSALADA

90 g de farro semiperlado o espelta perlada

55 g de lentejas de Puy

125 g de zanahorias cortadas en bastoncitos

100 g de garbanzos cocidos, lavados y escurridos

2 cdas de semillas (de girasol, calabaza, sésamo, lo que tengas a mano)

los granos de ½ granada

30 g de berros sin los tallos más gruesos

PARA LA VINAGRETA

1 cda de vinagre balsámico de vino blanco

½-1 cdta de *harissa*

4 cdas de AOVE

½-1 cdta de miel líquida

¾ de cda de melaza de granada

sal y pimienta

Pon el farro o la espelta en una cazuela y cubre con agua. Lleva a ebullición y cuece a fuego lento durante 20 o 25 minutos, o hasta que los cereales estén hechos pero un poco crujientes en el centro. Al mismo tiempo, hierve las lentejas aparte hasta que estén tiernas (el tiempo de cocción dependerá de lo frescas que sean: entre 15 y 35 minutos).

Mientras, prepara la vinagreta mezclando todos los ingredientes de la misma y sazonando bien. Escurre el cereal elegido y las lentejas, pásalos por agua fría y deje que se atemperen, sacudiendo el colador vigorosamente para eliminar todo el líquido posible antes de pasarlos a un bol de servir. Salpimienta y aliña con la mitad de la vinagreta.

Agrega todos los demás ingredientes (si quieres montar la ensalada con antelación, no añadas los berros hasta el momento de servir) y el resto de la vinagreta. Prueba y rectifica; tal vez quieras añadir un poco más de sal, pimienta o *harissa*, o incluso otro chorrito de vinagre balsámico.

peras en almíbar de Earl Grey

La cocción da a estas peras un vistoso color a caramelo, y si puedes dejarlas reposando en el almíbar desde la víspera, absorberán mejor el sabor sutilmente ahumado del té. Sírvelas con yogur griego.

PARA 4 PERSONAS

4 bolsitas de té Earl Grey

150 g de azúcar

el zumo de 2 limones y 2 tiras anchas de cáscara

2 tiras anchas de cáscara de naranja

4 peras peladas, cortadas por la mitad y sin el corazón

Pon tres de las bolsas de té en una jarra con un litro de agua hirviendo y deja que se infusionen. Desecha las bolsitas y vierte el té en una cacerola lo bastante ancha para que las peras quepan en una sola capa. Añade el azúcar.

Calienta a fuego medio, removiendo para que el azúcar se disuelva, añade el zumo de limón, las cáscaras de cítricos y las peras. Lleva suavemente a ebullición y deja hervir a fuego lento hasta que las peras estén tiernas. El tiempo de cocción dependerá de lo maduras que sean. Ve comprobando si las peras están hechas pinchándolas con la punta de un cuchillo afilado. Cuando estén listas, sácalas con una espumadera y déjalas en un plato sin que se toquen entre sí, para que puedan atemperarse y la cocción se detenga (si las apilas, seguirán haciéndose con el calor residual).

Saca las cáscaras del almíbar y llévalo a ebullición. Añade la última bolsa de té y hierve a fuego lento hasta que el líquido se haya reducido a unos 275 ml. El almíbar se espesará un poco más al enfriarse. Deja que se enfríe por completo y cuélalo. Pon las peras en una fuente de servir y riégalas con el almíbar.

sorbete de membrillo al estilo turco

La pulpa de membrillo es tan dulce que pide a gritos un contrapunto ácido, de ahí que en esta receta vaya acompañada de manzanas verdes y zumo de limón. Ten en cuenta que antes de servir el sorbete deberás dejarlo un buen rato atemperándose, ya que debido a su elevada proporción de pectina queda muy duro al congelarlo. Puedes reemplazar parte del agua con zumo de granada (recién exprimido, nada de preparados industriales azucarados) para hacer un sorbete de color maravilloso y sabor ligeramente distinto.

PARA 8 PERSONAS

100 g de manzanas ácidas (yo uso Granny Smith)

400 g de membrillo

315 g de azúcar granulado

el zumo de 1 limón

1-2 cdtas de agua de rosas o de azahar (opcional)

los granos de 1 granada para servir (opcional)

Pela y quita el corazón a las manzanas y los membrillos y corta la pulpa en trozos. Ponlos en una cazuela y añade agua hasta dejarlos apenas sumergidos. Tapa y cuece la fruta a fuego lento hasta que esté tierna (puede que tarde hasta 30 minutos, pues la pulpa del membrillo es dura). Para entonces quedará muy poco líquido en la cazuela (asegúrate de ir comprobando que no se evapora del todo durante la cocción, pero no añadas demasiada agua para no desequilibrar las proporciones del sorbete; si realmente hace falta, añade sólo 1 o 2 cucharadas cada vez).

Haz un almíbar disolviendo el azúcar a fuego medio en 315 ml de agua. Deja enfriar.

Tritura la pulpa de manzana y membrillo en un robot de cocina o con la batidora de mano y pásalo por un colador de malla fina (el membrillo es tan fibroso que este paso es imprescindible para obtener un sorbete cremoso). Añade el zumo de limón, un chorrito de agua de rosas o de azahar, y prueba. La intensidad del agua floral varía mucho en función de la marca, así que tal vez necesites añadir un poco más. Incorpora el almíbar y refrigera hasta que la mezcla esté fría. Viértela en una heladera eléctrica y ponla en marcha siguiendo las instrucciones del fabricante. Si no tienes heladera, ponla en un recipiente poco profundo y resistente al frío y métela en el congelador. Cuando la mezcla se haya congelado por los bordes pero siga blanda en la parte central, tritúrala en un robot de cocina (o pica y remueve vigorosamente con un tenedor). Repite tres o cuatro veces durante el proceso de congelación.

Sirve el sorbete espolvoreado con los granos de granada.

gelatina de moras y vino tinto

Puede que la cantidad de gelatina te parezca desorbitada, pero el alcohol inhibe su capacidad gelificante, así que se necesita mucha. No es un postre para cada día (¡ese vino!), sino un capricho de fin de semana. Es mejor preparar las gelatinas la víspera, pues así tendrán tiempo de sobra para cuajarse.

PARA 6 PERSONAS

5 hojas grandes o 10 hojas pequeñas de gelatina neutra (unos 18 g en total)

475 ml de vino tinto

150 g de azúcar

400 g de moras sin los tallos

Pon la gelatina en un cuenco poco profundo y cúbrela con agua. Déjala en remojo durante cinco minutos, hasta que se haya reblandecido del todo. Sácala y escurre suavemente el exceso de agua. Mientras, calienta el vino y el azúcar en 175 ml de agua, removiendo para que se disuelva. El vino no debe calentarse tanto que no puedas tocarlo con la mano. Añade la gelatina hidratada y remueve para que se disuelva (si la gelatina entra en contacto con líquidos que estén hirviendo pierde su capacidad gelificante).

Reparte las moras entre seis vasos y vierte el líquido por encima. Refrigera hasta que la gelatina haya cuajado. Como lleva mucha fruta y está bien apretada, sólo una pequeña parte debería flotar hasta la superficie. Refrigera las gelatinas de un día para otro.

más gelatinas de fruta, por favor... gelatina de ciruelas al aroma de cardamomo Prepara estas gelatinas a principios de otoño, antes de que las ciruelas desaparezcan. Corta por la mitad y deshuesa 700 g de ciruelas rojas y ponlas en una cacerola con 400 ml de zumo de manzana, 100 ml de agua, 125 g de azúcar granulado y las semillas molidas de 4 vainas de cardamomo. Calienta a fuego lento, removiendo para que el azúcar se disuelva, y cuando esté a punto de hervir baja el fuego al mínimo y deja cocer la fruta hasta que esté muy tierna y se deshaga. Cuando se atempere, tritúrala en un robot de cocina o con una batidora de mano. Mide la cantidad de puré que ha salido y añade el zumo de manzana o el agua necesarios para llegar a 1 litro. Pon 4 hojas grandes u 8 hojas pequeñas de gelatina neutra en un bol y sumérgelas en agua fría. Hidrátalas durante 10 minutos, hasta que se reblandezcan del todo. Mientras, calienta una pequeña porción del puré de ciruela (debe quedar lo bastante caliente para que la gelatina se disuelva, pero no tanto que destruya sus propiedades gelificantes). Escurre la gelatina para eliminar el exceso de agua y añádela al puré caliente. Remueve para disolverla y agrega esta mezcla al resto del puré. Vierte en seis vasos y refrigera de un día para otro. Sirve con yogur griego ligeramente azucarado. Para 6 personas.

bizcocho de dátiles, orejones y nueces

Este bizcocho no es tan sano como para comerlo sin medida (lleva bastante fruta deshidratada, que contiene mucho azúcar, por no mencionar el azúcar propiamente dicho), pero está hecho con harinas integrales y también lleva nueces y semillas, que son muy sanas. Es perfecto para darse un capricho una tarde de sábado o domingo, y es tan fácil como rápido de preparar (mezclar, verter en el molde, y al horno). A mis hijos les gusta tanto como el pastel de chocolate, aunque ellos se lo comen tibio y untado con mantequilla... ¿Quién puede resistirse?

PARA UNAS 10 PERSONAS

175 g de mantequilla sin sal, y un poco más para engrasar el molde

150 g de dátiles deshuesados y picados

75 g de orejones de albaricoque picados

75 ml de zumo de manzana

140 g de azúcar mascabado

la ralladura fina de 1 naranja

1 huevo ligeramente batido

100 g de harina de trigo

125 g de harina integral malteada

1 cdta de levadura en polvo

una buena pizca de mezcla de especias (canela, nuez moscada, pimienta de Jamaica)

una buena pizca de nuez moscada rallada

50 g de nueces picadas

2 cdas de semillas de calabaza, y un poco más para decorar (opcional)

2 cdas de semillas de girasol

1 cda de semillas de sésamo (opcional)

Engrasa un molde rectangular de 22 x 11 x 6 cm y forra la base con papel de hornear. Pon los dátiles y los orejones en una cacerola con el zumo de manzana y 3 o 4 cucharadas de agua. Lleva a ebullición y cuece a fuego lento durante 15 minutos. Te quedará una especie de puré. Deja enfriar. Derrite la mantequilla y deja que se atempere también. Mientras tanto, precalienta el horno a 180 ºC/marca 4 si es de gas.

Añade la mantequilla, el azúcar, la ralladura de naranja y el huevo al puré de dátiles y orejones. Tamiza las harinas sobre un cuenco y vuelca en éste los granos que hayan quedado atrapados en el tamiz. Añade la levadura en polvo, la mezcla de especias, la nuez moscada, las nueces y las semillas de calabaza y girasol. Incorpora la mezcla de los dátiles y los orejones a los ingredientes secos. Asegúrate de que todo queda bien integrado, pero no trabajes demasiado la masa. Viértela en el molde engrasado y espolvorea con las semillas de sésamo y calabaza restantes (opcional).

Hornea durante una hora y cuarto, o hasta que un palillo insertado en el centro del bizcocho salga limpio. Deja enfriar durante 10 minutos antes de desmoldar el bizcocho sobre una rejilla. Retira el papel de hornear, da la vuelta al bizcocho y deja enfriar. Puedes servirlo tal cual o en rebanadas untadas con mantequilla.

pan integral al estilo Ballymaloe

He aquí mi pan de molde preferido, según la receta del célebre Ballymaloe House. Es fantástico, muy fácil de preparar, y llevo años haciéndolo. Ni siquiera hay que amasar. Darina Allen, de Ballymaloe, escribe que «se puede usar azúcar blanco o moreno, miel de abejas, miel de caña, sirope o melaza. Cada uno dará un sabor ligeramente distinto al pan. Del mismo modo, si se usan otras harinas darán panes de texturas y sabores diferentes [...], y la cantidad de agua debe adaptarse en función de éstas. La masa debe quedar apenas demasiado húmeda para trabajarla». En el Ballymaloe sirven una versión muy popular de esta receta hecha con harina integral y un poco de harina de centeno.

PARA 2 MOLDES PEQUEÑOS

mantequilla o aceite suave para engrasar los moldes

60 g de levadura fresca
o 30 g de levadura seca activa

700-850 ml de agua tibia (36 °C)

2 cdas de melaza negra

1 kg de harina integral

2 cdtas de sal

2 cdas de semillas de sésamo

Engrasa ligeramente con mantequilla o aceite dos moldes rectangulares de 22 x 11 x 6 cm. Mezcla la levadura con 250 ml de agua y la melaza y deja que fermente en un lugar cálido hasta que burbujee, lo que tardará entre 10 y 15 minutos.

Tamiza la harina y la sal en un bol. Haz un hueco en el centro y vierte la mezcla de la levadura. Integra todos los ingredientes, trabajando desde fuera hacia el centro y añadiendo el agua suficiente para obtener una masa húmeda (pero no tanto como para que no se una).

Divide la mezcla en dos y ponla en los moldes. Deja que fermenten en un lugar cálido, tapados con paños de cocina, durante unos 30 minutos. Precalienta el horno a 230 °C/marca 8 si es de gas.

Espolvorea los panes con semillas de sésamo y hornea de 45 a 50 minutos, pero sácalos de los moldes al cabo de 30 minutos y ponlos sobre la rejilla del horno hasta finalizar el horneado. Cuando estén listos, deberían sonar huecos al darles unos golpecitos con los nudillos en la base.

pan de trigo al estilo de Clare

En Irlanda del Norte todo el mundo tiene su receta de pan de trigo, que se prepara con suero de mantequilla y bicarbonato de soda y que no requiere amasado. Es el pan más rápido y fácil de hacer del mundo. El dulzor y la consistencia de la miga varían según las versiones, y siempre puedes crear la tuya añadiendo otros ingredientes (como en la receta que encontrarás al final de esta página). Ésta es la de mi cuñada, Clare Henry.

PARA 1 MOLDE

70 g de mantequilla fría cortada en trozos, y un poco más para engrasar el molde

250 g de harina de trigo integral

115 g de harina de trigo, y un poco más, si es necesario

1 cdta de bicarbonato de soda

40 g de azúcar moreno claro

300 ml de suero de mantequilla y un poco más, si es necesario

un chorrito de leche, si hace falta

semillas de sésamo y copos de avena para decorar

Precalienta el horno a 180 ºC/marca 4 si es de gas, y engrasa un molde rectangular de 19 x 9 x 5 cm.

En un cuenco grande, tamiza las harinas y el bicarbonato de soda. Agrega el azúcar e incorpora la mantequilla desmenuzándola con los dedos.

Añade el suero de mantequilla. Tal vez necesites una proporción de líquido superior a la indicada. Si no te queda suero de mantequilla, puedes usar leche normal. Por el contrario, tal vez necesites un poco más de harina, así que tenla a mano.

Integra todos los ingredientes con las manos —debe quedar una masa pegajosa, imposible de amasar— y vierte en el molde engrasado. Alisa la superficie de la masa, espolvorea con semillas de sésamo y copos de avena y hornea durante 50 minutos.

una versión afrutada. Sigue los pasos indicados arriba pero añade 175 g de higos secos picados (no olvides quitarles los rabitos) y la misma cantidad de orejones de albaricoque o arándanos rojos deshidratados y 100 g de avellanas blanqueadas (déjalas enteras). Añade todo esto a la mezcla antes de incorporar el suero de mantequilla. Hornea la versión afrutada —que crecerá un poco más— en un molde rectangular con capacidad para 1 kg de masa.

desayunar en los meses fríos

Algunos de los mejores desayunos de todos los tiempos se inventaron pensando en los rigores del invierno. Al igual que en los meses más cálidos, es bueno empezar el día comiendo proteínas para tener energía, pero cuando llega el frío también necesitamos calentar el cuerpo. Un bol de gachas de avena te arropa por dentro como una suave y cálida manta. La fruta —ya sea fresca o deshidratada— puede servirse al horno o cocida, y comerse tibia en vez de fría. Un plato de humeante *kedgeree* o unas setas silvestres salteadas y coronadas con un huevo pasado por agua son un reflejo del paisaje otoñal. Esas mañanas oscuras y gélidas pueden desanimar al más pintado, por lo que desayunar «bien» no sólo es importante desde el punto de vista nutricional, sino que además constituye un placer y nos hace sentir que nos cuidamos bien. Un bol de cereales fríos no está a la altura de las circunstancias, sinceramente. En las siguientes páginas encontrarás un puñado de ideas para poner al mal tiempo buena cara.

tostada de tomates asados y aguacate

Los tomates asados son uno de los alimentos más sanos que existen. Yo los hago incluso en invierno. Al hornearlos se intensifica su sabor y dulzor natural. Casi siempre tengo un bote de tomates asados en la nevera para usarlos como base de un desayuno o almuerzo. Duplica la cantidad indicada y tendrás suficiente para dos desayunos (si vas a encender el horno durante 40 minutos, más vale que te cunda).

PARA 2 PERSONAS

6 tomates de pera grandes

1 ½ cdas de aceite de oliva

½ cda de vinagre balsámico

½ cdta de *harissa*, si quieres que pique un poco

½ cdta de azúcar extrafino (sólo si los tomates no son muy dulces)

sal y pimienta

1 aguacate maduro

2 rebanadas de pan integral

2 cdas de aceite de aguacate o de AOVE

zumo de limón o lima

Precalienta el horno a 190 ºC/marca 5 si es de gas.

Corta los tomates por la mitad y ponlos en una sola capa en una bandeja de horno pequeña o una fuente. Mezcla el aceite de oliva, el vinagre balsámico y la *harissa* (opcional) y riega los tomates con este aliño. Dales la vuelta para que queden bien impregnados y déjalos con el lado del corte hacia arriba. Espolvorea con el azúcar (opcional) y salpimienta. Hornea durante 45 minutos, o hasta que los tomates se hayan caramelizado ligeramente.

Corta el aguacate por la mitad, deshuésalo y saca la pulpa. Tuesta el pan y rocíalo con aceite de aguacate o AOVE. Extiende la pulpa de aguacate sobre el pan aplastándola ligeramente, rocía con el zumo de lima o limón, salpimienta y remata la tostada con los tomates asados. Riega con un poco más de aceite de aguacate y sirve o AOVE.

gachas de cereales variados con arándanos y miel

Para las gachas puedes mezclar los cereales que quieras, siempre que el peso total sea el mismo. Hoy en día es fácil encontrar todo tipo de cereales en copos y, por supuesto, puedes combinarlos con los ingredientes que más te apetezcan.

PARA 4 PERSONAS

PARA LAS GACHAS

40 g de copos de centeno

40 g de copos de espelta

40 g de copos de quinua

40 g de copos de cebada

1,2 l de leche o agua, o una mezcla de ambos, y un poco más para servir (opcional)

azúcar moreno claro, al gusto

PARA SERVIR

4 cdas colmadas de yogur griego

3 cdas de miel líquida

125 g de arándanos

1 cda de semillas de girasol

Tuesta los copos en una sartén sin grasa durante un minuto. Vierte en un cazo y añade la leche si quieres unas gachas más cremosas, o bien agua, o una mezcla de ambas. Lleva a ebullición y deja hervir a fuego lento, removiendo de vez en cuando, hasta obtener unas gachas tiernas de consistencia espesa (unos 20 minutos). Añade azúcar al gusto.

Reparte entre cuatro cuencos y añade un chorrito de leche, si te apetece.

Sirve con el yogur, la miel, los arándanos y las semillas de girasol.

gachas de espelta y avena con granada y pistachos

Estas gachas son un desayuno con mayúsculas, digno de un leñador. Sustituye la espelta por farro si lo prefieres. Hierve los cereales la víspera, guárdalos en la nevera y a la mañana siguiente podrás tener las gachas listas en 10 minutos. Combínalas con lo que te apetezca (esta versión es bastante sofisticada). La espelta da un aire nórdico a estas gachas, así que también me gusta mezclarlas con grosellas confitadas (véase la pág. 158) o manzanas asadas con miel.

PARA 4 PERSONAS

75 g de espelta perlada

75 g de copos de avena

300 ml de leche, o mezcla de leche y agua

Azúcar moreno claro al gusto (yo pongo 2 cdas)

los granos de 1 granada

1 ½ cdas de pistachos picados

Pon la espelta en un cazo y cubre generosamente con agua. Lleva a ebullición y hierve a fuego lento durante 20 o 30 minutos. Cuela.

Pon de nuevo la espelta en el cazo junto con los copos de avena, la leche (o la mezcla de leche y agua) y el azúcar. Cuando esté a punto de hervir, baja el fuego y cuece durante 10 minutos, removiendo sin parar. Tomará una consistencia espesa y cremosa.

Sirve con la granada y los pistachos, o con lo que más te apetezca.

gachas de avena a la antigua usanza y compota de manzana con sirope de arce

De pequeña sólo comía gachas de avena cocinadas al modo tradicional, que seguramente se inventaron como forma de penitencia (se hacen con sal, y a muchos escoceses les gusta así, pero yo prefiero empezar el día de un modo menos austero), y hasta pasado un tiempo no probé la clase de gachas que come Ricitos de Oro. Ahora me gustan tanto que tengo que refrenarme.

La avena recién cosechada contiene un 14 % de humedad, por lo que hay que secarla y tostarla ligeramente. Luego se retira la cascarilla para dejar sólo el grano. La avena partida se obtiene cortando el grano con hojas de acero especiales. Ésta es la variedad que más me gusta, pues permite hacer gachas de textura gruesa y sustanciosa.

Los copos de avena se hacen a partir de granos enteros o partidos tratados al vapor y prensados hasta darles su característica forma. El tiempo de cocción de los copos es más corto que el de la avena partida, aunque los entendidos renieguen de ellos porque su textura recuerda un poco la de una papilla y son menos sabrosas que las gachas hechas a la antigua usanza.

Cocina las gachas de avena como más te apetezca, añadiendo una cucharada de nata y mezclándolas con fruta deshidratada en invierno o frambuesas frescas en verano y principios de otoño. Hasta puedes añadirles un chorrito de whisky, (¡quedan deliciosas!).

PARA 2-3 PERSONAS

PARA LAS GACHAS

100 g de avena partida

400 ml de leche y agua mezcladas, o sólo agua

azúcar moreno claro al gusto (opcional)

PARA LAS MANZANAS

1 manzana de pulpa ácida y firme, pelada

sirope de arce al gusto

PARA SERVIR

leche, yogur natural, sirope de arce, semillas de lino (opcional)

Pon la avena en un cuenco y cubre con la mitad de la mezcla de leche y agua, o sólo con agua. Deja en remojo toda la noche (si no lo haces, prolonga el tiempo de cocción 10 minutos).

Corta trozos de manzana y déjalos caer en un cazo hasta llegar al corazón. Deséchalo. Añade 2 cdas de agua y calienta a fuego medio. No pierdas de vista la manzana y, cuando esté caliente y empiece a cocerse, baja el fuego y tapa. Cuece, removiendo y presionando los trozos con una cuchara de madera hasta que estén bien tiernos. Deja enfriar y endulza con sirope de arce al gusto.

Pon la avena en una cacerola y añade el líquido restante. Lleva suavemente a ebullición y deja cocer a fuego lento 20 minutos, removiendo (yo prefiero hacerlo constantemente, así consigo unas gachas más cremosas). Añade más agua si fuera necesario (una vez que las gachas empiezan a cocerse, ya no añado leche para no aumentar su carga calórica). Agrega un poco de azúcar, si quieres.

Reparte entre dos o tres cuencos. Puedes añadir un poco más de leche a las gachas para enfriarlas, y a continuación el yogur y una buena cucharada de compota de manzana. Por último, riega con un chorrito de sirope de arce si te apetece, o espolvorea con semillas de lino y come enseguida.

muesli de centeno tostado con avellanas y arándanos rojos

Esta receta supone una vuelta de tuerca al muesli tradicional, pero mientras respetes las proporciones de los ingredientes puedes sustituir los copos de centeno por avena o quinua, y usar los frutos secos que más te gusten. Confieso que suelo añadir un poco de azúcar moreno (½ cucharadita por cuenco) al muesli, o bien un chorrito de sirope de arce, pero puedes prescindir de ambos. También puedes aumentar la proporción de fruta deshidratada. Otro toque agradable, aunque no del gusto de todos, consiste en añadir semillas de alcaravea tostadas y majadas. Muy escandinavo.

El muesli puede comerse con leche fría o calentarse en la leche, como se indica en esta receta.

PARA UNOS 500 G DE MUESLI

100 g de copos de centeno

50 g de copos de espelta
o cebada

100 g de copos de trigo tostado
malteado

25 g de salvado de trigo

20 g de semillas de sésamo

50 g de semillas de girasol

10 g de semillas de cáñamo

10 g de semillas de linaza

60 g de avellanas crudas con piel

60 g arándanos rojos
deshidratados o guindas
deshidratadas

2 cdas de pasas

2 cdas de semillas de amapola

PARA SERVIR

leche

yogur griego y fruta fresca picada
(opcionales)

Precalienta el horno a 180 ºC/marca 4 si es de gas. Pon todos los copos, el salvado y las semillas en una fuente de horno y espárcelas. Hornea durante 15 minutos, removiendo un par de veces para que se tuesten de forma homogénea (también puedes hacerlo en una sartén sin grasa, si lo prefieres, unos minutos bastarán para que empieces a notar el olor a tostado).

Pica las avellanas gruesas y ponlas en otra fuente de horno. Hornea durante unos cuatro minutos (también puedes tostarlas en una sartén sin grasa, y de hecho es más fácil asegurarse de que no se quemen si lo haces así).

Mezcla todos los ingredientes del muesli. Puedes guardarlo en un recipiente hermético durante dos semanas.

A la hora de prepararlo, mezcla en una cacerola 50 g de muesli y 75 ml de leche por persona. Calienta hasta que empiecen a formarse burbujas, removiendo suavemente, tapa y deja reposar durante cinco minutos para que los ingredientes se ablanden.

Si te gusta, sirve el muesli con leche, yogur y fruta fresca. Yo creo que el centeno casa especialmente bien con los arándanos.

champiñones salteados con cintas de tortilla y sésamo negro

Esta receta es una copia descarada de la que sirven en el Caravan, un restaurante londinense que se ha hecho famoso por sus desayunos. No tengo ni idea de cómo preparan sus champiñones, pero ésta es mi versión. Las cintas de tortilla francesa son un pequeño guiño a la gastronomía japonesa. Lo más curioso del caso es que no es un plato de gusto oriental, sino tan sólo profundamente sabroso. *Umami* en estado puro.

PARA 1 PERSONA

1 cda de aceite de cacahuete o girasol

150 g de champiñones cortados en láminas

1 ½ cdtas de salsa de soja

1 ½ cdas de *crème fraîche*

pimienta

una nuez de mantequilla

1 huevo ligeramente batido

semillas de sésamo blanco o negro, para servir

En una sartén, calienta el aceite y saltea los champiñones a fuego vivo, removiendo con una cuchara de madera para asegurarte de que se doran uniformemente. En cuanto hayan tomado color (lo que tardará unos dos minutos), añade la salsa de soja, deja que reduzca durante unos segundos e incorpora la *crème fraîche* y la pimienta. Remueve para integrar todos los sabores mientras todo se calienta (es cuestión de segundos) y aparta la sartén del fuego.

Derrite la mantequilla en una sartén pequeña antiadherente. Condimenta el huevo con pimienta, viértelo en la sartén y deja que se haga como si estuvieras preparando una tortilla francesa, pero en vez de doblarla sobre sí misma pásala a una tabla de madera y córtala en cintas. Sirve los champiñones con las cintas de huevo y espolvorea con semillas de sésamo.

invierno

comer en invierno

El invierno es la estación que todos tememos, dando por sentado que el cielo gris es sinónimo de monotonía en la mesa. Nada más lejos de la verdad. El huerto nos brinda pinceladas de color justo cuando más lo necesitamos: naranjas sanguinas de un rojo escarlata, granadas que más parecen rubíes, brotes de brócoli morado y ruibarbos de color rosa. Sin olvidar las verduras de hoja amargas: las endibias rojas y la achicoria también están en plena temporada.

Las bajas temperaturas nos hacen buscar el calor de la chimenea y también anhelamos consuelo psicológico, por lo que nuestro apetito se vuelve tradicional. Aunque no sea más que una fantasía, imaginamos que debemos comer para sobrevivir. Nos atrincheramos en los carbohidratos, pero en realidad no los necesitamos. Las legumbres y los cereales —especiados y bien sazonados— son profundamente sustanciosos, más sanos y proporcionan una sensación de saciedad más duradera. Después de comer un plato de patatas gratinadas con nata es muy probable que te entre la modorra; en cambio, un bol de lentejas con especias al estilo indio o un guiso de alubias pintas con puré de anchoas y ajo te calienta por dentro y además te da energía. Así que no pienses sólo en la fruta y la verdura de temporada; recuerda también el calor y el sabor de un buen plato de legumbres guisadas a fuego lento.

principio de temporada

acelga
aguaturma
apio
apionabo
avellana
castaña
chirivía
col de bruselas
col rizada (kale)
coles de invierno
coliflor
colinabo
endibia
nabo
nabo sueco
nueces
patata
puerro
rábano picante
remolacha
setas silvestres

arándano rojo
clementina
granada
mandarina
manzana
maracuyá
membrillo
pera
piña

ciervo
conejo
faisán
oca
pato
pavo
perdiz
pintada

almejas
bacalao
caballa
dorada
eglefino
fogonero
lenguado
lubina
mejillón
platija
rape
raya
rodaballo
rubio
salmonete
vieiras

media temporada

limones
naranjas
naranjas sanguinas
ruibarbo forzado

final de temporada

acelga
brócoli morado

salmón

rojo sobre blanco

Un plato delicado y muy hermoso. Puedes aumentar la cantidad de queso feta, pero esta receta no admite demasiadas variaciones. Es una de esas ensaladas en las que cada ingrediente goza de idéntico protagonismo gracias a su sencillez. Queda preciosa si consigues microhojas.

**PARA 6 PERSONAS
COMO ENTRANTE**

2 pomelos rosa

150 g de rabanitos

1 endibia roja

1 bulbo de hinojo pequeño

el zumo de 1 limón

½ cdta de azúcar extrafino

4 cdas de AOVE

sal y pimienta

125 g de queso feta, preferiblemente en salmuera, desmenuzado

un puñado de microhojas rojas (opcional)

las hojas de 5 ramitas de menta troceadas

Pela los pomelos a lo vivo: corta la parte superior e inferior de cada pomelo para que tengan una base estable sobre la que apoyarse. Con un cuchillo muy afilado, quita no sólo la piel sino también el albedo o parte blanca. Sostén el pomelo sobre un cuenco y, con un cuchillo de hoja afilada, separa cada gajo de la membrana que lo recubre a ambos lados y sácalo con cuidado.

Corta las hojas de los rabanitos (si son muy frescas y tiernas, resérvalas para añadirlas a la ensalada). Corta y desecha los extremos de los rabanitos y lávalos bien. Usando un cuchillo o una mandolina, córtalos en láminas lo más finas posible.

Desecha las hojas externas de la endibia si están magulladas, y córtala en juliana a lo largo. Despunta el hinojo (reservando las hojas para la ensalada) y córtalo en cuartos. Desecha las hojas externas leñosas y retira la parte más dura del corazón. Usando un cuchillo o mandolina, corta el hinojo en láminas muy finas. Según lo vayas cortando, riega las láminas con la mitad del zumo de limón para evitar que se oxide.

Prepara la vinagreta batiendo el resto del zumo de limón, el azúcar extrafino, el aceite virgen extra, la sal y la pimienta. Prueba y rectifica de sazón.

Reparte toda la fruta y las verduras que has preparado entre 6 platos individuales o una fuente grande y añade el queso feta, las microhojas (opcionales) y la menta. Riega con la vinagreta y sirve enseguida.

¡verde que te quiero verde (y rojo, y rosa)!

Cuando me siento a la mesa no quiero ingerir bloques de nutrientes, sino disfrutar de una buena comida. Me hacen especialmente feliz los huevos pasados por agua con ensalada de brócoli (encontrarás la receta en la pág. 30). Las anchoas se derriten en la boca y contrastan con el sabor dulce de los brotes de brócoli morado, sobre los que se derrama la yema de huevo medio cruda, redondeando un plato que es todo un placer para los sentidos. Sin embargo, si lo analizara para valorar sus propiedades o si lo cocinara sólo porque es «sano», le quitaría toda la gracia. Nunca me había molestado demasiado en saber qué beneficios aportaban las frutas y verduras, pero, cuando empecé a analizar a fondo mi alimentación, descubrí que conocer las propiedades nutricionales de los productos que ingiero me suponía un placer añadido.

Las frutas y verduras son los dos grupos de alimentos sobre los que existe más consenso entre médicos y nutricionistas, y desde el gobierno nos invitan a consumirlas. ¿Por qué? El informe sobre alimentación y cáncer publicado en 2007 por el Fondo Mundial para la Investigación del Cáncer no deja lugar a dudas: recomienda «comer sobre todo alimentos de origen vegetal», y ello a pesar de que los estudios realizados desde mediados de los años noventa ya no son tan tajantes a la hora de asegurar que las frutas y verduras previenen el cáncer, sino que se limitan a apuntar que pueden contribuir a prevenirlo. Aún queda mucho por hacer en este campo. La buena noticia, sin embargo, es que la fruta y la verdura pueden ayudar a disminuir el riesgo de desarrollar enfermedades cardiovasculares, hipertensión y diabetes, además del cáncer, porque están repletas de compuestos fitoquímicos y antioxidantes.

Los compuestos fitoquímicos son sustancias químicas que las plantas producen de forma natural y cuyas propiedades previenen determinadas enfermedades. Las plantas los producen para protegerse a sí mismas, pero las investigaciones demuestran que también pueden protegernos a nosotros. La acción de los fitoquímicos varía en función del color y el grupo al que pertenecen los alimentos, por lo que es conveniente comer un abanico tan amplio de frutas y verduras como sea posible. Se cree que los fitoquímicos pueden tener las mismas funciones que los antioxidantes, y es posible incluso que impidan la formación de carcinógenos. Uno de los fitoquímicos más conocidos es el licopeno —presente en el tomate cocido—, que al parecer reduce el riesgo de sufrir infarto y cáncer, y lo mismo podría decirse de la luteína —presente en las hortalizas de hoja verde—, que según todos los indicios nos protege de las enfermedades cardíacas y el cáncer de mama.

Los antioxidantes son otro buen aliado de nuestra salud, puesto que nos protegen del efecto nocivo de los radicales libres. Aún nos queda mucho por saber sobre los antioxidantes, pero si, como parece, tienen un efecto curativo y protector frente a determinadas enfermedades, es aconsejable comerlos en abundancia. Algunos alimentos ricos en antioxidantes son el arándano, el arándano rojo, la mora, la frambuesa, la fresa, la manzana, la cereza, la ciruela, el aguacate, la naranja, la uva tinta y el pomelo. En su libro *Los alimentos contra el cáncer*, el profesor Richard Béliveau y el doctor Denis Gingras enumeran una serie de alimentos «buenos», entre los que sobresalen las siguientes frutas y verduras: la col y otras crucíferas como el brócoli, el ajo y otras especies del género *allium*, los frutos rojos, los tomates, los cítricos, las verduras de hoja oscura, como las espinacas, y otras hortalizas de color intenso, como la remolacha.

Esta visión de la comida puede parecer muy alejada del placer gastronómico, y es fácil llevarse las manos a la cabeza cuando algún alimento es encumbrado como la nueva panacea dietética, algo que sucede todos los días. Yo tiendo a mostrarme escéptica respecto a los «superalimentos». Las bayas de *açaí*, las semillas de chía... ya veremos qué dan de sí a largo plazo. De todos modos, para estar sanos hay que comer bien en conjunto, no basta con añadir un puñado de bayas carísimas al muesli del desayuno.

Es mucho más fácil apreciar qué puede hacer por ti un alimento en concreto cuando te gusta mucho o cuando sabes cómo se produce. Yo era más bien escéptica en cuanto a los berros (¿sería otra moda gastronómica pasajera?) hasta que fui a Hampshire para ver cómo se cultivan. Durante la visita, el doctor Steve Rothwell, responsable científico de buena parte de lo que allí se produce, iba cogiendo berros y comiéndolos constantemente. Aquellos campos de un verde oscuro por los que fluía agua de manantial eran la viva imagen de la salud, por lo que no me extraña que una investigación llevada a cabo en la Universidad del Ulster determinara que una ración diaria de berros (unos 85 g) reduce el daño en el ADN de las células y aumenta la capacidad de éstas para resistir futuras lesiones provocadas por los radicales libres. También descubrí que los berros ocupan el primer puesto en una clasificación conocida como Índice Total de Valor Nutritivo, una lista elaborada por un médico estadounidense que clasifica las frutas y verduras en función de sus cualidades nutricionales. Los berros tienen más vitamina C que las naranjas, más calcio que la leche, más vitamina E que el brócoli y más ácido fólico que el plátano. A mí siempre me han gustado los berros, pero desde mi visita a Hampshire los como a diario, y no me ha costado nada incorporarlos a mi dieta. Los expertos con los que he hablado aseguran que no es imprescindible comer las verduras crudas, pero, si las sirves de formas diferentes —crudas, asadas, cocidas al vapor— o las eliges de muchos colores distintos, les sacarás el máximo provecho.

Aún no conocemos a fondo la relación entre el consumo habitual de frutas y verduras y la salud, pero parece sensato comer esos alimentos que, según parece, nos ayudarán a prevenir el cáncer y las enfermedades cardiovasculares. Y algunos de los principales expertos en la materia no creen que haya suficiente con cinco raciones al día. Su recomendación es consumir estos alimentos «en abundancia». Yo no comería verduras sólo por motivos de salud, las como porque me encantan. A menudo, después de comer alguno de los platos de verduras de este libro, me pregunto: «¿Para qué quiero la carne?» Un trozo de carne es... en fin, un trozo de carne. Sus posibilidades gastronómicas son limitadas, pero... ¿las verduras? Por su color, textura, sabor, por los distintos métodos de cocción que admiten... son un auténtico tesoro culinario. Sirve un arcoíris en tu mesa.

calabaza asada, *labneh*, *gremolata* de nueces y granada

Ésta es una de mis recetas preferidas. En lugar de calabaza puedes usar zanahorias o remolacha (o una mezcla de ambas), y también puedes sustituir las hojas de espinacas por berros.

PARA 4 PERSONAS

PARA EL *LABNEH*

300 g de yogur griego

1 diente de ajo prensado

una buena pizca de sal

PARA LA CALABAZA
Y LA ENSALADA

1,2 kg de calabaza

4 cdas de aceite de oliva

½ cdta de canela molida

½ cdta de pimienta de cayena

5 cm de raíz de jengibre pelada
y picada fina

pimienta

el zumo de ½ limón pequeño

125 g de hojas de espinacas *baby*

un puñadito de hojas de cilantro

los granos de ¼ de granada

PARA LA GREMOLATA

35 g de nueces peladas

la ralladura fina de 1 limón

2 dientes de ajo picados muy finos

2 cdas de hojas de perejil picadas

PARA LA VINAGRETA

2 cdtas de melaza de granada

una pizca de mostaza de Dijon

4 cdas de AOVE

una pizca de azúcar extrafino
(opcional)

un chorro de zumo de limón

Prepara el *labneh* la víspera del día que quieras hacer esta receta (véase la pág. 104) con el yogur, el ajo y la sal.

Precalienta el horno a 190 ºC/marca 5 si es de gas. Corta la calabaza por la mitad, retira las semillas y las hebras y deséchalas. Corta la pulpa en rodajas de unos 2 cm de grosor (si usas una calabaza alargada, córtala por la mitad a lo largo y a lo ancho antes de trocearla). Pela cada trozo, si quieres, o deja la piel si no te importa quitarla ya en el plato (a veces es tan fina que puede incluso comerse).

En una cacerola pequeña, calienta el aceite de oliva, la canela, la pimienta de cayena y el jengibre. Pon los trozos de calabaza en una fuente de asar y riégalos con la mezcla anterior, usando las manos para asegurarte de que quedan bien impregnados. Salpimienta.

Hornea durante 35 minutos, o hasta que la calabaza esté tierna y ligeramente caramelizada, regándola de vez en cuando con los jugos de la cocción. Pásala a una fuente de servir y rocía con zumo de limón recién exprimido.

Prepara la *gremolata* tostando las nueces en el horno durante cinco minutos (no las pierdas de vista porque se queman fácilmente). Mezcla todos los ingredientes de la *gremolata* y pícalos.

Saca el *labneh* de la muselina y desmenúzalo con los dedos.

Mezcla la melaza de granada, la mostaza, la sal y la pimienta en un bol e incorpora el aceite virgen extra batiendo con un tenedor. Prueba y añade el azúcar (opcional) y el zumo de limón. De esta vinagreta depende que el plato tenga un buen equilibrio agridulce, así que usa las papilas gustativas.

En un bol ancho y poco profundo, aliña las espinacas, el cilantro y la calabaza con cerca de tres cuartas partes de la vinagreta.

Esparce trozos de *labneh* por encima. Espolvorea con la *gremolata* y la granada, riega con el resto de la vinagreta y sirve.

buñuelos de remolacha y zanahoria con salsa de yogur y eneldo

La remolacha aporta un color espectacular a estos buñuelos, pero si prefieres un tono más discreto puedes sustituirla por chirivía o calabaza. También puedes usar esta receta como base de otras versiones: agrega 200 g de queso feta desmenuzado para hacer buñuelos a la griega, o bien añade a la cebolla 1 chile picado (sin semillas), 2 cdtas de comino molido, 2 cdtas de jengibre molido y 1 cdta de cilantro molido y fríe durante un par de minutos para hacer unos buñuelos especiados al estilo indio (en este caso, sustituye el eneldo por hojas de cilantro en la salsa de yogur).

PARA 4 PERSONAS (SALEN 8 BUÑUELOS)

PARA LOS BUÑUELOS

2½ cdas de aceite de cacahuete

1 cebolla pequeña picada fina

2 dientes de ajo prensados

150 g de patatas

200 g de zanahorias

200 g de remolacha

2 huevos ligeramente batidos

sal y pimienta

PARA LA SALSA

200 g de yogur griego

2 dientes de ajo prensados

1 cda de AOVE

1 cda de hojas de eneldo picadas y un poco más para servir

En una sartén grande antiadherente calienta media cucharada de aceite de cacahuete y sofríe la cebolla hasta que esté tierna pero sin que llegue a tomar color. Añade el ajo y sofríe durante dos minutos más. Pásalo a un bol.

Ralla las demás verduras no demasiado finas, cada una por separado. Según vayas rallando cada verdura, envuélvela en un paño de cocina y exprímela para eliminar el exceso de humedad (en el caso de la remolacha, mejor usa una bayeta desechable, porque teñiría de rosa el paño de cocina). Incorpora las verduras a la cebolla junto con los huevos y salpimienta generosamente. Prepara la salsa mezclando todos los ingredientes de la misma.

Calienta otra cucharada de aceite de cacahuete en la sartén. Echa varias cucharadas de la mezcla anterior en la sartén, suficientes para hacer una tanda de buñuelos de unos 8,5 cm de diámetro cada uno. Fríe a fuego medio hasta que se forme una costra por uno de los lados. Dales la vuelta con cuidado y repite con el otro lado. No dejes que se quemen por fuera antes de que estén hechos por dentro. Cuando se haya formado la costra, baja el fuego y fríe durante cuatro o cinco minutos más por cada lado, o hasta que las verduras estén hechas por dentro (por su sabor sabrás si es así; la patata se vuelve dulce). Puedes reservar los buñuelos fritos en el horno tibio mientras haces los demás, añadiendo aceite a la sartén si fuera necesario.

Sirve los buñuelos con la salsa de yogur y espolvorea con las hojas de eneldo.

bol familiar de pollo y huevo sobre lecho de arroz (*oyaka domburi*)

He aquí un clásico de la gastronomía japonesa. Tiene un nombre precioso, *oyaka*, que significa «padre e hijo».

Para esta receta resulta imprescindible el *dashi* (caldo japonés), pero es muy fácil y rápido de hacer, así que no te dejes amilanar. Las escamas de bonito deshidratado son caras, pero no se necesita mucha cantidad. Asegúrate de seguir al pie de la letra las instrucciones del *dashi*. La temperatura y el momento en que hacen las cosas son importantes para evitar que el resultado sea un caldo ligeramente amargo, o cuyo sabor a pescado sea abrumador. El *dashi* puede guardarse durante tres o cuatro días en la nevera, pero no conviene congelarlo (por lo general el sabor se resiente).

Tradicionalmente, este plato se sirve con arroz blanco, pero el arroz integral aporta una profundidad de sabor que se agradece.

PARA 4 PERSONAS

PARA EL *DASHI*

un trozo cuadrado de 12,5 cm de alga *kombu*

25 g de bonito deshidratado en escamas

PARA EL RESTO

150 g de arroz integral

4 huevos

400 ml de *dashi*

2 cdas de salsa de soja

1 cdta de azúcar extrafino

1 cda de sake o jerez seco

175 g de pechuga de pollo sin piel, cortada al bies en lonchas de ½ cm de grosor

90 g de cebolla cortada en juliana muy fina

15 g de berros sin los tallos más gruesos

1 lámina de alga *nori* tostada, desmenuzada

Para hacer el *dashi*, pon el *kombu* en una cazuela con 1 litro de agua. Para extraer el máximo sabor del alga, déjala en remojo durante 15 minutos antes de calentarla a fuego medio. En cuanto empiecen a formarse burbujitas en la superficie y en los bordes, aparta la cazuela del fuego. Esparce las escamas de bonito deshidratado sobre el agua. Al cabo de cuatro minutos, pasa el caldo por un colador con un filtro de café (si dejas las escamas de bonito en el caldo durante más tiempo, sabrá demasiado a pescado). Desecha los residuos sólidos.

Cuece el arroz en abundante agua hirviendo hasta que esté tierno (tardará 25 o 30 minutos), escúrrelo y devuélvelo a la olla. Tápala para evitar que se enfríe.

Bate los huevos muy ligeramente; a los japoneses les gusta encontrar vetas blancas en el plato una vez terminado.

Pon el *dashi* en una cazuela o sartén profunda junto con la salsa de soja, el azúcar y el sake, y calienta a fuego suave. Cuando empiece a burbujear, añade el pollo y la cebolla y deja que se haga durante dos minutos. El pollo cambiará de color.

Vierte los huevos encima del pollo y cuece durante un minuto más, o hasta que el huevo esté cuajado pero húmedo. En esencia, estás haciendo una tortilla francesa, pero no en aceite sino en un poco de líquido. La tortilla debería despegarse fácilmente de los bordes de la cazuela. Rómpela en cuatro trozos.

Reparte el arroz caliente entre cuatro boles y, con una cuchara, vierte por encima la mezcla de pollo y huevo. Corona el plato con los berros y el alga *nori* (opcional) y sirve enseguida.

verduras de invierno con cebolla crujiente, *tahina* y zumaque

La col de Milán y el *cavolo nero* (o la col rizada, también conocida como *kale*) hacen muy buenas migas porque la primera es bastante dulce, mientras que la segunda es recia y un punto amarga. También puedes añadir lentejas cocidas en el último momento (sencillamente échalas a la cazuela para que se calienten mientras salteas el *cavolo nero*). Sé que parece un fastidio cocinar las dos coles por separado, pero requieren un tratamiento distinto para poder mezclarlas al final. Si no te apetece la cebolla frita y crujiente, sáltate ese paso.

**PARA 6 PERSONAS
COMO ACOMPAÑAMIENTO**

PARA EL ALIÑO DE *TAHINA*

4 cdas de *tahina*

2 cdas de AOVE

el zumo de ½ limón

2 cdas de yogur natural

2 dientes de ajo pequeños rallados

sal y pimienta

PARA LAS VERDURAS

½ col de Milán (o cualquier otra col de hojas tiernas)

300 g de *cavolo nero* o *kale* (o una mezcla)

3½ cdas de aceite de oliva

1 cebolla cortada en rodajas finas

4 dientes de ajo cortados en láminas finas

1 cdta de guindilla en copos

una nuez de mantequilla sin sal

un buen chorro de zumo de limón

½ cdta de zumaque

Para preparar el aliño de *tahina*, bate la pasta de sésamo con un tenedor y ve añadiendo gradualmente tres cucharadas y media de agua, el aceite virgen extra, el zumo de limón, el yogur y el ajo. Puede que en algún momento parezca que va a cortarse, pero sigue batiendo y acabará emulsionándose. Prueba y salpimienta. La densidad de la *tahina* varía según la marca, así que ajusta la cantidad de agua y condimentos en función del resultado. El aliño debería tener la consistencia de una nata espesa.

Saca la nervadura central de la col de Milán. Deshoja las dos coles por separado y corta las hojas en tiras. Sumerge el *cavolo nero* en agua hirviendo durante cinco minutos y escurre bien.

Mientras, calienta una cucharada y media de aceite de oliva en una sartén y fríe la cebolla a fuego alegre hasta que esté dorada y crujiente. Reserva.

Calienta el resto del aceite de oliva en una cazuela que tenga tapa y saltea la col de Milán durante un minuto con el ajo y la guindilla. Añade una cucharada de agua, sal, pimienta y la mantequilla. Tapa la cazuela y cuece a fuego medio durante unos dos minutos, agitando de vez en cuando. Destapa, añade el *cavolo nero* escurrido, salpimienta y saltea durante dos minutos más, hasta que todo se caliente. El ajo debe quedar dorado. Riega con el zumo de limón recién exprimido. Pon la col en una fuente de servir, rocía con el aliño de *tahina* (sirve el resto aparte), esparce la cebolla crujiente por encima y espolvorea con el zumaque.

sopa de espinacas, granada y *bulgur*

Esta sopa se basa en una receta de Azerbaiyán, pero me he permitido cambiar la cantidad de melaza de granada (la versión original es muy agridulce) y he cocinado las verduras durante mucho menos tiempo. El resultado sigue siendo un plato sustancioso que nos remite directamente a la tierra —ahí están las legumbres y las verduras de hoja—, pero rico en notas sutiles (la acidez afrutada de la granada, la frescura que aportan el eneldo y la menta). Puedes prescindir del *relish* de nueces y ajo. Si lo prefieres, espolvorea la sopa con unas nueces tostadas picadas y unas semillas de granada.

PARA 6 PERSONAS

PARA LA SOPA

2 cdas de aceite de oliva

1 cebolla grande cortada en rodajas finas

2 dientes de ajo picados finos

2½ cdtas de comino molido

¼ de cdta de canela molida

100 g de guisantes amarillos partidos

100 g de lentejas rubias o pardinas

1 l de caldo de verduras o de pollo, o bien agua

50 g de *bulgur* de trigo

6 cdas de melaza de granada

sal y pimienta

200 g de hojas de espinaca, sin los tallos más gruesos, troceadas

10 g de hojas de eneldo picadas

10 g de hojas de menta troceadas

15 g de hojas de perejil picadas gruesas

PARA SERVIR

1 diente de ajo picado

sal marina

25 g de nueces tostadas, picadas gruesas

2 cdas de AOVE

2 cdas de hojas de eneldo troceadas y/o hojas de menta o perejil

los granos de ½ granada

Calienta el aceite de oliva en una cazuela de fondo grueso y sofríe la cebolla hasta que esté tierna y empiece a dorarse (unos 10 minutos). Añade el ajo y sofríe otro par de minutos antes de agregar el comino y la canela. Prolonga la cocción otro minuto y añade los guisantes partidos, las lentejas y el caldo o agua. Lleva a ebullición y cuece a fuego lento durante unos 25 minutos.

Añade el *bulgur* de trigo, la melaza de granada y 300 ml de agua. Salpimienta. Lleva de nuevo a ebullición y cuece a fuego lento durante 15 minutos más.

Ahora incorpora las espinacas y todas las hierbas aromáticas y calienta todo junto. Tradicionalmente, la sopa se deja hervir durante unos 20 minutos, pero las verduras conservan mejor el sabor —por no hablar del color— si las cueces sólo durante un par de minutos, suficientes para que las espinacas pierdan volumen (si haces la sopa con antelación, añade las espinacas y las hierbas aromáticas cuando vayas a recalentarla).

Si fuera necesario, añade más agua o caldo. Es una sopa espesa, pero no tiene que quedar como un puré. Prueba de sal.

Para rematar el plato, pon el ajo en el mortero con una pizca de sal y májalo. Añade las nueces, májalas hasta obtener una pasta poco homogénea y ve incorporando el aceite virgen extra. Vierte una cucharada de esta pasta en cada bol de sopa y espolvorea con hierbas aromáticas y semillas de granada.

sopa de col rizada, salmón y cebada con suero de mantequilla

La sopa de verduras y cebada es un plato de mi niñez. Es saciante y reconstituyente a partes iguales, y ésta es una versión escandinava de esa receta. Se supone que el pescado sirve para redondear el plato, pero no es el protagonista. Si prefieres una sopa más contundente, sírvela con crema agria y eneldo en vez del suero de mantequilla. Puedes prescindir de la patata y aumentar la proporción de cebada en 75 o 100 g.

PARA 6-8 PERSONAS

1,7 l de caldo de pescado
o de pollo

100 g de cebada perlada

1 zanahoria grande picada fina

1 puerro grande despuntado,
lavado y picado

150 g de patatas céreas peladas
y cortadas en dados pequeños

sal y pimienta

40 g de col rizada o *kale*, sin las
nervaduras leñosas, con las hojas
troceadas

200 g de salmón crudo o ahumado
en caliente, sin la piel y cortado en
trozos

150 ml de suero de mantequilla

1 cda de zumo de limón

1 cda de hojas de eneldo picadas

Pon el caldo, la cebada y la zanahoria en una cazuela, lleva a ebullición y deja que hierva a fuego lento durante 15 minutos. Añade el puerro y la patata, salpimienta y cuece durante 30 minutos más.

Si el caldo ha reducido mucho, añade un poco de agua. En los últimos cinco minutos de cocción, incorpora la col rizada y, en los últimos dos minutos, añade el salmón y cuece a fuego muy lento (si está crudo, se cocinará, y si es ahumado se calentará). Si la sopa te parece demasiado espesa, puedes añadir más caldo o agua.

Mezcla el suero de mantequilla con el zumo de limón y el eneldo y salpimienta. Vierte la sopa en boles, añade una cucharada generosa de suero de mantequilla aromatizado con eneldo y sirve el resto en un cuenco aparte.

menú de invierno joyas en la nieve

kofte de lentejas rojas | codornices con ensalada de naranja sanguina y dátiles | yogur con compota de albaricoque

Este menú es todo un espectáculo para la vista. Las naranjas sanguinas del plato principal tienen una temporada corta, así que aprovéchalas mientras puedas.

kofte de lentejas rojas y zanahoria con granada, cilantro y *tahina*

He aquí un plato muy fácil de preparar, vistoso y adictivo. Si no encuentras la pasta de pimiento turca, usa *harissa*.

PARA 6 PERSONAS (SALEN UNAS 30 UNIDADES)

35 ml de *tahina*

el zumo de 1 ¾ limones

4 dientes de ajos prensados

sal y pimienta

6 cdas de AOVE

90 g de lentejas rojas

50 g de *bulgur* de trigo

200 g de zanahorias

una pizca de azúcar extrafino

150 ml de zumo de zanahoria o agua

1 cda de aceite de oliva

1 cebolla roja picada muy fina

1 cda de comino molido

1 cdta de pimentón dulce

1 cda de pasta de pimiento turca

1 cda de tomate triturado

las hojas de 2 manojos de cilantro picadas finas

los granos de 1 granada

25 g de hojas tiernas de lechuga

Para la salsa de *tahina*, mezcla la pasta de sésamo con 75 ml de agua y agrega el zumo de ½ limón, 1 diente de ajo prensado, sal, pimienta y 2 cdas de AOVE. Prueba y rectifica. La salsa debe quedar como la nata para montar.

Pon las lentejas en una olla con 250 ml de agua. Lleva a ebullición, tapa y cuece a fuego lento 20 minutos, o hasta que estén tiernas. Aparta del fuego y añade el *bulgur*. Remueve, tapa y deja reposar 20 minutos para que el grano absorba el agua.

Hierve las zanahorias en el zumo de zanahoria o el agua con el azúcar, la sal y la pimienta. Cuando estén tiernas, escúrrelas, tritúralas y mézclalas con las lentejas y el *bulgur*.

Calienta el aceite de oliva y sofríe la cebolla hasta que esté muy tierna. Añade el comino, el pimentón y el ajo restante y sofríe durante dos minutos más. Incorpora la pasta de pimiento y el tomate triturado, y después de 30 segundos agrega este refrito a la mezcla de lentejas y zanahoria. Agrega el zumo de 1 limón, la mitad del cilantro, sal, pimienta y 2 cdas de AOVE. Prueba y rectifica.

Trabaja la masa con las manos para formar bolas del tamaño de una nuez y hunde un poco un dedo a un lado de cada bolita para hacer un hueco. Ponlas en una fuente de servir. Rellena los huecos con la granada. Aliña con las hojas de cilantro restantes y las hojas tiernas de lechuga con lo que queda del AOVE y el zumo de limón, ponlas en una fuente y riega con la salsa de *tahina*. Sirve los *kofte* con la ensalada.

codornices especiadas con ensalada de naranja sanguina y dátiles

Este plato lo tiene todo: es dulce, ácido y jugoso a la vez. Si los dátiles te parecen demasiado dulzones, puedes usar menos cantidad, o bien contrarrestar su dulzor mezclando hinojo crudo cortado en láminas con las naranjas sanguinas y los dátiles.

PARA 6 PERSONAS

PARA LA MARINADA

5 cdas de aceite de oliva

3 cdas de melaza de granada

1 ½ cdtas de comino molido

½ cdta de canela molida

6 cdtas de *harissa*

4 dientes de ajo prensados

4 cdtas de azúcar moreno claro

4 cdas de zumo de limón

sal y pimienta

PARA LAS CODORNICES
Y LA ENSALADA

12 codornices

6 naranjas sanguinas

12 dátiles *medjoul*, deshuesados
y cortados en cuatro a lo largo

2 chiles rojos, sin semillas
y picados

las hojas de 1 manojo de cilantro
(unos 20 g)

las hojas de 12 ramitas de menta

los granos de ½ granada (o 2 cdas
colmadas de granos, si la compras
desgranada)

PARA EL ALIÑO

2 dientes de ajo prensados

6 cdas de AOVE (mejor afrutado
que herbáceo)

6 cdas de zumo de naranja
sanguina

4 cdas de melaza de granada

2 cdtas de miel líquida

unas gotas de agua de azahar

Para hacer la marinada, mezcla todos los ingredientes de la misma. Pon las codornices en una fuente de acero inoxidable o de cristal poco profunda y riégalas con la marinada, dándoles la vuelta para asegurarte de que quedan bien impregnadas. Cubre con film transparente y refrigera durante unas horas (mejor de un día para otro, si puedes).

Cuando vayas a cocinar las codornices, precalienta el horno a 190 ºC/marca 5 si es de gas. Pon las codornices en una fuente de horno pequeña y riega con la marinada. Salpimienta y asa durante 25 minutos.

Mientras, prepara la ensalada (o hazla justo antes de ponerte con el entrante). Pela las naranjas sanguinas a lo vivo: corta la parte superior e inferior de cada una para que tengan una base estable sobre la que apoyarse. Con un cuchillo muy afilado, quita no sólo la piel sino también el albedo o parte blanca. Sostén la naranja sobre un cuenco y, con un cuchillo de hoja afilada, separa cada gajo de la membrana que lo recubre a ambos lados y sácalo con cuidado. Pon los gajos pelados en un cuenco junto con los dátiles, el chile, las hierbas aromáticas, la sal y la pimienta.

Mezcla todos los ingredientes del aliño y vierte dos tercios sobre la ensalada de naranja.

Reparte la ensalada entre seis platos y espolvorea con los granos de granada. Pon una codorniz especiada sobre cada lecho de ensalada y riega con el aliño restante. Acompaña este plato con *bulgur* de trigo o cuscús, servido aparte.

yogur con miel al azafrán, almendras y compota de albaricoque

Un postre realmente fácil y con una presentación espectacular. Aunque el azafrán no sea uno de tus sabores preferidos, pruébalo: su sabor es muy sutil y a él se debe buena parte del impacto visual de este plato.

PARA 6 PERSONAS

PARA LA COMPOTA

225 g de orejones de albaricoque

75 ml de zumo de manzana

el zumo de 1 limón

una tira ancha de cáscara de limón

una tira ancha de cáscara de naranja

4 cdas de sirope de agave

las semillas majadas de 8 vainas de cardamomo

PARA LA MIEL AL AZAFRÁN

una buena pizca de hebras de azafrán

100 ml de miel líquida (preferiblemente, de azahar)

½-¾ de cda de agua de azahar

PARA SERVIR

200 g de yogur griego

2 cdas de almendras tostadas fileteadas

La víspera, pon todos los ingredientes de la compota en una cacerola con 275 ml de agua. Lleva suavemente a ebullición y deja cocer a fuego lento durante 10 o 15 minutos. No te despistes, porque algunos orejones son mucho más tiernos que otros y no queremos que se deshagan (aunque no pasa nada si algunos lo hacen). A veces sólo tardan 10 minutos en ablandarse e inflarse, pero pueden tardar bastante más. Queremos unos orejones gorditos nadando en almíbar. Si te ha quedado demasiado líquido (dependerá de cuánto tiempo hayan cocido los orejones), saca los orejones con una espumadera, deja que hierva hasta que se espese un poco y reincorpóralos. Deja que se atemperen en el almíbar, pásalos a un bol, tapa y reserva hasta el día siguiente (quita las tiras de cáscara antes de servir). Puedes guardar los orejones tapados en la nevera durante una semana.

También es buena idea preparar la víspera la miel al azafrán, para que siga impregnándose de su sabor. Pon 2 cucharadas de agua hirviendo en una taza de té y añade el azafrán. Remueve bien para que el azafrán desprenda su sabor y color, y luego añade esta infusión a la miel mezclada con el agua de azahar. Remueve, tapa y reserva hasta el día siguiente.

A la hora de emplatar, pon la compota de albaricoque en pequeños vasos o boles, seguida de unas cucharadas de yogur, y riega con la miel al azafrán. Esparce unas almendras fileteadas por encima y sirve.

ensalada de farro a la mostaza con verduras de invierno asadas

Esta receta presenta una paleta de colores cálida y suave. Puedes servirla como acompañamiento de un plato principal a base de verduras o carne, o como plato principal, añadiendo setas salteadas (a poder ser, silvestres), un puñado de nueces o avellanas tostadas, un poco de queso de cabra desmenuzado o unas virutas de queso Gouda. En vez del farro, puedes usar espelta o trigo en grano (véase cómo cocinarlos en la pág. 224), y quienes estén tratando de reducir la ingesta de carbohidratos pueden prescindir de las chirivías y aumentar la proporción de las demás verduras.

PARA 6 PERSONAS COMO ACOMPAÑAMIENTO, PARA 4 COMO PLATO PRINCIPAL

PARA LA ENSALADA

6 zanahorias, despuntadas, peladas y cortadas en dos a lo largo (en cuartos si son muy gruesas)

3 chirivías preparadas como las zanahorias

300 g de apionabo pelado y cortado en cuñas

½ coliflor cortada en ramilletes pequeños

3 cdas de aceite de oliva

sal y pimienta

150 g de farro semiperlado

1 cda de AOVE

2 cdtas de vinagre balsámico de vino blanco

¾ de cda de semillas mezcladas: cáñamo, sésamo, girasol y calabaza, por ejemplo

PARA LA VINAGRETA

1 cdta de mostaza en grano

1-2 cdtas de miel líquida

5 cdtas de vinagre de sidra

8 cdas de AOVE (mejor afrutado que herbáceo)

2 dientes de ajo prensados

una pizca de guindilla en copos

1 cda de hojas de perejil picadas finas

Precalienta el horno a 190 ºC/marca 5 si es de gas. Pon las zanahorias, las chirivías, el apionabo y la coliflor en una bandeja de horno lo bastante grande para que quepan en una sola capa; queremos que se asen, no que se cuezan en su propio vapor. Rocía las verduras con aceite de oliva, salpimienta y dales la vuelta para que queden bien impregnadas de aceite. Hornea durante 40 minutos, o hasta que estén tiernas y ligeramente chamuscadas aquí y allá.

Mientras, hierve el farro. Ponlo en una cacerola y cubre con abundante agua fría. Lleva a ebullición y deja que hierva a fuego lento hasta que esté tierno, unos 20 o 25 minutos (ten en cuenta que, aun estando cocido, conservará un punto crujiente). Escurre y sazona enseguida con el aceite virgen extra, el vinagre balsámico, sal y pimienta (esto impide que el farro se reseque y hace que absorba bien el sabor del aliño).

Para la vinagreta, pon la mostaza, la miel y el vinagre en una taza o cuenco pequeño, salpimienta y, con un tenedor, incorpora el AOVE. Añade los demás ingredientes de la vinagreta y prueba.

Mezcla todas las verduras con el farro y la vinagreta y añade las semillas que más te gusten.

pruébalo también crudo... Prepara esta ensalada con verduras crudas, prescindiendo de las chirivías. La coliflor cruda debe cortarse en ramilletes pequeños. Corta las zanahorias en cintas, el apionabo en bastones finos (riégalos enseguida con zumo de limón para impedir que se oxiden) y sustituye las chirivías por la misma proporción de remolachas (queda especialmente bien si mezclas remolachas de distintos colores) cortadas en rodajas finas o bastoncitos. Hierve el farro y mezcla con las verduras y la vinagreta. También puedes añadir unos berros.

ensalada de quinua, lentejas beluga, mango y pollo ahumado con salsa *korma*

Me chifla la presentación de este plato, con su espectacular despliegue de colores vistosos. Usa pollo asado normal si no te gusta el ahumado, o bien salmón asado y desmenuzado, o incluso salmón crudo cortado en lonchas y marinado durante cinco minutos en el zumo de dos limas.

PARA 4 PERSONAS
COMO PLATO PRINCIPAL

250 g de lentejas beluga

250 g de quinua blanca

1 mango apenas maduro

35 g de hojas de berros
sin los tallos más gruesos

300 g de pollo ahumado, sin la piel
y cortado en lonchas

10 g de hojas de menta troceadas

2 cdas de aceite de oliva

el zumo de ½ lima

PARA LA SALSA *KORMA*

el zumo de 1 lima

½ cdta de azúcar extrafino

1 cdta de pasta de curry picante

4 cdas de aceite de cacahuete
o de colza

sal y pimienta

3 cdas de nata líquida

Pon las lentejas en una cazuela y cúbrelas con agua. Lleva a ebullición y hierve de 15 a 30 minutos, o hasta que las lentejas estén tiernas pero sin que se deshagan (el tiempo de cocción dependerá de lo frescas que sean). Mientras, tuesta la quinua en una sartén sin grasa durante unos dos minutos, pásala a una olla, añade agua hirviendo, tapa y cuece durante 15 minutos.

Pela el mango y corta la pulpa en dos bordeando el hueso. Corta cada mitad en rodajas de medio centímetro de grosor. Es muy difícil sacar la pulpa que rodea el hueso por los bordes más finos, así que para este plato usa sólo las dos mitades limpias que has sacado al principio y reserva la pulpa sobrante para otra preparación (o cómetela).

Prepara la salsa. Con un tenedor, bate todos los ingredientes excepto la nata. Incorpórala en último lugar. Prueba y rectifica.

Escurre las lentejas, pásalas por agua caliente para templarlas y mézclalas en un bol de servir con la quinua escurrida, el mango, los berros, el pollo, la menta, el aceite de oliva, el zumo de lima, la sal y la pimienta (prueba y rectifica si fuera necesario; los cereales y las lentejas necesitan bastante aliño).

Riega con la cremosa salsa *korma* justo antes de servir.

una versión vegetariana Si prefieres no comer carne, sustituye el pollo por 3 aguacates y añade 3 cebolletas picadas finas.

pasión por la zanahoria

Desde que probé la *salade de carottes râpées* (zanahorias ralladas o cortadas en juliana y aliñadas con vinagreta), las considero una base excepcional para hacer una ensalada. Aportan un punto crujiente, textura, dulzor, color, y son más saciantes que las verduras de hoja. En cuanto a sus propiedades nutritivas, las zanahorias son ricas en vitaminas C y E, que contribuyen a neutralizar el daño que los radicales libres infligen a las células, y son una magnífica fuente de betacaroteno (cuanto más oscuro es su color, más betacaroteno contienen), que se convierte en vitamina A. También se cree que protegen los ojos frente a determinadas enfermedades degenerativas, como las cataratas.

ensalada marroquí de zanahoria

En Marruecos es habitual comer ensaladas hechas con zanahoria, ya sea cruda o cocida. Las versiones con zanahorias cocidas tienen un sabor a «zanahoria hervida». Yo prefiero el punto fresco y crujiente de la zanahoria cruda, por lo que me limito a escaldarlas cuando preparo ensaladas con zanahoria. Las hierbas aromáticas son opcionales. A veces, el cilantro y la menta hacen que todos los platos de estilo marroquí tengan el mismo sabor, así que añade o no las hierbas aromáticas teniendo en cuenta qué más vas a servir con la ensalada.

PARA 4 PERSONAS
450 g de zanahorias
2 dientes de ajo aplastados con la hoja del cuchillo
2 cdas de zumo de limón
sal y pimienta
¼ de cdta de *harissa*
½ cdta de azúcar moreno claro
una buena pizca de canela molida
¼ de cdta de comino molido
¼ de cdta de pimentón dulce
2 cdas de AOVE
2 cdas de hojas de cilantro picadas (opcional)
las hojas de 4 ramitas de menta troceadas (opcional)

Pela y despunta las zanahorias. Córtalas en rodajas o bastones finos. Ponlas en una cazuela, cubre con agua y añade el ajo. Lleva a ebullición y cuece las zanahorias hasta que dejen de estar crudas pero sin que estén cocidas del todo. Deben quedar un poco firmes, pero no crujientes. No puedo darte una indicación exacta del tiempo de cocción, pues dependerá de cómo hayas cortado las zanahorias, así que ve comprobando su textura.

Mientras, mezcla el zumo de limón, la sal y la pimienta, la *harissa*, el azúcar y las especias con el aceite virgen extra. Escurre las zanahorias en cuanto las retires del fuego y aliñalas enseguida. Prueba y rectifica. Añade las hierbas aromáticas (opcional) y sirve.

ensalada japonesa de zanahoria y *daikon*

Me gusta servir esta ensalada con arroz integral y berros aliñados, pero puedes emplearla como acompañamiento para muchos de los platos orientales de este libro.

PARA 4-6 PERSONAS

250 ml de vinagre de arroz

3 cdas de azúcar extrafino

700 g de *daikon* o nabo japonés

700 g de zanahorias

1 ½ cdtas de sal

Mezcla el vinagre y el azúcar en un cazo y calienta a fuego lento, removiendo para que el azúcar se disuelva. Deja enfriar.

Pela y despunta el *daikon* y las zanahorias por separado y córtalos en bastones finos. Pon cada verdura en un colador distinto. Echa 1 cdta de sal al *daikon* y ½ cdta a la zanahoria, mezclando bien con las manos. Deja reposar durante 10 minutos y exprime para escurrir el exceso de agua de ambas verduras. Ponlas en un bol limpio y aliñalas con la mezcla de vinagre y azúcar. Refrigera y sirve la ensalada fresca. Puedes guardarla unos cinco días.

ensalada de zanahoria especiada, dátiles y sésamo

Nunca me canso de esta deliciosa receta. Si no tienes dátiles, usa pasas u orejones. Puedes añadir las semillas que más te gusten, pues aportan un maravilloso punto crujiente a la ensalada.

PARA 4 PERSONAS

4 zanahorias peladas

el zumo de 1 lima

4 dátiles *medjoul* deshuesados y cortados en láminas

2 cdas de hojas de cilantro o menta picadas

1 cda de semillas de sésamo negro o blanco (en este caso, tostadas)

2 cdas de aceite de oliva

1 cdta de semillas de comino

1 cdta de semillas de mostaza

una pizca de guindilla en copos

2 dientes de ajo pequeños cortados en láminas finas

50 g de hojas de espinacas *baby* picadas

En un bol, ralla la zanahoria gruesa (o córtala en bastones finos; se tarda más, pero se obtiene una textura fantástica). Añade el zumo de lima, los dátiles, las hierbas aromáticas y las semillas de sésamo.

En una sartén pequeña, calienta el aceite y añade las semillas de comino y mostaza. Calienta a fuego medio, hasta que empiecen a chisporrotear. Añade la guindilla y el ajo y baja el fuego. Rehoga suavemente hasta que el ajo se dore (unos dos minutos). Mezcla enseguida con el resto de la ensalada e incorpora las hojas de espinaca. Prueba antes de añadir la sal.

ensalada de zanahoria y *daikon* con aliño de cacahuete y chile

Siempre que sirvo esta ensalada con un plato de carne me pregunto por qué me molesto: nadie le hace ni caso, sólo tienen ojos para las verduras. Esta ensalada es tan fresca, crujiente y picante que no puedes parar de comerla. Sírvela por sí sola con arroz integral o fideos *soba*, o bien en compañía de otros platos de verduras, como las berenjenas con *miso* al estilo japonés (véase la pág. 188).

PARA 6 PERSONAS
COMO ACOMPAÑAMIENTO

PARA LA ENSALADA

150 g de *daikon* o nabo japonés

1 zanahoria grande

6-10 rabanitos, según su tamaño

125 g de brotes de soja

10 g de hojas de cilantro

25 g de *mizuna* (hojas de mostaza japonesa) o berros

1 cda de vinagre de arroz

el zumo de 1 lima

1 cdta de azúcar extrafino

PARA EL ALIÑO DE CACAHUETE
Y CHILE

1 ½ cdas de aceite de cacahuete

3 chalotas cortadas en juliana

2 dientes de ajo picados finos

2 cm de raíz de jengibre pelada
y picada muy fina

1 chile rojo, sin semillas y cortado
en juliana

4 cdas de cacahuetes ligeramente
majados

2 cdtas de azúcar moreno extrafino

el zumo de 1 lima

½ cda de salsa de soja

2 cdas de aceite de sésamo

Pela el *daikon* y la zanahoria, despúntalos y córtalos en bastones muy finos. Sumérgelos en agua helada para que se mantengan crujientes mientras preparas el resto de la ensalada.

Despunta los rabanitos y córtalos en láminas muy finas (idealmente con una mandolina) o en bastones del tamaño de cerillas. Sumérgelos también en el agua helada.

Para hacer el aliño, calienta el aceite de cacahuete en una sartén y sofríe las chalotas a fuego medio hasta que se doren. Añade el ajo, el jengibre y el chile y sofríe durante un minuto más antes de agregar los cacahuetes y el azúcar. Remueve durante un par de minutos. Deberías ver (y oler) que el azúcar empieza a caramelizarse. Cuando esto ocurra, aparta la sartén del fuego y añade el zumo de lima y la salsa de soja. Ahora agrega una o dos cucharadas de agua (valóralo en función de la consistencia y la intensidad de sabor), y por último el aceite de sésamo.

Escurre y seca el *daikon*, la zanahoria y los rabanitos y mézclalos en un bol ancho y poco profundo con los brotes de soja, el cilantro, y la *mizuna* o los berros. Mezcla el vinagre de arroz con el zumo de lima y el azúcar, removiendo para que se disuelva. Vierte sobre la ensalada y remueve. Riega con el aliño de cacahuete y sirve de inmediato.

menú de invierno especias y ahumados

ensalada de zanahoria al estilo de Mandalay | guiso de abadejo ahumado con especias | sorbete de naranja sanguina y cardamomo

A veces te apetece sorprender a tus amigos con algo espectacular, mientras que otras veces sólo pretendes ofrecerles un menú hecho con ingredientes cotidianos, pero usados con buen tino. Este menú responde precisamente a ese deseo. Las zanahorias, las lentejas y el pescado ahumado son el sencillo punto de partida de una cena reconfortante, perfecta para una lluviosa noche de noviembre.

ensalada de zanahoria al estilo de Mandalay

He aquí una ensalada muy socorrida —es fácil de preparar y económica—, pero también bastante adictiva. Está deliciosa por sí sola, acompañada de arroz integral (o con un plato de *dal* o una ensalada de lentejas), pero también puedes usarla para rellenar bocadillos, junto con unas espinacas y unas lonchas de pollo asado, o para acompañar alguna crema a base de legumbres.

PARA 4-6 PERSONAS

2 cdtas de harina de garbanzo

400 g de zanahorias ralladas gruesas

el zumo de 2 limas

1 cda de salsa de pescado o más

1 chile verde, sin semillas y picado muy fino

1 cdta de azúcar extrafino

½ cdta de sal

6 chalotas

2 cdas de aceite de cacahuete

1 cda de cacahuetes tostados picados

2 cdas de hojas de cilantro picadas

2 cdas de hojas de menta picadas

En una sartén pequeña, calienta la harina a fuego medio y remueve hasta que huela a tostado y empiece a tomar un color más oscuro (pero sin pasarte). Reserva en un bol. Pon la zanahoria en otro bol y añade el zumo de lima y la salsa de pescado. Presiona la zanahoria con el dorso de una cuchara de madera para aplastarla ligeramente. Pásala a una fuente de servir, añade la harina de garbanzo tostada, el chile, el azúcar y la sal y mézclalo todo bien.

Corta las chalotas en juliana fina. En una sartén, calienta el aceite a fuego medio-fuerte. Añade las chalotas y saltéalas hasta que estén bien doradas (unos 10 minutos). Si empiezan a dorarse antes, baja el fuego. Saca la cebolla con una espumadera y ponla a escurrir sobre papel de cocina. Separa los trozos entre sí para que el papel absorba bien el exceso de aceite y deja que se enfríen durante unos 10 minutos, para que queden secos y crujientes.

Justo antes de servir, añade los cacahuetes, la chalota crujiente y las hierbas aromáticas a la zanahoria.

abadejo ahumado con lentejas especiadas al estilo indio

Esta receta, que marida sabores de las cocinas británica e india, está inspirada en el tradicional *kedgeree* y lleva un poco de nata. Puedes reducir la cantidad de nata si estás tratando de mantener las grasas a raya, o aumentarla en caso contrario. Y si no sabes a ciencia cierta si deberías hacerlo o no, echa un vistazo a las páginas 284-285 para salir de dudas.

PARA 4-6 PERSONAS

2 cebollas grandes

15 g de mantequilla

3 cdtas de curry en polvo

¼ de cdta de cúrcuma

½ cdta de jengibre molido

½ cdta de pimienta de cayena

las semillas majadas de 10 vainas de cardamomo

125 g de patatas céreas, peladas (o con piel) y cortadas en trozos

100 g de *bulgur* de trigo

1 l de caldo de pollo (preferiblemente casero)

sal y pimienta

150 g de lentejas de Puy

1 hoja de laurel

50 ml de nata para montar

500 g de filetes de abadejo ahumado, sin la piel y cortado en trozos grandes

2 cdas de hojas de cilantro picadas

1 cda de aceite de cacahuete o de girasol

1 cdta de azúcar moreno de caña oscuro

el zumo de ½ lima, y unos gajos para servir

Pica una de las cebollas y corta la otra en juliana fina.

En una cazuela, calienta la mantequilla y rehoga la cebolla picada hasta que esté tierna y ligeramente dorada. Añade las especias y sofríe durante dos minutos más. Agrega las patatas, el *bulgur* y el caldo y lleva a ebullición. Salpimienta. Baja a fuego medio y cuece hasta que las patatas estén tiernas.

Mientras, pon las lentejas en una olla y cúbrelas con agua. Lleva a ebullición, añade la hoja de laurel y cuece a fuego lento hasta que estén apenas tiernas (entre 15 y 30 minutos, según lo frescas que sean las lentejas). Cuando estén hechas, escúrrelas y sazónalas bien. Añade las lentejas y la nata a la sopa de patatas y *bulgur* y caliéntalo todo junto. Agrega el pescado y deja que se haga a fuego lento durante dos minutos. Incorpora la mayor parte del cilantro.

Mientras se hace el pescado, saltea la cebolla cortada en juliana a fuego vivo con el aceite hasta que se dore. Añade el azúcar y deja que se caramelice y que las cebollas tomen un color más oscuro. Riega con el zumo de lima recién exprimido. Reparte el guiso entre los platos precalentados, corónalos con una cucharada de cebolla caramelizada y espolvorea con el cilantro restante. Ofrece gajos de lima aparte.

sorbete de naranja sanguina y cardamomo

El color de este sorbete puede variar mucho según la tonalidad de las naranjas sanguinas; a veces su pulpa es de un naranja rojizo; otras, de un tono más rosado. Si no te gusta el cardamomo, puedes prescindir de él, pero es el elemento que vincula el postre con los otros dos platos del menú.

PARA 4-6 PERSONAS

135 g de azúcar

8 vainas de cardamomo majadas

la ralladura fina de 1 naranja sanguina o normal

250 ml de zumo de naranja sanguina

el zumo de ½ limón

pistachos para servir (opcional)

En una cacerola, mezcla 150 ml de agua y el azúcar. Calienta, removiendo para que se disuelva. Añade el cardamomo, la ralladura y el zumo de los cítricos y lleva a ebullición. Aparta del fuego y deja que se enfríe.

Cuela el líquido resultante y viértelo en una heladera eléctrica o un recipiente ancho y poco profundo, resistente al frío, y congela. Si eliges esto último, tendrás que deshacer los cristales de hielo picando la mezcla con un tenedor cuando empiece a solidificarse por los bordes. Repite tres o cuatro veces durante el proceso de congelación para que el sorbete quede homogéneo. Si no quieres hacerlo a mano, puedes ponerlo en un robot de cocina y triturarlo brevemente, pero a mí me da mucha pereza tener que lavarlo después.

A la hora de servir, espolvorea el sorbete con pistachos majados o picados (opcional).

prueba también... **sorbete de naranja y romero** Prepáralo exactamente como el sorbete anterior (usando naranjas normales o sanguinas), pero añadiendo una ramita de romero al almíbar en vez del cardamomo. Sácala antes de congelar el sorbete. Los cítricos casan de maravilla con el romero. La lavanda —emparentada con el romero— también sería una buena opción, pero sólo la encontrarás fresca durante el verano.

pesto de col rizada con tallarines integrales

Sí, lo sé, parece demasiado sano para estar bueno, pero es una auténtica delicia. En lugar de col rizada puedes usar berza. También puedes añadir al pesto un poco de brócoli al vapor.

PARA 4 PERSONAS

450 g de tallarines integrales

sal marina

300 g de col rizada o *kale*
(las hojas deben pesar unos 250 g
una vez desprovistas de los tallos
más leñosos)

25 g de mantequilla

4 cdas de AOVE (más herbáceo
que afrutado)

10 g de perejil

2 anchoas en aceite de buena
calidad, escurridas

2 dientes de ajo picados gruesos

50-75 g de queso parmesano
o pecorino rallado

una buena pizca de guindilla
en copos (opcional)

Pon los tallarines en una gran olla con agua hirviendo, ligeramente salada, y cuécelos hasta que estén hechos pero todavía al dente.

Mientras, prepara el pesto. Lava bien la col rizada y desecha los tallos más leñosos. Pon al fuego una olla grande con agua y, cuando rompa a hervir, sumerge las hojas de col y cuece durante cinco minutos. Escurre bien. Pon la col rizada cocida en un robot de cocina con la mantequilla, el aceite virgen extra, el perejil, las anchoas, el ajo y 50 g de queso rallado. Añade la guindilla (opcional). Tritura a impulsos intermitentes. A mí me gusta que el pesto no quede completamente homogéneo, sino que tenga «tropezones», así que no te pases triturando.

Prueba y añade el resto del queso, si te apetece. Yo no lo necesito, la verdad, creo que el pesto ya tiene un sabor bastante intenso sin él, pero tú decides.

Escurre los tallarines y ponlos de nuevo en la olla con un chorrito del agua de cocción. Mezcla con el pesto y sirve enseguida.

más verduras, por favor... pesto de berros Esta salsa queda deliciosa con tallarines integrales y un huevo pasado por agua. Y además es muy sana. En un robot de cocina, mezcla 60 g de berros, 10 g de hojas de perejil (o albahaca), 30 g de pecorino rallado, un diente de ajo, 40 g de piñones tostados (o anacardos, que son más dulces), 6 cdas de AOVE, sal y pimienta. Tritura a impulsos intermitentes. Para 4 personas, servido con pasta.

pesto calabrés Calienta 2 cdas de aceite y sofríe 1 pimiento rojo picado fino y ½ cebolla, picada también, hasta que empiecen a caramelizarse (unos 10 minutos). Añade 50 g de berenjena picada fina y, al cabo de 10 minutos, 1 tomate de pera picado, 1 diente de ajo picado y una buena pizca de guindilla en copos. Prolonga la cocción durante cinco minutos más. Tritura a impulsos intermitentes junto con 60 g de ricotta, 40 g de almendras, 2 cdas de AOVE, sal, pimienta y 10 g de hojas de albahaca. Para 4 personas, servido con pasta.

grasa buena, grasa mala

La mantequilla quedó desterrada de mi casa —excepto para la repostería— a mediados de los años setenta. Mi madre nos puso a todos a comer margarina. Parecía la alternativa saludable. En los años cincuenta, los científicos habían empezado a dar la voz de alarma respecto a las enfermedades cardiovasculares, y en la década de los sesenta éstas ya figuraban entre las principales causas de mortalidad, igual que hoy. La grasa saturada —como la que se encuentra en la mantequilla y la carne roja— y el colesterol se convirtieron en chivos expiatorios a eliminar de la dieta. Sin embargo, lo que sabemos sobre el colesterol ha cambiado bastante desde entonces: los niveles elevados de colesterol en sangre son un factor de riesgo para el desarrollo de enfermedades cardiovasculares, pero no existe correlación directa entre el colesterol presente en la dieta y el nivel de colesterol en sangre. Además, hoy en día se sabe que las margarinas y cremas untables obtenidas mediante hidrogenación —el proceso por el que las grasas poliinsaturadas se vuelven sólidas— son muy perjudiciales para la salud («tóxicas», en palabras de la OMS). Actualmente la industria utiliza un proceso distinto (llamado interesterificación) para producir cremas untables bajas en grasa, pero las grasas trans siguen en el mercado. Y lo peor es que no se ven. Las galletas, pasteles y bollería de producción industrial, la comida precocinada y los alimentos procesados en general pueden contener esa clase de grasas. La Fundación Británica del Corazón ha pedido que se eliminen las grasas trans, y hasta que eso ocurra recomienda permanecer alerta: leer las etiquetas (busca «aceite vegetal hidrogenado», «aceite vegetal parcialmente hidrogenado», «manteca vegetal» y «margarina») y no comprar comida precocinada. Éstas son las grasas sobre las que puedo hablar sin pelos en la lengua.

¿Y qué pasa con las grasas saturadas? Son muchas las voces que niegan que las grasas sean sinónimo de enfermedad cardiovascular. Puede que exista una correlación entre la grasa saturada y las enfermedades cardiovasculares, pero no es tan estrecha como la que existe, por ejemplo, entre el tabaco y el cáncer de pulmón. Cuando se nos recomendó que redujéramos el consumo de grasas saturadas, esa asociación se describió como causa y efecto. Algunos médicos especialistas en obesidad sostienen que este empeño en restringir la grasa en la dieta ha repercutido en un mayor sobrepeso, porque cuando reducimos la grasa tendemos a comer más carbohidratos refinados. Los expertos señalan también que los alimentos ricos en grasa son muy saciantes, por lo que nos ayudan a comer menos cantidad (algo que no ocurre con las dietas ricas en carbohidratos refinados y sus picos de azúcar en sangre).

Hemos reducido de forma significativa el consumo de grasas, que actualmente constituye un 33 % de la ingesta total de calorías, frente al 40 % que representaba en los años sesenta. Pero las enfermedades cardiovasculares siguen siendo un grave problema de salud, mientras que las tasas de obesidad no paran de aumentar. Es evidente que algo falla en nuestra dieta, pero ¿son las grasas el principal culpable?

Antes de que te abalances sobre ese taco de mantequilla, piensa en lo que sabemos sobre las dietas ricas en grasas, como la Atkins. Un estudio realizado en Estados Unidos en 2002 reveló que quienes seguían una dieta en que las grasas representaban el 60 % de las calorías ingeridas lograban perder más peso y en general tenían tasas de colesterol más bajas que quienes seguían la dieta recomendada por la Asociación Estadounidense del Corazón, baja en grasas y relativamente rica en carbohidratos. Cinco años después, otro estudio estadounidense concluyó que los seguidores de la dieta Atkins habían experimentado un incremento en los niveles de LDL, más conocido como «colesterol malo». Los investigadores también apuntaron que dicha dieta era «potencialmente perjudicial» para la salud cardiovascular. ¿Estás hecho un lío? Yo también. Pero me da la impresión de que lo más prudente es tener cuidado con las grasas saturadas hasta que sepamos más sobre ellas. Sin embargo, no deberíamos reemplazarlas por carbohidratos refinados, porque eso sería como intentar solucionar un problema creando otro.

¿Y qué hay de las grasas poliinsaturadas, presentes sobre todo en los aceites que usamos para cocinar? Creíamos que eran sanos, pero resulta que el aceite de maíz, girasol, cártamo y semilla de uva son ricos en ácidos grasos omega-6 y, usados en exceso, se consideran perjudiciales para la salud. La buena noticia es que, según apuntan las últimas investigaciones, el aceite de oliva contribuye a bajar la presión sanguínea y los niveles de colesterol malo en sangre, además de ejercer un efecto protector frente a las enfermedades cardiovasculares. Otros dos aceites monoinsaturados, el de colza y el de aguacate, también se consideran saludables. Los aceites prensados en frío de nueces, avellanas y semillas de lino son asimismo recomendables, aunque no para cocinar, sino en crudo, para preparar aliños.

Yo he confundas los ácidos grasos omega-6 con los ácidos grasos omega-3. Los estudios demuestran claramente que los segundos, presentes en el pescado azul, ayudan a prevenir accidentes y enfermedades cardiovasculares y a mejorar la función cerebral. Al parecer, todas las cosas buenas que nos han dicho sobre el pescado azul son ciertas, ¡así que no te prives!

He decidido prescindir de los productos «bajos en grasa» —yogur desnatado, queso *light*— porque a menudo sustituyen la grasa añadiendo algo menos sano que ésta, por lo general azúcar. Controlo la cantidad de mantequilla y queso que como. La carne roja no me supone un problema porque apenas la pruebo. Disfruto de un buen plato de carne, pero también me chiflan las verduras y los cereales. No como demasiadas grasas poliinsaturadas —salvo por algún que otro frito—, pero uso muchas grasas monoinsaturadas para cocinar, sobre todo aceite de oliva. Está tan rico como la mantequilla y es más versátil que ésta, por lo que me alegro de que tenga luz verde.

Lo que parece evidente es que los alimentos ultraprocesados —como los aceites hidrogenados— pueden llevarnos al desastre. También es evidente que cocinar en casa en lugar de comprar alimentos preparados, cuyas grasas quedan ocultas, es una sabia decisión. Algunos días unto las tostadas con mantequilla, otros les pongo un chorrito de aceite de oliva virgen extra y aguacate majado. Me encantan de las dos formas. Y tanto en un caso como en otro sé qué me estoy llevando a la boca y en qué cantidad.

risotto de puerro, espelta y queso de cabra

Hoy en día es habitual hacer *risottos* no sólo con arroz, sino también con cebada, farro y espelta. La espelta perlada es la que se adapta mejor a esta preparación, pues queda muy cremosa. El farro semiperlado es delicioso (y más sano), pero sus granos ofrecen cierta resistencia a la cocción y no quedan tan cremosos. Mientras uses la misma proporción de espelta y caldo, podrás hacer toda clase de *risottos*.

**PARA 4 PERSONAS
COMO PLATO PRINCIPAL**

1 l de caldo de verduras o de pollo

2 cdas de aceite de oliva

½ cebolla pelada y picada fina

4 puerros despuntados, lavados y cortados en rodajas de 2 cm de grosor

2 dientes de ajo picados finos

300 g de espelta perlada

80 g de queso de cabra desmenuzado

pimienta

Pon el caldo en una cazuela, lleva a ebullición y baja el fuego al mínimo.

En una cazuela grande, calienta el aceite a fuego medio. Añade la cebolla y los puerros y rehoga durante unos 10 minutos, hasta que estén tiernos. Agrega el ajo y sofríe durante un par de minutos más antes de incorporar la espelta. Cuece a fuego lento durante un par de minutos, removiendo para que la espelta se impregne de la grasa y los jugos, y luego ve añadiendo el caldo caliente, medio cucharón cada vez, removiendo a menudo y dejando que la espelta lo absorba antes de añadir más. Debería tardar unos 35 minutos en estar tierna pero al dente. Si te has quedado corto de caldo, añade un chorro de agua hirviendo.

Incorpora con delicadeza la mayor parte del queso de cabra y sazona con pimienta. Prueba y rectifica la sazón (si has usado caldo de pollo no debería necesitar sal, pero si has usado caldo de verduras tal vez lo necesite). Sirve enseguida, espolvoreando los platos con el resto del queso de cabra desmenuzado.

una versión con cebada... *risotto* de calabaza y castañas

En una cazuela, calienta 2 cdas de aceite de oliva y saltea 800 g de calabaza (pesada con piel) picada, en dos tandas si fuera necesario, hasta que empiece a caramelizarse. Reserva. Añade otra cucharada de aceite a la cazuela y sofríe 1 cebolla pequeña picada fina, 2 dientes de ajo picados y 1 rama de apio picada hasta que se doren. Agrega 300 g de cebada perlada y remueve para que tome el sabor del sofrito. Añade 1 litro de caldo de pollo o de verduras caliente, dejando que absorba el caldo antes de echar otro cucharón (no hace falta que remuevas de forma constante, sólo de vez en cuando). Al cabo de 30 minutos la cebada estará tierna y cremosa. Cuando lleve 15 minutos de cocción, pon de nuevo la calabaza en la cazuela, y cinco minutos antes del final añade 75 g de castañas cocidas, peladas y cortadas por la mitad. Salpimienta. Añade 1 cda de hojas de perejil o salvia picadas, rectifica de sal y sirve con queso parmesano rallado. Para 4 personas.

ensalada de centeno con fruta y gorgonzola

Esta receta mezcla ingredientes fríos y calientes, pero funciona bien y es muy adaptable. Puedes saltear las rodajas de pera si lo prefieres (en cuyo caso deberás usar dos peras y cortarlas en trozos de poco menos de 1 cm de grosor).

Si quieres usar esta ensalada como acompañamiento, puedes prescindir de las peras y servirla en un gran bol común o en platos individuales, con una presentación más trabajada. También puedes sustituir la col lombarda por achicoria o endibia roja, y el centeno por trigo en grano o arroz integral.

El conjunto es una mezcla perfecta de sabores y texturas. La clave está en acertar con el aliño.

PARA 6-8 PERSONAS (SEGÚN SE SIRVA COMO ENTRANTE O ACOMPAÑAMIENTO)

PARA LA ENSALADA

200 g de centeno en grano

sal y pimienta

el zumo de 1 limón, y un poco más para la vinagreta

40 g de arándanos rojos deshidratados

1 pera grande madura

½ cda de aceite de oliva

125 g de col lombarda cortada en tiras de unos 2 cm de grosor

50 g de berros sin los tallos más gruesos

125 g de queso gorgonzola desmenuzado

40 g de nueces pecanas tostadas y picadas gruesas

½ cda de semillas de girasol

½ cda de semillas de amapola

PARA LA VINAGRETA

1 cda de vinagre balsámico

1 ¼ cdtas de mostaza de Dijon

1 ¼ cdtas de sirope de arce

4 cdas de aceite de nueces o de avellanas

1 ¼ cdas de AOVE (mejor afrutado que herbáceo)

Pon el centeno en remojo de un día para otro. Lávalo bien y escurre. Pásalo a una olla, cubre generosamente con agua y lleva a ebullición. Baja el fuego y deja cocer hasta que esté tierno, de 50 a 60 minutos. Durante ese tiempo, comprueba si hay suficiente líquido en la olla y añade más agua hirviendo si fuera necesario. Escurre el centeno, salpimienta y riega con el zumo de medio limón. Pon los arándanos rojos en un bol pequeño, cúbrelos con agua hirviendo y deja que se rehidraten durante 15 minutos. Escurre.

Mientras, corta la pera por la mitad, quítale el corazón y córtala en rodajas finas. Riégala con el zumo de medio limón para evitar que se oxide.

Para hacer la vinagreta, mezcla el vinagre, la mostaza, el sirope, sal y pimienta, e incorpora los aceites batiendo con un tenedor. Agrega zumo de limón al gusto.

Calienta el aceite de oliva y saltea la col lombarda a fuego medio durante unos tres minutos, hasta que haya perdido volumen. Salpimienta. Pon el centeno en una fuente ancha y poco profunda (o repártelo entre los platos) y añade el resto de los ingredientes (excepto las semillas de amapola). Riega con la vinagreta y remueve con delicadeza (intentando no aplastar el queso). Prueba otra vez, rectifica —los cereales necesitan bastante aderezo— y espolvorea con las semillas de amapola. Sirve la ensalada tibia.

crema de alubias blancas con achicoria y cebolla roja

Es increíble lo que se puede llegar a hacer con un par de latas de alubias. En este caso las hemos transformado en un plato bastante elegante (si eliges bien la fuente en que lo sirves, hasta parece un bodegón). El punto amargo de la achicoria, el dulzor de la cebolla y el sabor terroso de las alubias se complementan muy bien.

Puedes servir esta crema como plato principal, acompañada de verduras. Un toque italiano le va de fábula: prueba una ensalada de lentejas beluga, uvas asadas y endibias rojas, sustituyendo estas últimas por berros, o unas aguaturmas asadas con calabaza y *agresto* (véanse las págs. 172 y 178). También queda estupenda con pescados carnosos.

PARA 6 PERSONAS

PARA LA CREMA DE ALUBIAS

2 cdas de aceite de oliva

½ cebolla picada gruesa

1 diente de ajo prensado

2 latas de 400 g cada una de alubias blancas tipo cannellini, escurridas y pasadas por agua

150 ml de caldo de pollo o agua

sal y pimienta

4 cucharadas de AOVE y un poco más para servir

un buen chorro de zumo de limón

PARA EL RESTO

2 achicorias rojas grandes

2 cebollas rojas peladas

3 cdas de aceite de oliva

4 cdas de vinagre balsámico

Para la crema de alubias, calienta el aceite de oliva en una cazuela y sofríe la cebolla hasta que esté tierna pero sin que llegue a tomar color. Agrega el ajo, las alubias y el caldo o agua. Salpimienta y deja hervir a fuego medio durante unos 4 minutos.

Tritura las alubias y el líquido de la cocción en un robot de cocina o con una batidora de mano, incorporando el aceite virgen extra y el zumo de limón. Prueba y rectifica si fuera necesario. Puedes reservar la crema y recalentarla más tarde o servirla a temperatura ambiente.

Vamos con el resto. Corta cada achicoria por la mitad, y luego en cuartos. Recorta la base y un poco del corazón de cada trozo, con cuidado para que no se deshojen. Corta las cebollas en dos y retira la base de cada mitad. Córtalas a lo largo en medias lunas de unos 2 cm de ancho (o a lo ancho, si lo prefieres).

Mezcla el aceite de oliva, el vinagre balsámico, la sal y la pimienta. Pon las cebollas y la achicoria en una fuente y riégalas con este aliño, revolviéndolas con delicadeza para que se impregnen bien. Deja reposar unos 10 minutos.

Calienta una sartén a fuego vivo y saltea las cebollas hasta que se doren bien por ambos lados. Baja el fuego y deja que se hagan hasta que estén tiernas, dándoles la vuelta a menudo.

Mientras, pon la crema de alubias en una fuente de servir. Si lo prefieres, caliéntala un poco antes de ponerla en la fuente.

Sube el fuego de la sartén y añade la achicoria. Deja que se tueste por ambos lados y pierda volumen (ocurrirá muy deprisa). Esparce la achicoria y las cebollas por encima de la crema de alubias. Salpimienta y riega con un chorrito de aceite de oliva virgen extra.

zanahorias al estilo de Uzbekistán

Sólo son zanahorias, pero nunca las habrás probado así. Están tan buenas que puedes servirlas sin más acompañamiento que un bol de arroz o cuscús. No te olvides de añadir una cucharada de yogur. Si quieres acompañarlas con otro plato de verduras, asegúrate de que haya contraste y descarta las recetas en las que predomine el sabor dulce.

PARA 6 PERSONAS

1 cda de aceite de cacahuete

1 cebolla picada muy fina

2 tomates pelados, cortados por la mitad y luego en rodajas finas

4 dientes de ajo picados finos

2 chiles verdes, sin semillas y picados

¼ de cdta de canela molida

½ cdta de comino molido

600 g de zanahorias cortadas en bastoncitos

75 g de pasas de Corinto

1 cda de bayas de agracejo deshidratadas

una pizca de hebras de azafrán

350 ml de caldo de verduras o de pollo, o bien agua

1 cda de tomate triturado

2 cdtas de miel líquida

sal y pimienta

1 cda de pistachos al natural sin cáscara y picados gruesos

2 cdas de hojas de cilantro o menta picadas

Calienta el aceite en una cazuela grande y sofríe la cebolla a fuego medio hasta que se dore. Añade los tomates y sofríe hasta que empiecen a ablandarse (unos tres minutos). Agrega el ajo y el chile y sofríe otro minuto más antes de incorporar la canela y el comino. Al cabo de un minuto, añade todos los demás ingredientes excepto los pistachos y las hierbas aromáticas. Lleva a ebullición.

Baja el fuego y deja que las zanahorias se cuezan hasta que estén bien tiernas (unos 25 minutos). Deben quedar jugosas pero no nadando en líquido. Si se secan demasiado, añade un poco más de caldo o agua. Si por el contrario hay demasiado líquido, sube el fuego y deja que se reduzca un poco.

Prueba y ajusta el equilibrio entre lo dulce y lo salado, que es la clave del éxito de este plato. Incorpora los pistachos y las hierbas y sirve.

atún soasado con crema de aguacate y *wasabi*

Este plato se prepara en pocos minutos, es saciante, tiene chispa... ¿qué más se puede pedir?

PARA 4 PERSONAS

PARA EL ATÚN

2 cdas de aceite de oliva

3 dientes de ajo prensados

4 cdas de salsa de soja

pimienta

4 filetes de atún de 175 g cada uno

jengibre encurtido para servir

PARA LA CREMA

2 aguacates bien maduros

1 cdta de pasta de *wasabi*

el zumo de 1 lima

sal

Mezcla el aceite de oliva, el ajo, la salsa de soja y la pimienta. Pon los filetes de atún en una fuente y riégalos con esta marinada, dándoles la vuelta para que queden bien impregnados. Deja marinar durante 30 minutos.

Para hacer la crema, corta los aguacates por la mitad, deshuésalos y saca la pulpa con una cuchara. En un mortero, machaca el aguacate con el *wasabi* y el zumo de lima. Salpimienta al gusto. Añade más *wasabi*, sal o lima según creas conveniente.

Calienta una plancha a fuego vivo. Saca el atún de la marinada y sacude suavemente el exceso de líquido. Marca el atún un minuto por cada lado (para que quede hecho por fuera y bastante crudo en el centro).

Sirve el atún con la crema de aguacate y el jengibre encurtido. Puedes acompañar este plato con arroz integral.

pruébalo también con... **puerros con mostaza y** *miso*

Retira y desecha las capas externas de 6 puerros. Corta los extremos de ambos lados. Corta los puerros en trozos de unos 4 cm. Lava bien, asegurándote de eliminar todo rastro de suciedad o tierra que haya entre las hojas. Cuece al vapor entre cuatro y seis minutos. Deben quedar bien tiernos en el centro; compruébalo pinchándolos con la punta de un cuchillo. Extiéndelos sobre un paño de cocina limpio y sécalos para absorber el exceso de humedad. Con un tenedor, mezcla ½ cda de mostaza de Dijon, 1 ½ cdas de *miso* rojo, 2 cdas de *miso* blanco, 1 cda de miel líquida y 1 ½ cdas de vinagre de arroz. Aliña los puerros con la vinagreta, removiendo con delicadeza, y espolvorea con las semillas de sésamo. Para 4 personas.

salteado de alubias y col rizada con salsa de anchoas y romero

Si andas escaso de tiempo, puedes preparar este plato con un par de latas de alubias pintas escurridas y pasadas por agua y seguirá estando bueno, pero las legumbres cocidas en casa tienen una untuosidad y un sabor inigualables. En verano puedes usar alubias frescas con su vaina (calcula el doble del peso, es decir, 400 g). Simplemente pélalas y hiérvelas a fuego lento de 30 a 40 minutos, o hasta que estén tiernas, y sustituye la col rizada por 500 g de espinacas, añadiéndolas al final de la cocción para que se hagan con el calor residual.

Este plato es muy sustancioso a pesar de no llevar carne. También queda fantástico con farro (para saber cómo cocinarlo, véase la pág. 223). Si tienes antojo de carne, úsalo para acompañar un asado de cordero (aunque tampoco iría mal con un pollo al horno). La salsa de anchoas es una de esas recetas que siempre te sacan de un apuro, y queda deliciosa con pescados carnosos, como el rape.

PARA 4 PERSONAS COMO
PLATO PRINCIPAL, PARA 6
COMO ACOMPAÑAMIENTO

PARA LAS ALUBIAS CON
COL RIZADA

200 g de alubias pintas secas, remojadas desde la víspera y escurridas

½ cabeza de ajo (cortada por la mitad horizontalmente) y 2 dientes de ajo cortados en láminas finas

unos tallos de perejil

1 guindilla desmenuzada

1 zanahoria picada gruesa

1 hoja de laurel

3 ramas de apio

8 cdas de AOVE

el zumo de 1 limón

sal y pimienta

500 g de col rizada o *kale*

¼ de cdta de guindilla en copos

PARA LA SALSA

1 de cdta de hojas de romero

6 anchoas en aceite, escurridas

el zumo de ¼ de limón

2½ cdas de AOVE

Pon las alubias en una cazuela de fondo grueso y cúbrelas con agua. Añade media cabeza de ajo, el perejil, la guindilla, la zanahoria, el laurel, dos de las ramas de apio partidas por la mitad y 4 cucharadas de aceite virgen extra. Lleva a ebullición, tapa y deja cocer a fuego lento durante una hora, o hasta que las alubias estén tiernas pero sin que se deshagan. Escúrrelas y desecha el ajo, el perejil, la zanahoria, el laurel y el apio. Pon de nuevo las alubias en la cazuela con 2 cucharadas más de aceite virgen extra y el zumo de medio limón. Salpimienta.

Para la salsa, maja las hojas de romero en un mortero y añade las anchoas y trabájalas hasta obtener una pasta. Incorpora poco a poco el zumo de limón y luego el aceite virgen extra, sin parar de majar. No estás haciendo una mayonesa, así que no esperes que emulsione. Lo que obtendrás es una salsa grumosa. Añade pimienta y reserva.

Desecha las nervaduras centrales de la col rizada y sumerge las hojas en una olla con agua hirviendo. Cuece durante cinco minutos y escurre.

Pica la rama de apio restante y calienta 2 cucharadas de aceite virgen extra en una cazuela grande. Sofríe el apio durante un minuto, o hasta que empiece a ablandarse pero no haya perdido aún su textura crujiente. Añade el ajo cortado en láminas y la guindilla, rehoga un minuto más e incorpora las alubias y la col rizada. Saltéalo todo junto con cuidado, sin aplastar las alubias ni dejar que se pasen. Prueba y rectifica, añade un poco más de zumo de limón y sirve con la salsa.

fideos *soba* con chile, brotes de brócoli morado y huevo frito

Los fideos *soba* están hechos de trigo sarraceno, por lo que son más sanos que la pasta de trigo y tienen un sabor que recuerda vagamente al de la carne. Pueden comerse fríos, con salsa para mojar o calientes (en Japón son especialmente populares servidos con caldo). Yo también los uso para sustituir el arroz integral en las recetas orientales, como el bol de arroz japonés (véase la pág. 43). Estos fideos son perfectos como almuerzo para una sola persona, y sorprendentemente saciantes.

PARA 1 PERSONA

70 g de fideos *soba*

60 g de brotes de brócoli morado

1 cda de aceite de cacahuete

1 cm de raíz de jengibre pelada y picada muy fina

1 chile rojo, sin semillas y cortado en láminas finas

2 dientes de ajo cortados en láminas finas

2 cdas de salsa de soja

3 cebolletas picadas

1 huevo grande

semillas de sésamo negro

Pon los fideos en una olla con agua hirviendo. Tardarán unos siete minutos en estar listos (pero comprueba las instrucciones del envase), y para entonces todo lo demás tendrá que estar a punto.

Despunta los tallos de brócoli. Cuécelos al vapor hasta que estén tiernos (entre dos y cuatro minutos, dependiendo de lo gruesos que sean).

Mientras, calienta la mitad del aceite en una sartén y rehoga el jengibre, el chile y el ajo hasta que empiece a dorarse. Añade la salsa de soja, escurre los fideos y agrégalos a la sartén. Incorpora los brotes de brócoli y la cebolleta. En otra sartén más pequeña, fríe el huevo con el aceite restante. Pon los fideos y el brócoli en un bol y corónalos con el huevo frito. Espolvorea con las semillas de sésamo y sirve enseguida.

ceviche de lubina con aguacate y pomelo

Si prefieres usar un pescado más económico que la lubina puedes preparar este ceviche con caballa muy fresca. Es un plato completo en sí mismo —fresco y ligero, un poco dulce gracias al pomelo y con un punto picante—, y la prueba es que soy capaz de comérmelo sin ningún acompañamiento.

PARA 4 PERSONAS COMO
ENTRANTE O COMO PLATO
PRINCIPAL LIGERO

PARA EL CEVICHE

400 g de filetes de lubina muy
fresca

½ cebolla roja pequeña, pelada y
cortada en juliana muy fina

1 chile rojo cortado en juliana fina

1 diente de ajo pelado y cortado
en láminas muy finas

el zumo de 2 limas

sal y pimienta

2 pomelos rosas o blancos

2 aguacates maduros pero firmes

10 g de hojas de cilantro picadas
gruesas

PARA EL ALIÑO

2½ cdas de aceite de oliva

3 cdas de agraz

Pon los filetes de lubina sobre una tabla con la piel vuelta hacia abajo y, con un cuchillo muy afilado, córtalo en lonchas al bies, como harías con el salmón ahumado, y desecha la piel. Pon el pescado, la cebolla, el chile y el ajo en una fuente de acero inoxidable o de cristal poco profunda. Mezcla el zumo de lima con un cuarto de cucharadita de sal, riega el pescado y dale la vuelta con delicadeza. Cubre con film transparente y refrigera durante una hora, dando la vuelta al pescado una vez más al cabo de media hora.

Pela los pomelos a lo vivo: corta la parte superior e inferior de cada pomelo para que tengan una base estable sobre la que apoyarse. Con un cuchillo muy afilado, quita no sólo la piel sino también el albedo o parte blanca. Sostén el pomelo sobre un cuenco y, con un cuchillo de hoja afilada, separa cada gajo de la membrana que lo recubre a ambos lados y sácalo con cuidado.

Para preparar los aguacates, córtalos por la mitad y deshuésalos. Corta cada mitad en rodajas y luego pélalas de una en una con cuidado para no magullar la pulpa. Espolvorea con sal y pimienta.

Cuando el pescado esté «cocido», cuela el líquido. Mezcla el aceite de oliva, el agraz y un poco de sal para preparar el aliño. Reparte entre los platos el pescado marinado con la cebolla, el chile y el ajo. Corona con el aguacate y los gajos de pomelo. Riega con el aliño y espolvorea con el cilantro.

dorada asada al estilo de Goa, con *chutney* de coco y chile verde

De vez en cuando compro un coco y lo abro estrellándolo contra el escalón de la entrada (y viendo cómo rebota hacia las matas de lavanda), pero hoy en día es posible comprar la pulpa fresca envasada y lista para comer, algo que se agradece a la hora de preparar recetas como ésta. Este plato no deja a nadie indiferente. Todo el mundo sonríe cuando lo sacas a la mesa, porque su olor evoca unas vacaciones en algún paraje exótico.

PARA 6 PERSONAS

PARA EL *CHUTNEY*

½ cda de aceite de cacahuete
y un poco más para el pescado

½ cebolla picada gruesa

¾ de cdta de semillas de comino

¾ de cdta de semillas de mostaza

3 dientes de ajo picados gruesos

las hojas de 100 g de cilantro,
y unas ramitas más para servir
(opcional)

4 chiles verdes, sin semillas
y picados gruesos

el zumo de 3 limas

1 cdta de azúcar extrafino

2,5 cm de raíz de jengibre pelada
y rallada

125 g de pulpa de coco fresca, sin
la piel oscura y picada, y un poco
más, cortada en láminas muy finas,
para servir (opcional)

sal

PARA EL PESCADO

6 doradas de ración (unos 300 g
cada una), escamadas y limpias

gajos de lima para servir

Precalienta el horno a 180 ºC/marca 4 si es de gas.

Para el *chutney*, calienta el aceite en una sartén y sofríe la cebolla a fuego lento hasta que se vuelva transparente pero sin que llegue a dorarse. Ponla en un robot de cocina. Ahora mezcla las semillas de comino y mostaza en la sartén y tuéstalas hasta que liberen su aroma. Ponlas también en el robot de cocina, junto con todos los demás ingredientes del *chutney*. Tritura a impulsos intermitentes hasta obtener una pasta grumosa. Prueba y rectifica de sal.

Haz dos cortes a ambos lados de cada dorada y sálalas por dentro y por fuera. Sazónalas con una parte del *chutney*, introduciéndolo en los cortes y por dentro del pescado. Pon las doradas en una bandeja de horno forrada con papel de aluminio o papel vegetal ligeramente engrasado con aceite y pinta también con aceite los lomos que quedan vueltos hacia arriba. Hornea durante 20 minutos, o hasta que la carne más cercana a la espina se vea blanca y haya perdido su aspecto translúcido.

Sirve una dorada para cada comensal, con un poco de *chutney* y gajos de lima, y espolvorea el pescado con las virutas de coco y las ramitas de cilantro (opcional). El arroz integral es un buen acompañamiento para este plato, así como el *kachumber* (véase la pág. 89).

menú de invierno naturaleza muerta con verduras, viandas y frutas

bagna cauda | pollo al estilo georgiano con salsa de nueces | pastel de naranja y granada

Este menú, con su paleta de colores digna del mejor pintor —sólo la *bagna cauda* parece la obra de un gran maestro—, echa por tierra la idea de que la comida invernal es visualmente anodina.

bagna cauda con verduras de invierno

Esta receta es del chef Brett Barnes, que dirige uno de mis restaurantes preferidos, el Ducksoup, en el Soho londinense. La *bagna cauda* es una salsa originaria de Piamonte, donde la he comido en muchas ocasiones, pero la de Brett es la mejor versión que he probado nunca: por su punto ácido, su sabor terroso y su textura untuosa.

Sí, la salsa es rica en grasa —saturada, por más señas, puesto que se trata de mantequilla—, pero cabe la posibilidad de que las grasas saturadas no sean tan malas como creíamos (véanse las págs. 284-285), y tampoco comemos un plato como éste todos los días. Puedes usar la mitad de la mantequilla indicada, o sustituirla por aceite de oliva virgen extra (muchas recetas de *bagna cauda* se hacen sólo con aceite de oliva), pero las cantidades sugeridas son fieles a la receta de Brett.

PARA 6 PERSONAS

PARA LA *BAGNA CAUDA*

75 g de anchoas en aceite de buena calidad (peso escurrido)

1 cabeza de ajo, con los dientes separados y pelados

250 ml de leche, y un poco más si es necesario

30 g de pan de masa madre, sin la corteza

100 g de mantequilla sin sal cortada en dados

PARA LAS VERDURAS

1 manojo de rabanitos sin las hojas y despuntados

2 endibias rojas deshojadas

1 manojo de acelgas deshojado

18 brotes de brócoli morado despuntados

Pica las anchoas. Pon los rabanitos y la endibia roja en una fuente.

Cuece el ajo en la leche a fuego muy lento hasta que esté muy tierno (tardará unos 10 minutos). Procura que no se haga demasiado. Al finalizar la cocción, la leche debe seguir cubriendo someramente el ajo.

Aparta del fuego el cazo con la leche y el ajo. Añade el pan desmenuzado y las anchoas. Vuelve a poner en el fuego y deja que hierva suavemente dos minutos, removiendo sin parar. Si crees que la salsa ha quedado demasiado espesa, añade un chorrito de leche (no más de 2 cucharadas). Al cabo de un par de minutos deberías tener una crema densa y homogénea. Incorpora la mantequilla poco a poco, hasta conseguir una emulsión cremosa pero consistente.

Mientras, escalda las acelgas y el brócoli (cuécelos al vapor o hiérvelos entre dos y cuatro minutos, según su tamaño).

Pon las acelgas y el brócoli en la fuente, junto con las demás verduras. Sirve con la salsa tibia.

pollo al estilo georgiano con salsa de nueces y remolacha especiada

Esta salsa de nueces está inspirada en una receta georgiana llamada *satsivi*. La auténtica es más líquida, pero yo prefiero esta versión más consistente. El *bulgur*, el farro o el arroz integral son buenos acompañamientos para este plato (para saber cómo cocinarlos, véase la pág. 223). Puedes mezclar verduras con los cereales, pero no hagas nada demasiado sofisticado, porque esta receta ya lo es.

PARA 6 PERSONAS

PARA LA REMOLACHA

400 g de remolacha

1 ½ cdas de aceite de oliva

sal y pimienta

3 dientes de ajo prensados

½ cdta de cilantro molido

15 g de hojas de perejil picadas gruesas

2 cdtas de vinagre de vino tinto

½ cda de AOVE

PARA EL POLLO

1,8 kg de pollo

1 cdta de pimienta de cayena

2 cdas de aceite de oliva

1 limón cortado por la mitad

PARA LA SALSA

2 cdas de aceite de oliva

1 cebolla picada muy fina

75 g de nueces peladas

2 dientes de ajo prensados

¼ de cdta de canela molida

½ cdta de cilantro molido

¼ de cdta de pimienta de cayena

¼ de cdta de pimentón

una pizca de fenogreco molido

½ cdta de flores de caléndula secas, y un poco más para servir

½ cda de vinagre de vino tinto

235 ml de caldo de pollo

2 cdas de hojas de cilantro picadas

Precalienta el horno a 190 ºC/marca 5 si es de gas. Corta los extremos de las remolachas y repártelas sobre dos capas de papel de aluminio. Rocía con aceite de oliva, salpimienta y cierra el papel de aluminio en torno a la remolacha para hacer un papillote. Ponlo en una fuente de horno pequeña y hornea durante una hora, o hasta que estén tiernas al pincharlas con la punta de un cuchillo.

Salpimienta el pollo por dentro y por fuera y espolvorea con la pimienta de cayena. Ponlo en una bandeja de horno. Rocía con el aceite de oliva y riega con el zumo de limón recién exprimido. Pon las mitades del limón dentro del pollo y ásalo al horno junto con la remolacha durante una hora y cuarto.

Mientras, maja el ajo, el cilantro y el perejil hasta obtener una pasta que usaremos para sazonar la remolacha.

Para la salsa de nueces, calienta el aceite de oliva en una sartén y sofríe la cebolla hasta que esté tierna y empiece a dorarse (unos 10 minutos). Añade las nueces, el ajo, las especias y las flores de caléndula y sofríe unos cuatro minutos más, removiendo con frecuencia. Pon la mezcla en un mortero grande y májala hasta obtener una pasta grumosa. Viértela en la sartén y añade el vinagre. Caliéntala a fuego medio-bajo y ve añadiendo poco a poco el caldo de pollo, removiendo y dejando que la salsa espese. Prueba, rectifica de sal e incorpora el cilantro picado.

Comprueba si el pollo está hecho pinchando la carne entre uno de los muslos y la pechuga. Los jugos deben salir transparentes, sin rastro de sangre.

Cuando la remolacha esté lo bastante fría para poder manipularla, pélala, rállala y ponla en un bol. Añade la pasta de ajo, cilantro y perejil, el vinagre y el aceite virgen extra. Puedes servirla a temperatura ambiente.

Espolvorea el pollo con unas flores de caléndula secas y sírvelo con la salsa de nueces tibia y la remolacha.

pastel de naranja y granada

Más fácil, imposible. Lleva algo de azúcar, pero no demasiado para tratarse de un pastel. Y es un postre, al fin y al cabo. Sírvelo cortado en porciones delgadas y acompañado de yogur griego. Este pastel queda muy húmedo y jugoso (casi como un flan), así que ten cuidado al trasladarlo de la base del molde a una fuente de servir.

PARA 8 PERSONAS

PARA EL PASTEL

50 g de miga de pan integral

100 g de almendra molida

175 g de azúcar moreno claro

2 cdtas de levadura en polvo

la ralladura fina de 1 ½ naranjas

215 ml de aceite de oliva, y un poco más para engrasar el molde

4 huevos ligeramente batidos

los granos de ½ granada

PARA EL ALMÍBAR

el zumo de 1 naranja

100 ml de zumo de granada (zumo puro, no «bebida elaborada a partir de concentrado de granada»)

1 cda de melaza de granada

2 cdas de miel líquida

En un bol, mezcla la miga de pan, la almendra molida, el azúcar y la levadura en polvo. Añade la ralladura de naranja, el aceite de oliva y los huevos y remueve bien hasta que todos los ingredientes se hayan integrado.

Vierte la masa en un molde circular desmontable de 20 cm de diámetro, previamente engrasado. Ponlo en el horno frío y enciéndelo a 190 ºC/marca 5 si es de gas. Hornea de 45 a 50 minutos, o hasta que el pastel tenga un color tostado y un palillo insertado en el centro salga limpio.

Mientras, prepara el almíbar calentando a fuego lento todos sus ingredientes. Remueve suavemente hasta que la miel se haya disuelto. Lleva a ebullición y deja hervir a fuego lento durante cinco minutos. Deberían quedar unos 100 ml de almíbar.

Cuando el pastel esté hecho, pincha toda la superficie y emborráchalo con el almíbar, vertiéndolo despacio y dejando que lo absorba. Debe enfriarse por completo en el molde.
El pastel se hundirá un poco por el centro, pero no te preocupes, porque podrás aprovechar ese recoveco para poner los granos de granada. Añádelos justo antes de servir.

ensalada de aguacate, salmón crudo y arroz integral

Un plato perfecto para cenar o almorzar entre semana. Si no te acaba de convencer el pescado crudo puedes cocinarlo, pero lo cierto es que posee una untuosidad maravillosa y es muy saciante.

PARA 4 PERSONAS

sal y pimienta

200 g de arroz integral

3 cdas de vinagre de arroz

2,5 cm de raíz de jengibre pelada y rallada

8 cdas de aceite de oliva suave

1 cda de aceite de sésamo

1 cdta de miel líquida

2 aguacates

150 g de rabanitos cortados en láminas muy finas

2 cebolletas despuntadas y picadas finas

75 g de berros (usa sólo los tallos más finos y reserva los demás para hacer sopa)

jengibre encurtido

pasta de *wasabi* (opcional)

salsa de soja para servir

PARA EL SALMÓN

600 g de filetes de salmón muy fresco, sin piel ni espinas, cortado en lonchas de unos 2 mm de grosor

el zumo de 2 limas

2 cdtas de azúcar extrafino

Lleva a ebullición una cacerola con agua salada y cuece el arroz integral hasta que esté tierno (puede que tarde 25 minutos). Mientras el arroz se hace, mezcla el vinagre de arroz con el jengibre, el aceite de oliva, el aceite de sésamo, la miel, la sal y la pimienta.

Tendrás que marinar el salmón mientras el arroz se hace. Cuanto más lo dejes marinando, más se «cocerá» en el zumo de limón, así que puedes mezclar el salmón con el zumo de lima, el azúcar, la sal y la pimienta en una fuente de acero inoxidable o de cristal y dejarlo hasta que el arroz esté listo o sacarlo al cabo de tres o cuatro minutos, como prefieras.

Corta los aguacates por la mitad y deshuésalos. Corta cada mitad en rodajas, y luego pélalas de una en una.

Cuando el arroz esté hecho, cuélalo y mézclalo con la mayor parte del aliño (reserva un poco para el aguacate), los rabanitos, las cebolletas y los berros. Prueba y rectifica, pues el arroz necesita bastante aderezo. Emplata la ensalada con las lonchas de salmón y las rodajas de aguacate a un lado. Pon un poco de jengibre encurtido por encima del salmón y riega los aguacates con el resto del aliño. Espolvorea con pimienta recién molida. Añade un pellizco de *wasabi* (opcional) y ofrece salsa de soja para que cada comensal se sirva.

caballa especiada al estilo del Magreb con kamut

El kamut tiene un sabor que recuerda al de los frutos secos, y me encanta su textura de granos grandes, pero es bastante insípido, por lo que necesita un aliño potente. Casa muy bien con ingredientes de sabor marcado, como la caballa, y es perfecto para elaborar recetas marroquíes (para más información sobre el kamut, véase la pág. 224).

PARA 4 PERSONAS

PARA EL KAMUT

250 g de kamut

2 cdas del jugo de un frasco de limones encurtidos

2 cdas de AOVE

50 g de aceitunas verdes, deshuesadas y picadas

3 cdas de hojas de cilantro picadas

2 limones encurtidos (1 si es casero, porque suelen ser más grandes)

PARA EL PESCADO

½ cda de comino molido

2 cdtas de pimienta de cayena

½ cdta de guindilla en copos

½ cdta de jengibre molido

2 dientes de ajo prensados

4 cdas de aceite de oliva

4 caballas

sal y pimienta

el zumo de ½ limón

La víspera, pon el kamut en remojo en un bol grande con abundante agua. Al día siguiente, escúrrelo bien.

Pon el kamut remojado y escurrido en una cacerola y cúbrelo con abundante agua. Lleva a ebullición y deja hervir a fuego medio de 50 a 60 minutos, o hasta que esté tierno. Los granos se habrán hinchado y ablandado, pero conservarán un punto crujiente. No pierdas de vista la cacerola y asegúrate de que el kamut esté siempre cubierto de agua.

Precalienta el horno a 200 °C/marca 6 si es de gas. Para el pescado, mezcla el comino, la pimienta de cayena, la guindilla, el jengibre y el ajo con el aceite de oliva. Unta las caballas con esta mezcla, por dentro y por fuera, y salpiméntalas del mismo modo. Ponlas en una bandeja de horno y riégalas con el zumo de limón. Hornea durante 20 minutos.

Escurre el kamut y mézclalo enseguida con el jugo del limón encurtido, el aceite virgen extra, las aceitunas, el cilantro, la sal y la pimienta. Corta los limones encurtidos por la mitad y retira la pulpa (deséchala). Corta la piel de los limones en tiras y añádelas al kamut.

Comprueba si el pescado está bien hecho: la carne más cercana a la espina debe quedar blanca y opaca, sin rastro del aspecto translúcido que tenía. Sirve la caballa especiada con el kamut.

pollo con yogur y granada

La mayor parte de los platos de este libro no son precisamente sutiles, sino que tienen sabores contundentes. Éste es distinto. Salvo por la leve aspereza que le aporta el zumo de granada, todo en él es cremosidad y moderación.

1 ½ cdas de aceite de oliva

sal y pimienta

8 muslos de pollo con hueso y sin piel

1 cebolla grande cortada en juliana fina

1 cdta de comino molido

½ cdta de pimienta de cayena

¼ de cdta de guindilla en copos

6 dientes de ajo prensados

400 ml de caldo de pollo

250 g de yogur griego

1 cda de harina de trigo

los granos de ½ granada

1 cda de hojas de cilantro picadas finas

En una cazuela o sartén de fondo grueso, calienta el aceite de oliva. Salpimienta el pollo y márcalo por ambos lados hasta que se dore. Retíralo de la cazuela y reserva. Añade la cebolla a la grasa y los jugos de cocción del pollo y póchala hasta que esté tierna y empiece a dorarse. Espolvorea con el comino, la pimienta de cayena, la guindilla y el ajo y sofríe durante dos minutos más.

Pon de nuevo el pollo en la cazuela con los jugos que haya soltado mientras tanto y añade el caldo. Lleva a ebullición, tapa y deja hervir a fuego muy lento durante 20 minutos. Destapa y prolonga la cocción otros 15 minutos. Para entonces el líquido se habrá reducido un poco y el pollo deberá estar bien hecho (compruébalo pinchándolo en la parte más gruesa: los jugos deben salir transparentes, sin rastro de sangre). Si te ha quedado más de 200 ml de salsa, saca el pollo y deja que hierva hasta que se haya reducido.

Mezcla el yogur con la harina (esto lo estabiliza y evita que se corte). Añade un cucharón de la salsa del pollo al yogur y mezcla bien. Ahora vierte el yogur en la cazuela y mezcla con cuidado. Si has sacado el pollo para reducir la salsa, devuélvelo a la cazuela. Calienta todo a fuego suave, esparce por encima los granos de granada y el cilantro y sirve.

cordero con ruibarbo y guisantes al estilo kurdo

En el Kurdistán, el estofado de ruibarbo y guisantes de esta receta se sirve como plato principal, acompañado de cereales. Mi receta con cordero está inspirada en un libro de cocina maravilloso titulado *Silk Road Cooking*, de Najmieh Batmanglij. Para servir estas verduras con el cordero, hay que prepararlas de antemano y cocinar la carne en el último momento.

PARA 6 PERSONAS

5 cdas de aceite de oliva

1 cebolla cortada en juliana fina

4 dientes de ajo picados finos

1 chile rojo, sin semillas y picado fino

½ cdta de cúrcuma

100 g de guisantes amarillos partidos

800 ml de caldo de pollo, de carne o de verduras

una pizca de hebras de azafrán

1 tomate grande picado grueso

el zumo de 1 lima

2 cdas de azúcar

sal y pimienta

450 g de ruibarbo forzado, despuntado y cortado en trozos de 3 cm de largo

20 g de hojas de perejil

las hojas de 8 ramitas de menta

15 g de hojas de eneldo

20 g de hojas de cilantro

3 filetes de cordero de unos 300 g cada uno, limpios de grasa

En una cazuela, calienta 2 cucharadas de aceite de oliva y sofríe la cebolla hasta que esté tierna (unos cinco minutos). Añade el ajo y el chile y sofríe dos minutos más antes de agregar la cúrcuma. Al cabo de un minuto, incorpora los guisantes, el caldo y el azafrán. Lleva a ebullición y deja hervir a fuego lento durante unos 30 minutos. Precalienta el horno a 200 ºC/marca 6 si es de gas.

Añade a los guisantes hervidos el tomate, la lima, el azúcar, la sal y la pimienta, y mezcla todo bien. Lleva a ebullición de nuevo, baja el fuego y pon el ruibarbo por encima de los guisantes. Tapa y deja hervir a fuego lento durante 15 minutos. El ruibarbo debería cocerse sin llegar a reblandecerse demasiado. Incorpóralo con delicadeza a los demás ingredientes, junto con las hierbas aromáticas, procurando que no quede demasiado blando. Salpimienta, prueba y rectifica si es necesario.

Salpimienta el cordero y calienta las 3 cucharadas restantes de aceite de oliva en una sartén. Dora los filetes por los dos lados, pásalos a una fuente de horno y ásalos durante 10 minutos. Saca los filetes, tápalos y deja que reposen durante 10 minutos, manteniéndolos calientes.

Corta los filetes de cordero en lonchas gruesas. Sirve con el guiso de ruibarbo y guisantes, un poco de yogur griego y algún cereal (el *bulgur* queda fantástico con esta receta). Una ensalada de berros tampoco vendría mal para acompañar.

prueba este guiso de verduras con... carne de ciervo Pinta con aceite de oliva 6 filetes de carne de ciervo (de unos 175 g cada uno, cortados de la pierna o del lomo) y salpimienta. Calienta una sartén a fuego vivo y marca los filetes por ambos lados. Baja el fuego y cocínalos hasta que estén poco hechos (unos 2 minutos y medio por cada lado). Corta cada filete en cuatro lonchas y sirve en platos calientes con unas cucharadas del guiso de verduras. Para 6 personas.

pollo vietnamita con ensalada de mango

La ensalada vietnamita no se parece a lo que entendemos por ensalada en Occidente, pues sus elementos se sirven separados. Cada comensal coge trocitos de pollo y verduras, los envuelve en hojas de lechuga y moja el rollito resultante en una salsa picante. Un «sírvase usted mismo» maravilloso.

PARA 4 PERSONAS

PARA EL POLLO

3 tallos de citronela, sólo la parte blanca, picados finos

4 dientes de ajo picados

sal y pimienta

1 cdta de azúcar extrafino

1 cda de salsa de pescado

2½ cdas de aceite vegetal (por ejemplo, de girasol)

4 pechugas de pollo sin piel

PARA LA SALSA

8 dientes de ajo

2 chiles rojos, sin semillas y picados finos

2 cm de raíz de jengibre pelada y rallada

6 cdtas de azúcar extrafino

el zumo de 2 limas

8 cdas de salsa de pescado

PARA LA ENSALADA

1 mango pequeño y ligeramente verde

3 zanahorias peladas y cortadas en bastones finos

½ pepino cortado en bastones finos

100 g de germinado de soja

las hojas de un manojito de menta

las hojas de un manojito de albahaca

125 g de hojas de lechuga grandes lavadas

Primero marina el pollo. Usando un mortero o un robot de cocina, tritura la citronela y el ajo con una pizca de sal y pimienta. Incorpora el azúcar, la salsa de pescado y el aceite. Pon el pollo en un bol y riégalo con la marinada, dándole la vuelta para asegurarte de que queda bien impregnado. Tapa y refrigera durante un par de horas, o de un día para otro.

Para hacer la salsa, usando un mortero o un robot de cocina, tritura el ajo, el chile, el jengibre y el azúcar. A continuación añade el zumo de lima y la salsa de pescado. Agrega 4 o 5 cdas de agua (según la intensidad de sabor deseada) y mezcla bien.

Para la ensalada, pela el mango y, bordeando el hueso, retira las dos mitades más carnosas de la pulpa. Córtalas en rodajas o bastones. Saca la pulpa de mango adherida a los lados más estrechos del hueso y repite. La pulpa debe estar intacta, ni blanda ni magullada, así que guarda los trozos «tocados» para hacer un batido (o cómetelos).

Ahora sólo te queda colocar la selección de fruta, verdura y hierbas aromáticas en una fuente. Puedes mezclar los ingredientes (excepto las hojas de lechuga) o servirlos separados para que cada comensal decida con qué quiere acompañar cada bocado de pollo.

Calienta una plancha a fuego vivo y saca el pollo de la marinada. Marca cada trozo por ambos lados a fuego medio-alto primero, y luego baja el fuego y deja que se hagan por dentro, dándoles la vuelta de vez en cuando.

Sirve el pollo con la ensalada, la salsa para mojar y un poco de arroz integral aparte. Lo habitual es que los comensales cojan la fruta, las verduras y las hierbas aromáticas que les apetezcan y las mezclen con el pollo en una hoja de lechuga que luego se enrolla y se moja en la salsa. Deja que cada cual se sirva.

carpaccio de ternera con lentejas beluga, rábano picante y suero de mantequilla

Delicioso, saciante, exquisito, un plato ideal para recibir visitas. El solomillo de ternera es caro, pero se necesita poca cantidad por persona.

**PARA 6 PERSONAS
COMO PLATO PRINCIPAL**

PARA EL *CARPACCIO*

4 remolachas medianas
u 8 pequeñas

1 cda de aceite de oliva
y un poco más para la remolacha

sal y pimienta

½ cebolla roja picada fina

½ rama de apio picado fino

1 diente de ajo picado fino

250 g de lentejas beluga

5 cdas de AOVE y un poco más
para servir

1 cda de vinagre balsámico
de vino blanco

un buen chorro de zumo de limón

2 cdas de hojas de eneldo picadas

450 g de solomillo de ternera
madurado, en una sola pieza

4 cm de rábano picante fresco,
pelado y rallado

PARA EL ALIÑO DE SUERO
DE MANTEQUILLA

125 ml de suero de mantequilla

½ diente de ajo prensado

1 cda de AOVE

Para la remolacha, precalienta el horno a 220 ºC/marca 7 si es de gas. Corta las hojas de la remolacha. Si están tiernas y frescas, resérvalas. Lava las remolachas y ponlas en una fuente de horno forrada con dos capas de papel de aluminio (lo bastante grande para envolver las remolachas en una especie de papillote). Rocía con aceite de oliva y salpimienta. Cierra el papel de aluminio en torno a las remolachas, sella los bordes y hornea durante 30 minutos, o una hora si son remolachas de tamaño mediano. Comprueba si están tiernas pinchándolas con la punta de un cuchillo; si no es así, pon de nuevo en el horno.

Para las lentejas, calienta una cucharada de aceite de oliva en una cazuela y sofríe la cebolla y el apio hasta que estén tiernos pero sin que se doren. Añade el ajo y sofríe dos minutos más antes de añadir las lentejas y la cantidad de agua suficiente para cubrirlas y que las sobrepase 5 cm. Lleva a ebullición y hierve a fuego lento hasta que las lentejas estén tiernas (compruébalo al cabo de 15 minutos). Escurre y aliña enseguida con el aceite virgen extra, el vinagre balsámico, el zumo de limón, la sal, la pimienta y el eneldo.

Si has reservado las hojas de la remolacha, lávalas y escáldalas en agua salada durante tres minutos. Sácalas con una espumadera, escúrrelas sobre papel de cocina y seca las hojas con cuidado.

Seca el solomillo de ternera con papel de cocina y retira la grasa y los nervios. Con un cuchillo afilado córtalo en lonchas muy finas, en sentido contrario a las fibras. Extiéndelas entre dos hojas de papel antiadherente humedecido y golpéalas con un mazo o rodillo de cocina.

Mezcla todos los ingredientes del aliño y salpimienta al gusto.

Corta las remolachas asadas por la mitad o en cuartos y emplata con el *carpaccio* de ternera, las lentejas y las hojas blanqueadas (opcional). Rocía la remolacha y sus hojas con aceite virgen extra. Salpimienta estas últimas. Espolvorea el plato con parte del rábano picante y ofrece el resto en un bol pequeño. Sirve el aliño de suero de mantequilla en otro bol.

estofado de carne de ciervo con remolacha y rábano picante

En este libro hay un buen número de recetas ligeras, frescas y rápidas de preparar, pero en invierno el cuerpo nos pide un buen estofado hecho a fuego lento con una salsa densa y oscura. Sin embargo, el vino no es imprescindible, y las verduras pueden desempeñar un papel tan importante como la carne. La de ciervo es fantástica —magra y de sabor intenso— y hace muy buenas migas con cereales integrales como la cebada, el *bulgur* de trigo, el farro o la espelta (para saber cómo cocinarlos, véanse las págs. 223-224). Sólo tienes que asegurarte de ir comprobando el punto de cocción y removiendo el estofado, ya que la carne de ciervo tiende a resecarse. Un plato escandinavo para los días de invierno.

PARA 6 PERSONAS

sal y pimienta

25 g de harina de trigo

1 kg de carne de ciervo para estofar, cortada en dados

1 cda de aceite de cacahuete o de girasol, y un poco más si es necesario

2 cebollas picadas gruesas

10 bayas de enebro majadas

una ramita de romero

500 ml de caldo de carne o de pollo, y un poco más si es necesario

1 cda de mermelada de ciruela o de grosella

300 g de remolacha pelada

1 ½ cdas de hojas de eneldo picadas

rábano picante fresco rallado para servir

Precalienta el horno a 150 ºC/marca 2 si es de gas. Salpimienta la harina y enharina la carne (sacude el exceso vigorosamente, pues sólo se necesita una capa fina).

En una cazuela refractaria de fondo grueso, calienta el aceite. Dora la carne por todos los lados, trabajando en tandas y retirando los trozos según vayan tomando color. No llenes demasiado la cazuela, pues no queremos que la carne se cueza en su propio vapor. Sofríe la cebolla en la misma cazuela (tal vez tengas que añadir un poco más de aceite) hasta que esté tierna y dorada. Incorpora las bayas de enebro y el romero y pon de nuevo la carne en la cazuela. Agrega el caldo y la mermelada y salpimienta.

Corta la remolacha en cuñas de 1 cm de grosor en la parte más ancha y añádelas a la cazuela. Lleva a ebullición, retira la cazuela del fuego, tapa y mete en el horno. Al cabo de una hora y media, destapa y deja que siga asándose hasta 30 minutos más, removiendo ocasionalmente. El líquido debe reducirse y espesar, y la carne quedar completamente tierna. Si se resecara, añade un poco más de caldo o agua. Prueba y rectifica de sal. Espolvorea con el eneldo y el rábano picante y sirve.

prueba algo distinto... Puedes sustituir la remolacha por calabaza y usar un poco de miel en vez de la mermelada. Espolvorea el estofado con *gremolata* de nueces (véase la pág. 254) en lugar de las hojas de eneldo y el rábano picante. También puedes reemplazar la remolacha con una mezcla de setas frescas y secas o unos champiñones.

lichis con té de jazmín

Un postre muy sutil y delicadamente perfumado. Procura que el perfume no resulte abrumador —controlando bien el tiempo de infusión— y no dejes que se te vaya la mano con el zumo de lima o eclipsará los demás sabores.

PARA 4 PERSONAS
2 bolsitas de té de jazmín
125 g de azúcar
un chorro de zumo de lima
24 lichis pelados y deshuesados

Pon las bolsas de té en una jarra o tetera y añade 300 ml de agua hirviendo. Deja que se infusione durante 90 segundos nada más, puesto que no queremos un té demasiado fuerte y perfumado. Retira las bolsas de té y deséchalas. Vierte el té en una olla junto con el azúcar. Calienta, removiendo para que el azúcar se disuelva. Lleva a ebullición y deja que hierva hasta que se haya reducido en un tercio de su volumen. Añade el zumo de lima pero sé comedido, pues su papel es realzar los demás sabores, no enmascarar la exquisita fragancia del jazmín. Deja enfriar completamente.

Pon los lichis en una fuente y vierte el almíbar por encima. Sirve tal cual, sin ningún acompañamiento, para poder apreciar este postre en toda su delicadeza.

una alternativa para los meses más cálidos...

En verano es difícil encontrar lichis frescos, por lo que tal vez tengas que usarlos enlatados (aunque son un buen producto). Prepara el almíbar como se indica arriba, pero usa té de rosas. Escurre 400 g de lichis enlatados, ponlos en un bol y añade 200 g de frambuesas. Riega con el almíbar. Si no encuentras té de rosas, prepara un té verde y añádele 1 cdta de agua de rosas (pruébalo y rectifica, pues la intensidad del agua de rosas varía mucho según la marca). Las frambuesas, las rosas y los lichis forman una combinación sublime. También podrías usar agua de geranios en vez de agua de rosas. Para 4-6 personas.

ruibarbo al horno con anís estrellado

Te propongo una receta sencilla, no demasiado dulce y perfecta para desayunar o como postre. Asar el ruibarbo es mucho más fácil que hervirlo (a mí siempre se me acaba deshaciendo cuando lo hiervo, mientras que al horno los trozos quedan intactos y preciosos). Si quieres que te cunda más, añade al ruibarbo asado unas rodajas de mango maduro, o una mezcla de mango y lichis, o incluso pomelo (véase abajo): cualquiera de estas combinaciones dará un plato de colorido espectacular.

PARA 6 PERSONAS

500 g de ruibarbo tierno

100 g de azúcar moreno extrafino

el zumo de 1 naranja pequeña

1 anís estrellado

Precalienta el horno a 170 ºC/marca 3 ½ si es de gas.

Despunta los tallos de ruibarbo y córtalos en trozos de unos 3,5 cm de largo. Ponlos en una fuente refractaria lo bastante grande para que quepan en una sola capa. Espolvorea con el azúcar y riega con el zumo de naranja. Rompe el anís estrellado en 3 o 4 trozos y añádelo a la fuente.

Tapa con papel de aluminio y hornea de 20 a 30 minutos, hasta que el ruibarbo esté tierno pero intacto. No debe quedar demasiado blando. Deja enfriar.

prueba a añadir... mango o pomelo Esta receta queda muy bien —y deslumbra por su colorido— si le añades mango o pomelo. Agrega el doble del zumo de naranja indicado arriba y 25 g más de azúcar (para obtener más cantidad de almíbar), hornea el ruibarbo y déjalo enfriar completamente antes de añadir un mango pequeño. Tienes que pelarlo, cortarlo en dos mitades bordeando el hueso y luego cortar cada trozo de pulpa resultante en rodajas de cerca de 1,5 cm de grosor. Mézclalo delicadamente con el ruibarbo para que no se deshaga. Si añades pomelo rosa o normal, tendrás que pelarlo a lo vivo (véase la pág. 44). Incorpora los gajos pelados de dos pomelos al ruibarbo una vez que esté frío. Ambas variaciones alcanzan para 8 personas o más.

compota de membrillo y pera con arándanos rojos

La pulpa del membrillo es exquisita, dulce y carnosa, así que no necesitas mucha cantidad para sentirte lleno. El sabor de las peras casa muy bien con él —el membrillo es tan dulce que puede resultar casi empalagoso— y los arándanos rojos también aportan un magnífico contrapunto ácido. Si sobra algo, mézclalo con copos de avena.

PARA 8 PERSONAS

450 ml de zumo de arándanos rojos

135 g de azúcar moreno claro

½ rama de canela partida

3 clavos de olor

3 membrillos pelados, sin el corazón y cortados en cuartos

el zumo de 1 limón

2 tiras de cáscara de naranja

3 peras grandes (no demasiado maduras), peladas, sin el corazón y cortadas en cuartos

150 g de arándanos rojos

Pon el zumo de arándanos rojos, el azúcar, la canela y los clavos en una olla ancha, de fondo grueso, con 150 ml de agua y lleva suavemente a ebullición, removiendo para que el azúcar se disuelva. Baja el fuego al mínimo, añade los membrillos, el zumo de limón y la cáscara de naranja y deja confitar durante 15 minutos. Añade las peras y prolonga el tiempo de cocción 15 minutos más (dependiendo de lo maduras que sean). Ve dando la vuelta a la fruta para asegurarte de que se confita de forma homogénea.

Cuando el membrillo y la pera estén casi tiernos, añade los arándanos rojos y remueve con delicadeza. Confita durante 5 o 10 minutos. Los arándanos rojos deben romperse y teñir el almíbar, y la fruta debe quedar completamente tierna. No debería hacer falta reducir el almíbar, ya que el membrillo es rico en pectina, que se encargará de espesarlo según se vaya enfriando.

Pon la fruta y el almíbar en un bol de servir (retira la canela y los clavos de olor). Sirve a temperatura ambiente, acompañado de yogur.

granada, naranjas y dátiles con almíbar de azahar

Fresco, ligero, perfumado... no me canso de este plato. No lo montes con demasiada antelación. Conviene servirlo fresco, pero es mejor no refrigerarlo durante mucho rato para evitar que pierda su colorido (y que las naranjas se reblandezcan).

PARA 4-6 PERSONAS

el zumo de 3 limones

150 g de azúcar granulado

1 tira ancha de cáscara de limón

1 tira ancha de cáscara de naranja

2 cdas de agua de azahar

8 dátiles deshuesados

5 naranjas

120 g de granos de granada

Calienta 325 ml de agua, el zumo de limón y el azúcar junto con la cáscara de limón y naranja, removiendo de vez en cuando para que el azúcar se disuelva. Lleva a ebullición y deja hervir a fuego lento durante 10 o 12 minutos, hasta obtener un almíbar ligero. Cuando añadas las naranjas, su zumo lo diluirá un poco. Deja que el almíbar se enfríe, cuela para retirar la cáscara y añade el agua de azahar.

Corta los dátiles por la mitad y luego corta cada mitad en tres rodajas.

Rebana la parte superior e inferior de cada naranja, para que tengan una base estable sobre la que apoyarse. Con un cuchillo muy afilado, quita no sólo la piel sino también el albedo o parte blanca. Puedes pelarlas a lo vivo o en rodajas, pero recoge el zumo que suelten y añádelo al almíbar.

Pon las naranjas en un bol poco profundo, intercalándolas con la granada y los dátiles. Riega con el almíbar. Refrigera, pues este plato gana mucho y resulta refrescante cuando se sirve frío. Ofrece yogur griego —ligeramente endulzado, si quieres— para acompañar.

al pan, pan

Hoy en día es bastante más fácil comprar un buen pan artesano que en otros tiempos, pero no es oro todo lo que reluce. La etiqueta «integral» se puede interpretar de muchas maneras, y lo mismo podría decirse del término «natural». Las panaderías artesanales proliferan en nuestras ciudades, y en ellas encontrarás buen pan (me refiero a las panaderías artesanales de verdad, no a las cadenas de panaderías que han empezado a ofrecer panes más atractivos al por menor, pero fabricados con el mismo cóctel de aditivos artificiales, «potenciadores» y levaduras propios de la panificación industrial). Los panaderos verdaderamente artesanales emplean métodos más lentos para hacer el pan, por lo general usan harinas menos industriales (y por tanto, más saludables), menor cantidad de levadura y una mayor variedad de cereales. Poseen los conocimientos necesarios para convertir la harina, el agua, la sal y la levadura en pequeñas obras de arte y para adaptarse a las variaciones naturales de su producto. No siempre tienen su propio establecimiento comercial, pero puedes encontrar sus panes en mercadillos locales y tiendas especializadas.

No se me escapa que todo esto suena un poco elitista, y que este tipo de pan no es precisamente barato, pero ¿por qué debería darnos igual lo que comemos, o comprar un pan industrial a sabiendas de que su calidad es inferior, en lugar de apoyar a los pequeños comercios que miman sus productos? Y si hablamos de la experiencia sensorial, sencillamente no hay color. Intenta comparar un pan integral precortado de supermercado con una hogaza elaborada de forma artesanal. El pan del supermercado será más bien insípido, mientras que la hogaza artesanal no sólo tendrá más riqueza de sabor —un sabor que recuerda al de los frutos secos—, sino que además ofrecerá la gran ventaja adicional (sobre todo para quienes quieren mantener el peso a raya) de hacer que nos sintamos más saciados, por lo que no querremos comer una rebanada tras otra. El pan artesanal es más pesado y tiene la miga más densa. Y puede que parezca caro cuando lo compras, pero lo cierto es que dura varios días (al tercer día hay que tostarlo, pero eso realza su sabor).

¿Es el pan un alimento proscrito para quienes quieren controlar su peso? Todo el pan blanco y una parte del pan integral poseen índices glucémicos (IG) elevados, es decir, provocan picos de azúcar en sangre y estimulan la secreción de insulina (para más información, véanse las págs. 24-25). Yo no he renunciado completamente a las baguetes, pero sólo me las permito de forma ocasional. El pan de larga fermentación, como el que se hace con masa madre, el pan integral de centeno y de otros cereales, tiene un IG más bajo debido precisamente a ese proceso de fermentación pausado, así que me decanto por él, y no sólo porque sea recomendable comer carbohidratos complejos, sino sobre todo porque tiene un sabor delicioso, repleto de matices, que convierte el pan en un alimento a tener en cuenta por sí mismo y no un simple «complemento». Ya no compro pan de molde blanco, a no ser que me entre nostalgia de los sándwiches de tomate de mi infancia. También puedes hacer el pan en casa (en este libro encontrarás unas pocas recetas, y una vez que empieces no podrás parar). Pero, si lo compras, hazlo de forma consciente. Te sentirás mejor, comerás mejor... y comerás menos.

pan negro

Esta receta del clásico pan negro ruso procede del magnífico libro de Dan Lepard *Short and Sweet* y apenas la he cambiado. Es uno de los panes más deliciosos que he hecho nunca, tierno, esponjoso y provisto de una enorme complejidad y riqueza de sabor. Pruébalo con pescado crudo o ahumado, o como la base de un desayuno de aires escandinavos.

El pan de centeno es fácil de encontrar, por eso no le he dedicado una receta en el libro, pero el pan negro es mucho menos habitual y hacerlo en casa es estimulante.

PARA 1 HOGAZA GRANDE

150 g de harina de centeno

2½ cdtas de levadura seca activa

3 cdtas de azúcar mascabado

2 cdas de cacao en polvo

2 cdas de café instantáneo granulado

75 g de melaza oscura

4 cdtas de semillas de alcaravea y 1 cdta más para decorar

50 g de mantequilla sin sal

425 g de harina de fuerza

2 cdtas de sal

150 g de zanahoria cruda, rallada fina

aceite de cacahuete

1-2 cdtas de semillas de sésamo

Vierte 225 ml de agua fría en una olla y llévala a ebullición. Incorpora 50 g de harina de centeno con un tenedor, removiendo, y deja templar durante 15 minutos. Añade la levadura y 1 cdta de azúcar, remueve bien, tapa y deja reposar a temperatura ambiente durante 45 minutos. Calienta 100 ml más de agua y añade el cacao, el café, la melaza, 4 cdtas de semillas de alcaravea, el resto del azúcar y la mantequilla. Remueve hasta que ésta se haya derretido y deja enfriar.

Pon la harina de fuerza y el resto de la harina de centeno en un bol con la sal. Haz un hueco en el centro y vierte la mezcla de la levadura, seguida de la melaza y la zanahoria. Mezcla hasta obtener una masa pegajosa. Engrasa ligeramente con aceite una pequeña parte de la superficie de trabajo y úntate las manos. Trabaja la masa sobre esta superficie, o en una batidora provista de gancho de amasar. Si lo haces a mano, amasa durante 10 minutos; si usas la batidora, durante 5. La masa tendrá un aspecto terso y reluciente, y un color como de barro rojizo con tropezones de zanahoria. Ponla en un bol untado con aceite y tapa con film transparente también engrasado. Deja a temperatura ambiente durante una hora (debería aumentar casi la mitad de su volumen).

Rompe la masa durante 30 segundos, dale una forma redonda y ponla sobre una bandeja de horno untada con aceite, con la junta vuelta hacia abajo. Tapa con el film transparente engrasado y deja a temperatura ambiente durante una hora. Precalienta el horno a 220 ºC/marca 7 si es de gas.

Saca el film transparente —la masa tendrá una textura suave y mullida— y pinta la superficie con agua. Espolvorea con las semillas de sésamo y alcaravea y haz una cruz en el centro con un cuchillo de sierra. Hornea durante 20 minutos, baja la temperatura a 180 ºC/marca 4 si es de gas y hornea 20 minutos más. Transcurrido ese tiempo, si golpeas la parte inferior de la hogaza con los nudillos, debería sonar hueca. Ponla sobre una rejilla y deja enfriar.

últimas consideraciones

Este libro ya estaba terminado cuando empecé a redactar una lista de pautas nutricionales. No era una «dieta», sino una forma de comer teniendo en cuenta los conocimientos que acababa de adquirir. Uso estas pautas a modo de recordatorio personal, pero espero que a ti también te resulten útiles.

Después de leer este libro, tal vez quieras sentarte a redactar tus propias pautas nutricionales. Tú sabrás mejor que nadie qué cambios puedes incorporar a tu día a día, y también cuáles son tus puntos flacos. Puede que te zampes media cuña de queso mientras preparas la cena, o que te cueste beber sólo una copa de vino. Lo que sigue es un resumen de todo aquello que me he propuesto hacer»:

mantras útiles

Los mantras son buenos porque puedes evocarlos fácilmente en cualquier momento. Uno de mis preferidos es una cita del periodista estadounidense Michael Pollan: «Aliméntate con comida de verdad, sobre todo verduras, y restringe la cantidad.» Yo sólo añadiría: «Saboréala. Y no te pases con los carbohidratos.»

Las frutas y verduras son, como poco, alimentos sanos, y es posible que posean propiedades sumamente beneficiosas. Convertirlas en el centro de nuestra dieta parece una buena idea, y cuanto más variada sea la selección de frutas y verduras, mejor (aunque, al parecer, las crucíferas y las verduras de hoja son las que aportan mayores beneficios). Así que mi segundo mantra es «Verde que te quiero verde, y rojo, y rosado».

Uno de los hallazgos más desconcertantes de todos los que he hecho en los últimos tiempos es que el azúcar es uno de los principales responsables de la creciente epidemia de obesidad. Robert Lustig, experto en la materia, sostiene que los zumos de fruta son igual de perjudiciales que los refrescos con gas. Es mejor comer la fruta entera, puesto que también aprovechamos su fibra, así que he hecho mío uno de los mantras de Lustig: «Cómete toda la fruta, y no sólo el zumo.»

grasas

• Las grasas saturadas, como las de la mantequilla, el queso y la carne roja, tal vez no sean tan perjudiciales para la salud como se creía. Pero aun así parece lógico limitar su consumo. Y comer pequeñas cantidades de mantequilla es preferible a consumir sucedáneos bajos en grasas procesados industrialmente.

• No comas grasas trans y búscalas en las etiquetas de los alimentos.

• Usa aceite de oliva, aguacate y colza sin restricción. Los aceites prensados en frío de avellana y nueces también son buenos (mejor reservarlos para los aliños). Controla la ingesta de aceites ricos en omega-6 (maíz, girasol, cártamo y semilla de uva).

• No compres nada «bajo en grasa» o *light*. Si le han quitado algo es bastante probable que le hayan añadido algo peor (como azúcar).

huevos

Al parecer, no existe relación alguna entre el colesterol ingerido mediante la dieta y los niveles de colesterol en sangre, así que los huevos vuelven con fuerza.

pescado azul

Es una gran fuente de ácidos grasos omega-3, así que come tanto como quieras. Eso sí, que sea de pesca sostenible.

carbohidratos

• Restringe los carbohidratos refinados y pásate a los cereales integrales. Sin embargo, puede que necesites limitar todos los carbohidratos, incluidos los cereales integrales, para adelgazar.
• Cuidado con recurrir a la fruta como tentempié, pues contiene mucho azúcar.
• Comprueba el índice glucémico y la carga glucémica de ciertos alimentos concretos, para saber cuáles provocan picos de insulina. Puedes buscarlos aquí: www.glycemicindex.com.

pan

• Come pan hecho de forma artesanal con cereales integrales, y cuanto más variados, mejor.
• Recuerda que no todo el pan moreno es «sano».

desayuno

Olvídate de los cereales industriales para el desayuno. Come cereales integrales o proteína para sentirte saciado hasta la hora del almuerzo.

recuerda

• No hay nada prohibido. Alimentarse de forma sana no significa que todas las comidas tengan que ser saludables, sino que conviene buscar el equilibrio general.
• No se trata de saber qué no puedes comer, sino más bien qué puedes comer sin restricciones.
• No comas con prisas, y para de comer cuando te sientas saciado.
• Ten en cuenta lo que has aprendido, pero no te obsesiones con la salud. La comida está para disfrutarla.
• Busca en las tradiciones culinarias más sanas del mundo —la de Oriente Próximo, la mediterránea, la japonesa, la tailandesa, la birmana, la vietnamita— platos que resulten «informalmente» sanos.

ahora te toca a ti...

Éste es mi octavo libro, y el que más esfuerzo me ha supuesto (prefiero combinar sabores, más que grupos de alimentos). También ha sido el que más sorpresas me ha deparado. Tiempo atrás, me ponía de los nervios oír hablar de «comida sana» porque no podía evitar pensar en una deprimente montaña de lechuga iceberg y requesón. Pero he descubierto que, de todos mis libros, éste es el que guardo más cerca de los fogones. Lo uso a todas horas. Mi forma de cocinar ha cambiado y evolucionado de un modo maravilloso gracias a él. Espero que haga lo mismo por ti.

índice de recetas

primavera

ensalada persa 14
requesón de cabra, arándanos y berros 17
ensalada de queso feta y naranja con almendras a la miel 18
pollo persa con azafrán y menta y cuscús de primavera 20
helado de yogur griego y albaricoque 22
espárragos al estilo del Véneto 27
espárragos mimosa 28
huevos pasados por agua con trío de ensaladas 30
sopa de tofu, langostinos y cebollino 32
caldo de pollo peruano 35
ensalada de remolacha, rabanitos y queso de cabra 36
ensalada de alcachofas y ricotta con aliño de limón encurtido
    a la miel 37
puerros con yogur, eneldo y zumaque 38
rollitos vietnamitas con *nuoc cham* 40
bol de arroz japonés 43
macedonia con almíbar de menta y rosa 44
cuscús de cebada de primavera con *harissa* y salsa de suero
    de mantequilla 46
patatas de platillo, brotes de brócoli morado, huevos
    de codorniz y crema de anchoas 48
más ideas con brócoli 49
buey de mar al ajillo picante 50
tartar de salmón con pepino agridulce y galletas crujientes
    de centeno 53
cuscús salteado con pescado blanco, azafrán y eneldo 54
huevos del buen yerno 56
salmón *teriyaki* con verduras encurtidas y semillas
    de sésamo 60
pollo japonés al ajo y jengibre con ensalada de pepino 63
picantones ahumados con crema de pimiento rojo y ensalada
    de hojas amargas 64
verduras laminadas con limón y aceite de oliva 66
ensalada tibia de salmón, puerros tiernos, perejil y alcaparras 69
gelatina de arándanos y ginebra 70
besugo asado a la madrileña 72
farareej mashri (pollo a la parrilla al estilo egipcio) 73
pan de yogur de Oriente Próximo 73
pollo al hinojo con miel, mostaza y naranja 74
pilaf blanquinegro 74
ternera a la vietnamita con fideos de arroz y verduras
    crujientes 75
pierna de cordero deshuesada con *sekenjabin* 76
sorbete de chocolate y romero 78
sorbete de pomelo y menta 78
bizcocho de pistacho y limón 79
bizcocho de remolacha con semillas de amapola 80

verano

ensalada de nectarinas, tomate y albahaca con mozzarella
    fresca 86
crema fría de tomate con aguacate y comino 88
ensalada birmana de melón y jengibre 89
ensalada de alcachofas a la siciliana y habas con vinagreta
    de azafrán 90
granizado de café 93
crema de pepino y yogur con nueces y pétalos de rosa 94
ensalada de salmón ahumado en caliente, centeno, remolacha
    y rabanitos 96
ensalada tibia de pomelo rosa, langostinos y coco tostado 97

ensalada de queso de cabra y cerezas con *gremolata*
    de almendras y albahaca 98
ensalada turca de cuchara con *haydari* 101
al rico aliño 103
tomates asados al azafrán con *labneh* 104
calabacines y berenjenas a la búlgara, asados a la parrilla
    con *tarator* 106
macedonia de verduras a la parrilla 107
puré de habas, *relish* de feta y pan de comino 108
ensalada de anchoas ahumadas, judías verdes y huevo 111
pilaf de habas, puerros, tomate y eneldo 112
alubias blancas con pimientos asados, huevos y *hilbeh* 114
pan persa especiado 115
sorbete de bayas silvestres e hibisco 116
hamburguesa escandinava de salmón con eneldo y salsa
    de tomate 118
salmón al plato 119
carpaccio asiático de salmón 119
salmón marinado con cítricos y ensalada de hinojo
    y manzana 120
salmón asado en papel de diario con salsa de eneldo
    y pepino 122
lubina en papillote con *relish* especiado de berenjena, limón
    y miel 124
sardinas al pimentón ahumado con alubias blancas y tomates
    asados 126
calamar con cuscús, chile, menta y limón 127
caballa asada con hierbas aromáticas y setas silvestres sobre
    lecho verde 128
melocotones blancos en almíbar con gelatina de vino
    rosado 130
atún soasado con aliño de chile y cacahuete 132
salmonetes rellenos asados 133
salmonetes asados con aliño de *tahina* y tabulé
    de cebada 135
pollo a la israelí con *moghrabieh*, melocotones asados
    con *harissa* y menta 136
brochetas de pollo a la lima con ensalada de chile, menta
    y germinados 139
picantones *alla diavola* con judías verdes y migas
    a la siciliana 140
brochetas de cordero con *adzhika* 141
scottadito de cordero con *fregola* de verano 142
ternera a la japonesa con aliño rústico de *ponzu* y *wasabi* 144
tagliata 146
ricotta con bayas silvestres y miel 149
tarta de grosella espinosa, almendras y espelta 150
frambuesas con albahaca y sorbete de suero de
    mantequilla 153
higos y melón con jengibre y anís estrellado 154
huevos escalfados al estilo turco con espinacas y yogur 157
huevos revueltos al estilo de Roopa 157
grosellas con yogur y migas de centeno 158

otoño

tomates asados con lentejas y huevos rebozados con *dukka* 164
caldo oriental con chalota, lima y cilantro 167
sopa de zanahoria y jengibre con *raita* de pepino 169
caldo de salmonete y azafrán con salsa de ajo de Corfú 171
lentejas beluga con ensalada de uvas asadas y endibias
    rojas 172

ensalada de apionabo, achicoria, hinojo y manzana con
avellanas 174
ensalada de zanahoria, lombarda y manzana con alcaravea 175
calabaza asada y aguaturmas con *agresto* 178
pilaf de *cavolo nero* y *bulgur* con higos glaseados 180
ensalada de berros y zanahoria 181
galette de centeno con moras y manzana 182
ensalada de caqui, granada y endibias rojas con queso de cabra
y avellanas tostadas 184
ensalada de berenjenas a la parrilla con dátiles, nueces
y yogur 187
berenjenas con *miso* al estilo japonés 188
calabaza especiada al estilo de Oriente Próximo y alubias
blancas con menta y limón 189
lentejas caseras al estilo del Punyab (*tarka dal*) 190
espinacas y champiñones al estilo indio con lentejas negras
y *paneer* 193
pilaf de cereales mixtos, boniato e hinojo con «crema»
de aguacate 194
ensalada japonesa de caqui y aguacate con jengibre 197
pescado picante al estilo birmano con ensalada ácida
y picante 198
compota de cítricos con escarcha de jengibre 200
tostadas con tomates asados, *hummus* y espinacas 202
vieiras con aliño de anchoas y alcaparras 203
chipirones con *tarator* ahumado de almendras, pimiento,
freekeh y espinacas 205
caballa ahumada, ensalada de remolacha con semillas
de amapola y pan de cerveza negra 206
dorada con jengibre, soja y cebolletas 209
sashimi 210
caballa con picada de avellanas 212
calamares salteados con chile y jengibre 213
ensalada tibia de pato con aliño de *umeboshi* y jengibre
confitado 214
ensalada de pollo y mango al estilo tailandés 216
pollo al estilo *shawarma* con crema tibia de garbanzos
y cebollas al zumaque 217
pollo con calabaza, soja y anís estrellado 219
chuletas de cerdo especiadas con *relish* de mango
y jengibre 220
pollo a la parrilla, col rizada y farro con aliño cremoso de ajo
y anchoa 225
sopa de lentejas, tomates asados y azafrán 226
salteado de remolacha, calabaza y espinacas con especias
indias 228
ensalada loca 230
peras en almíbar de Earl Grey 231
sorbete de membrillo al estilo turco 232
gelatina de moras y vino tinto 233
bizcocho de dátiles, orejones y nueces 234
pan integral al estilo Ballymaloe 236
pan de trigo al estilo de Clare 237
tostada de tomates asados y aguacate 238
gachas de cereales variados con arándanos y miel 239
gachas de espelta y avena con granada y pistachos 239
gachas de avena a la antigua usanza y compota de manzana
con sirope de arce 240
muesli de centeno tostado con avellanas y arándanos rojos 243
champiñones salteados con cintas de tortilla y sésamo
negro 244

invierno
rojo sobre blanco 250
calabaza asada, *labneh*, *gremolata* de nueces y granada 254
buñuelos de remolacha y zanahoria con salsa de yogur
y eneldo 257
bol familiar de pollo y huevo sobre lecho de arroz (*oyaka
domburi*) 258
verduras de invierno con cebolla crujiente, *tahina*
y zumaque 259
sopa de espinacas, granada y *bulgur* 260
sopa de col rizada, salmón y cebada con suero de
mantequilla 261
kofte de lentejas rojas y zanahoria con granada, cilantro
y *tahina* 262
codornices especiadas con ensalada de naranja sanguina
y dátiles 264
yogur con miel al azafrán, almendras y compota
de albaricoque 266
ensalada de farro a la mostaza con verduras de invierno
asadas 269
ensalada de quinua, lentejas beluga, mango y pollo ahumado
con salsa *korma* 270
ensalada marroquí de zanahoria 272
ensalada japonesa de zanahoria y *daikon* 273
ensalada de zanahoria especiada, dátiles y sésamo 273
ensalada de zanahoria y *daikon* con aliño de cacahuete
y chile 274
ensalada de zanahoria al estilo de Mandalay 277
abadejo ahumado con lentejas especiadas al estilo indio 279
sorbete de naranja sanguina y cardamomo 280
pesto de col rizada con tallarines integrales 282
risotto de puerro, espelta y queso de cabra 286
ensalada de centeno con fruta y gorgonzola 287
crema de alubias blancas con achicoria y cebolla roja 288
zanahorias al estilo de Uzbekistán 290
atún soasado con crema de aguacate y *wasabi* 291
salteado de alubias y col rizada con salsa de anchoas
y romero 292
fideos *soba* con chile, brotes de brócoli morado
y huevo frito 295
ceviche de lubina con aguacate y pomelo 296
dorada asada al estilo de Goa, con *chutney* de coco y chile
verde 298
bagna cauda con verduras de invierno 300
pollo al estilo georgiano con salsa de nueces y remolacha
especiada 302
pastel de naranja y granada 305
ensalada de aguacate, salmón crudo y arroz integral 306
caballa especiada al estilo del Magreb con kamut 307
pollo con yogur y granada 308
cordero con ruibarbo y guisantes al estilo kurdo 309
pollo vietnamita con ensalada de mango 310
carpaccio de ternera con lentejas beluga, rábano picante y suero
de mantequilla 313
estofado de carne de ciervo con remolacha y rábano
picante 314
lichis con té de jazmín 316
ruibarbo al horno con anís estrellado 319
compota de membrillo y pera con arándanos rojos 320
granada, naranjas y dátiles con almíbar de azahar 322
pan negro 324

índice alfabético

A

abadejo ahumado
  con lentejas especiadas al estilo
    indio 279
aceite 285
achicoria
  crema de alubias blancas con achicoria
    y cebolla roja 288
  ensalada de apionabo, achicoria,
    hinojo y manzana 174
agresto 178
aguacate 252
  «crema» de aguacate 194
  crema fría de tomate con aguacate
    y comino 88
  ensalada de aguacate, salmón crudo
    y arroz integral 306
  ensalada japonesa de caqui
    y aguacate con jengibre 197
  tostada de tomates asados
    y aguacate 238
aguaturma
  calabaza asada y aguaturmas
    con *agresto* 178
aliño asiático de cuatro sabores 103
aliño de anchoas, aceitunas
  y alcaparras 103
aliño de cacahuete y chile 274
aliño de *ponzu* 144
aliño de rosa y frambuesa 103
aliño de *tahina* 135, 259
aliños *véase*: salsas, aliños y vinagretas
almendras
  a la miel 18
  pesto de menta y almendras 141
almuerzos 176-177
alubias 192
  blancas con pimientos asados, huevos
    y *hilbeh* 114
  calabaza especiada al estilo de Oriente
    Próximo y alubias blancas con menta
    y limón 189
  crema de alubias blancas con achicoria
    y cebolla roja 288
  sardinas al pimentón ahumado
    con alubias blancas y tomates
    asados 126
anchoas
  aliño de anchoas y alcaparras 203
  aliño de anchoas, aceitunas y
    alcaparras 103
  bagna cauda 300
  brotes de brócoli morado con salsa
    de anchoas 30
  crema de anchoas 48
  ensalada de anchoas ahumadas, judías
    verdes y huevo 111
  salsa de anchoas y romero 292
antioxidantes 252
arándanos 252
  gachas de cereales variados con
    arándanos y miel 239

gelatina de arándanos
  y ginebra 70
requesón de cabra, arándanos
  y berros 17
arroz
  boles de arroz japonés 43, 258
  véase también: pilaf
atún
  soasado con aliño de guindilla
    y cacahuete 132
  soasado con crema de aguacate
    y *wasabi* 291
  soasado y ensalada de rabanitos 120
avena
  gachas de avena y compota de
    manzana con sirope de arce 240

B

bagna cauda 300
bayas silvestres
  sorbete de bayas silvestres
    e hibisco 116
  véase también: moras, arándanos,
    frambuesas
berenjena
  calabacines y berenjenas a la búlgara,
    asados a la parrilla con *tarator* 106
  con *miso* al estilo japonés 188
  ensalada de berenjenas a la parrilla
    con *dátiles, nueces y yogur* 187
  macedonia de verduras
    a la parrilla 107
berros 48, 102, 253
  ensalada de berros
    y zanahoria 181
  pesto de berros 282
  requesón de cabra, arándanos
    y berros 17
besugo asado a la madrileña 72
bizcocho de pistacho y limón 79
boniato
  pilaf de cereales mixtos, boniato
    e hinojo con «crema» de
    aguacate 194
  sopa jamaicana de zanahoria
    y boniato 169
brócoli, brotes morados 49, 252
  al rico brócoli 48
  brotes de brócoli morado con ricotta,
    limón y parmesano 49
  brotes de brócoli morado con salsa
    de anchoas 30
  brotes de brócoli morado salteados
    al estilo chino 49
  patatas de platillo, brotes de brócoli
    morado, huevos de codorniz y crema
    de anchoas 48
  strascinati 49
buey de mar al ajillo picante 50
bulgur 222-224
  pilaf de *cavolo nero* y *bulgur* con higos
    glaseados 180

C

caballa
  a la japonesa con setas 212
  ahumada, ensalada de remolacha con
    semillas de amapola y pan de cerveza
    negra 206
  asada con hierbas aromáticas y setas
    silvestres sobre lecho verde 128
  con picada de avellanas 212
  especiada al estilo del Magreb con
    kamut 307
calabacín
  y berenjenas a la búlgara, asados
    a la parrilla con *tarator* 106
calabaza
  asada y aguaturmas con *agresto* 178
  asada, *labneh, gremolata* de nueces
    y granada 254
  especiada al estilo de Oriente
    Próximo 189
  pollo con calabaza, soja y anís
    estrellado 219
  risotto de calabaza y castañas 286
  salteado de remolacha, calabaza
    y espinacas con especias 228
calamar
  con cuscús, chile, menta y limón 127
  chipirones con *tarator* ahumado
    de almendras, pimiento, *freekeh*
    y espinacas 205
  salteados con chile y jengibre 213
caldo 168
  de pollo peruano 35
  de salmonete y azafrán 171
  oriental con chalota, lima y
    cilantro 167
  sopa de *miso* con verduras 167
carbohidratos 24-26
cavolo nero
  pilaf de *cavolo nero* y *bulgur* con higos
    glaseados 180
  verduras de invierno con cebolla
    crujiente, *tahina* y zumaque 259
cebada 223
  cuscús de cebada con *harissa* 46
cebolla
  al zumaque 217
  crema de alubias blancas con achicoria
    y cebolla roja 288
centeno 223
  con fruta y gorgonzola 287
  galletas crujientes de centeno 53
  muesli de centeno tostado con
    avellanas y arándanos rojos 243
cerezas 252
  ensalada de queso de cabra y cerezas
    con *gremolata* de almendras y
    albahaca 98
  véase también: tarta de grosella
    espinosa, almendras y espelta
ceviche de lubina con aguacate
  y pomelo 296

chalota
  caldo oriental con chalota, lima
    y cilantro 167
champiñones
  espinacas y champiñones al estilo
    indio 193
  salteados con cintas de tortilla
    y sésamo negro 244
chuletas de cerdo especiadas con *relish*
  de mango y jengibre 220
chutney
  de coco y chile verde 298
ciervo
  estofado de carne de ciervo con
    remolacha y rábano picante 314
ciruelas
  gelatina de ciruelas al aroma
    de cardamomo 233
codornices especiadas con ensalada
  de naranja sanguina y dátiles 264
col 253
  ensalada de zanahoria, lombarda
    y manzana con alcaravea 175
  verduras de invierno con cebolla
    crujiente, *tahina* y zumaque 259
col rizada (*kale*)
  pesto de col rizada con tallarines
    integrales 282
  salteado de alubias y col rizada con
    salsa de anchoas 292
  sopa de col rizada, salmón y
    cebada 261
  véase también: cavolo nero
colesterol 284-285
compota de cítricos con escarcha
  de jengibre 200
corazones de alcachofa
  ensalada de alcachofas a la siciliana
    y habas con vinagreta de azafrán 90
  ensalada de alcachofas y ricotta
    con aliño de limón encurtido
    a la miel 37
cordero
  brochetas de cordero con
    adzhika 141
  con ruibarbo y guisantes al estilo
    kurdo 309
  pierna de cordero deshuesada con
    sekenjabin 76
  scottadito de cordero con *fregola*
    de verano 142
cuscús
  calamar con cuscús 127
  de cebada con *harissa* 46
  de primavera 20
  salteado con pescado blanco, azafrán
    y eneldo 54

D

dal 190, 192
dashi 258
dátiles
  bizcocho de dátiles, orejones
    y nueces 234

ensalada de berenjenas asadas
  con dátiles 187
desayuno 155-158
dietas 24-26, 147
dorada
  asada al estilo de Goa, con *chutney*
    de coco y chile verde 298
  con jengibre 209
  con salsa verde 72
  pescado al estilo birmano con ensalada
    ácida y picante 198

E

ensalada 102
  ácida y picante 198
  aliños y vinagretas para 103
  birmana de melón y jengibre 89
  de aguacate, salmón crudo y arroz
    integral 306
  de alcachofa y ricotta 37
  de alcachofas a la siciliana y habas
    con vinagreta de azafrán 90
  de anchoas ahumadas, judías verdes
    y huevo 111
  de apionabo, achicoria, hinojo
    y manzana 174
  de berenjenas a la parrilla con dátiles,
    nueces y yogur 187
  de berros y zanahoria 181
  de brotes de brócoli morado con salsa
    de anchoas 30
  de caqui, granada y endibias rojas 184
  de *edamame* y tirabeques 63
  de farro a la mostaza con verduras
    de invierno 269
  de farro, avellanas, uvas e higos 175
  de feta y naranja 18
  de hinojo y manzana 120
  de lentejas 30
  de lentejas beluga, uvas asadas
    y endibias rojas 172
  de nectarinas, tomate y albahaca con
    mozzarella fresca 86
  de pollo al estilo birmano 216
  de pollo y mango al estilo tailandés 216
  de pomelo rosa, langostinos y coco
    tostado 97
  de queso de cabra y cerezas con
    gremolata de almendras y albahaca 98
  de rabanitos y alcaparras 30
  de remolacha, rabanitos y queso
    de cabra 36
  de requesón de cabra, arándanos
    y berros 17
  de salmón ahumado, centeno,
    remolacha y rabanitos 96
  de salmón y puerros tiernos 69
  de tomate, melón y pepino 86
  de tomate, requesón de cabra
    y albahaca 17
  de zanahoria al estilo de
    Mandalay 277
  de zanahoria especiada, dátiles
    y sésamo 273

de zanahoria, lombarda
  y manzana 175
de zanahoria y *daikon* 274
japonesa de zanahoria y *daikon* 273
kachumber 89
loca 230
macedonia de verduras a la
  parrilla 107
marroquí de zanahoria 272
persa 14
tibia de pato con aliño de *umeboshi*
  y jengibre confitado 214
turca de cuchara 101
espárragos
  al estilo del Véneto 27
  con langostinos al eneldo 27
  mimosa 28
espelta 224
  gachas de espelta y avena con granada
    y pistachos 239
  risotto de puerro, espelta y queso
    de cabra 286
espinacas
  huevos escalfados al estilo
    turco 157
  sopa de espinacas, granada y
    bulgur 260
  y champiñones al estilo indio
    con lentejas negras y *paneer* 193

F

farareej mashri 73
farro 223
  ensalada de farro a la mostaza
    con verduras de invierno asadas 269
  ensalada de farro, avellanas, uvas
    e higos 175
fideos *soba* con chile, brotes de brócoli
  morado y huevo frito 295
fitoquímicos 252
frambuesas
  con albahaca y sorbete de suero
    de mantequilla 153
  ricotta con bayas silvestres y miel 149
  véase también: bayas silvestres
freekeh 205, 224
fregola 142
fruta 25-26, 158, 252-253
  macedonia con almíbar de menta
    y rosa 44
  véase también: frutas por su nombre

G

gachas
  de avena a la antigua usanza
    y compota de manzana con sirope
    de arce 240
  de cereales variados con arándanos
    y miel 239
  de espelta y avena con granada
    y pistachos 239
garbanzos
  crema de garbanzos 217
  hummus 202

gelatina
  de arándanos y ginebra 70
  de ciruelas al aroma de cardamomo 233
  de moras y vino tinto 233
  de vino rosado 130
granada (melaza y granos)
  granada, naranjas y dátiles con almíbar
    de azahar 322
  pollo con yogur y granada 308
granizados
  de café 93
  de limón y albahaca 93
  escarcha de jengibre 200
grasa(s) 284-285
gremolata 98, 254
grosellas con yogur y migas de
  centeno 158
guisantes
  cordero con ruibarbo y guisantes
    al estilo kurdo 309
  tarka dal 190

H
habas
  ensalada de alcachofas a la siciliana
    y habas con vinagreta de azafrán 90
  pilaf de habas, puerros, tomate
    y eneldo 112
  puré de habas, *relish* de feta y pan
    de comino 108
hamburguesa escandinava de salmón
  con eneldo y salsa de tomate 118
haydari 101
helado de yogur griego y albaricoque 22
hibisco, flores de
  sorbete de bayas silvestres e hibisco 116
higos
  pilaf de *cavolo nero* y *bulgur* con higos
    glaseados 180
  ricotta con higos y miel 149
  y melón con jengibre y anís
    estrellado 154
hilbeh 114
huevos 56
  del buen yerno 56
  escalfados al estilo turco 157
  espárragos al estilo del Véneto 27
  espárragos mimosa 28
  pasados por agua con trío de
    ensaladas 30
  revueltos al estilo de Roopa 157
  tomates asados con lentejas y huevos
    rebozados con *dukka* 164
hummus 202

J
japonesa, comida 57-58
  atún soasado y ensalada de
    rabanitos 120
  berenjenas con *miso* al estilo
    japonés 188
  bol de arroz 43
  bol familiar de pollo y huevo sobre
    lecho de arroz 258

ensalada de zanahoria y *daikon* 273
ensalada japonesa de caqui
  y aguacate con jengibre 197
pollo japonés al ajo y jengibre
  con ensalada de pepino 63
ternera a la japonesa con aliño rústico
  de *ponzu* y *wasabi* 144

K
kachumber 89
kale: véase col rizada
kamut 224, 307
kisir 187
kofte de lentejas rojas y zanahoria 262

L
labneh 104
  calabaza asada, *labneh*, *gremolata*
    de nueces y granada 254
  tomates asados al azafrán con *labneh* 104
langostinos
  con lima y *bok choi* 213
  ensalada tibia de pomelo rosa,
    langostinos y coco tostado 97
  espárragos con langostinos al
    eneldo 27
  rollitos vietnamitas con *nuoc
    cham* 40
  sopa de tofu, langostinos y
    cebollino 32
legumbres 192
lentejas
  beluga con ensalada de uvas asadas
    y endibias rojas 172
  caseras al estilo del Punyab (*tarka
    dal*) 190
  ensalada de lentejas 30
  ensalada de quinua, lentejas beluga,
    mango y pollo ahumado con salsa
    korma 270
  sopa de lentejas, tomates asados
    y azafrán 226
lichis con té de jazmín 316
limón
  bizcocho de pistacho y limón 79
  granizado de limón y albahaca 93
lubina en papillote con *relish* especiado
  de berenjena, limón y miel 124

M
mango
  relish de mango y jengibre 220
manzanas 252
  ensalada de hinojo y manzana 120
  gachas de avena a la antigua usanza
    y compota de manzana con sirope
    de arce 240
  galette de centeno con moras
    y manzana 182
melocotones
  asados con *harissa* y menta 136
  blancos en almíbar con gelatina
    de vino rosado 130
  ricotta con melocotones y miel 149

melón
  ensalada birmana de melón y
    jengibre 89
  ensalada de tomate, melón y pepino 86
  higos y melón con jengibre 154
membrillo
  compota de membrillo y pera
    con arándanos rojos 320
  sorbete de membrillo al estilo
    turco 232
menta
  macedonia con almíbar de menta
    y rosa 44
  pesto de menta y almendras 141
  sekenjabin 76
  sorbete de pomelo y menta 78
  yogur a la menta 194
moras 252
  galette de centeno con moras
    y manzana 182
  gelatina de moras y vino tinto 233
  ricotta con bayas silvestres y miel 149
muesli de centeno tostado con avellanas
  y arándanos rojos 243

N
naranja 252-253
  ensalada de feta y naranja 18
  pastel de naranja y granada 305
  sorbete de naranja sanguina
    y cardamomo 280
  sorbete de naranja y romero 280
nuoc cham 40

O
orejones
  bizcocho de dátiles, orejones
    y nueces 234
  helado de yogur griego y
    albaricoque 22
  yogur con miel al azafrán, almendras
    y compota de albaricoque 266

P
pan 323
  de cerveza negra 206
  de comino 108
  de trigo al estilo de Clare 237
  de yogur de Oriente Próximo 73
  integral al estilo de Ballymaloe 236
  negro 324
  persa especiado 115
pasteles, tartas y bizcochos
  bizcocho de dátiles, orejones y
    nueces 234
  bizcocho de pistacho y limón 79
  bizcocho de remolacha con semillas
    de amapola 80
  pastel de naranja y granada 305
  tarta de grosella espinosa, almendras
    y espelta 150
patatas de platillo, brotes de brócoli
  morado, huevos de codorniz y crema
  de anchoas 48

pepino
    agridulce 53
    crema de pepino y yogur 94
    ensalada de pepino 63
    kachumber 89
    raita de pepino 169
    salsa de eneldo y pepino 122
pera
    compota de membrillo y pera con
      arándanos rojos 320
    en almíbar de Earl Grey 231
caqui
    ensalada de caqui, granada y endibias
      rojas con queso de cabra
      y avellanas tostadas 184
    ensalada japonesa de caqui
      y aguacate con jengibre 197
pescado
    al estilo birmano con ensalada ácida
      y picante 198
    cuscús salteado con pescado blanco,
      azafrán y eneldo 54
    sashimi 210
pesto
    calabrés 282
    de berros 282
    de col rizada con tallarines
      integrales 282
    de menta y almendras 141
picantones
    ahumados con crema de pimiento
      rojo 64
    alla diavola con judías verdes y migas
      a la siciliana 140
pilaf
    blanquinegro 74
    cuscús salteado con pescado blanco,
      azafrán y eneldo 54
    de *cavolo nero y bulgur* con higos
      glaseados 180
    de cereales mixtos, boniato e hinojo
      con «crema» de aguacate 194
    de habas, puerros, tomate y eneldo 112
pimiento
    alubias blancas con pimientos asados,
      huevos y *hilbeh* 114
    crema de pimiento rojo 64
    macedonia de verduras
      a la parrilla 107
pollo
    a la israelí 136
    a la parrilla, col rizada y farro 225
    al estilo georgiano 302
    al estilo *shawarma* 217
    al hinojo 74
    bol familiar de pollo y huevo sobre
      lecho de arroz 258
    brochetas de pollo a la lima
      con ensalada de chile, menta
      y germinados 139
    caldo de pollo peruano 35
    con calabaza 219
    con yogur y granada 308
    ensalada de pollo al estilo birmano 216

    ensalada de pollo y mango al estilo
      tailandés 216
    farareej mashri (pollo a la parrilla
      al estilo egipcio) 73
    japonés al ajo y jengibre 63
    persa con azafrán y menta
      y cuscús de primavera 20
    vietnamita con ensalada de
      mango 310
    véase también: picantones
pomelo 252
    ceviche de lubina con aguacate
      y pomelo 296
    compota de cítricos con escarcha
      de jengibre 200
    ensalada tibia de pomelo rosa,
      langostinos y coco tostado 97
    rojo sobre blanco 250
    sorbete de pomelo y menta 78
probióticos 38
puerro
    con mostaza y *miso* 291
    con yogur, eneldo y zumaque 38
    ensalada tibia de salmón, puerros
      tiernos, perejil y alcaparras 69
    risotto de puerro, espelta y queso
      de cabra 286
    véase también: espárragos mimosa

Q

quinua 222-224
    ensalada de quinua, lentejas beluga,
      mango y pollo ahumado con salsa
      korma 270

R

rabanitos
    atún soasado y ensalada de
      rabanitos 120
    ensalada de rabanitos y alcaparras 30
    ensalada persa 14
    rojo sobre blanco 250
raita de pepino 169
relish
    de feta 108
    de mango y jengibre 220
remolacha 253
    bizcocho de remolacha con semillas
      de amapola 80
    buñuelos de remolacha y
      zanahoria 257
    ensalada de remolacha con semillas
      de amapola 206
    ensalada de remolacha, rabanitos
      y queso de cabra 36
    salteado de remolacha, calabaza
      y espinacas con especias indias 228
requesón de cabra, arándanos y
    berros 17
ricotta
    brotes de brócoli morado con ricotta,
      limón y parmesano 49
    ensalada de alcachofas y ricotta con
      aliño de limón encurtido a la miel 37

    ricotta con bayas silvestres y miel 149
risotto
    de calabaza y castañas 286
    de puerro, espelta y queso de cabra 286
    rojo sobre blanco 250
rollitos vietnamitas con *nuoc cham* 40
ruibarbo
    al horno con anís estrellado 319
    cordero con ruibarbo y guisantes
      al estilo kurdo 309

S

salmón
    al plato 119
    asado en papel de diario 122
    carpaccio asiático de salmón 119
    ensalada de aguacate, salmón crudo
      y arroz integral 306
    ensalada de salmón ahumado
      en caliente, centeno, remolacha
      y rabanitos 96
    ensalada tibia de salmón, puerros
      tiernos, perejil y alcaparras 69
    hamburguesa escandinava de salmón 118
    marinado con cítricos y ensalada
      de hinojo y manzana 120
    sopa de col rizada, salmón y
      cebada 261
    tartar de salmón 53
salmonete
    asados con aliño de *tahina* y tabulé
      de cebada 135
    caldo de salmonete y azafrán 171
    rellenos asados 133
salsas, aliños y vinagretas
    (*véase también*: pesto)
    adzhika georgiana 141
    agresto 178
    asiático de cuatro sabores 103
    crema de anchoas 48
    de ajo de Corfú 171
    de anchoas, aceitunas y alcaparras 103
    de anchoas y alcaparras 203
    de anchoas y romero 292
    de cacahuete y chile 274
    de eneldo y pepino 122
    de eneldo y tomate 118
    de nueces 302
    de pasas, chile y piñones 141
    de rosa y frambuesa 103
    de suero de mantequilla 46
    de *tahina* 135, 259
    de *umeboshi* y jengibre confitado 214
    de yogur 20
    de yogur y eneldo 257
    korma 270
    ponzu 144
salteado de alubias y col rizada con salsa
    de anchoas y romero 292
salteado de remolacha, calabaza y
    espinacas con especias indias 228
sardinas
    al pimentón ahumado con alubias
      blancas y tomates asados 126

sashimi 210
sekenjabin 76
sopas y cremas (*véase también*: caldo)
   caldo de pollo peruano 35
   de col rizada, salmón y cebada 261
   de espinacas, granada y *bulgur* 260
   de lentejas, tomates asados y
     azafrán 226
   de *miso* con verduras 167
   de pepino y yogur 94
   de tofu, langostinos y cebollino 32
   de zanahoria y jengibre 169
   fría de tomate 88
   jamaicana de zanahoria y boniato 169
sorbetes
   de bayas silvestres e hibisco 116
   de chocolate y romero 78
   de membrillo al estilo turco 232
   de naranja sanguina y cardamomo 280
   de naranja y romero 280
   de pomelo y menta 78

T
tabulé 135; *véase también: kisir*
tagliata 146
tallarines
   pesto de col rizada con tallarines
     integrales 282
tarator 106, 205
tarka dal 190, 192
tarta de grosella espinosa, almendras
   y espelta 150
ternera
   a la japonesa con aliño rústico
     de *ponzu* y *wasabi* 144
   a la vietnamita con fideos de arroz
     y verduras crujientes 75
   carpaccio de ternera con lentejas
     beluga, rábano picante y suero
     de mantequilla 313
   tagliata 146

tomate 252-253
   asados al azafrán con *labneh* 104
   asados con lentejas y huevos rebozados
     con *dukka* 164
   crema fría de tomate con aguacate
     y comino 88
   ensalada de nectarinas, tomate
     y albahaca con mozzarella fresca 86
   ensalada de tomate, melón y
     pepino 86
   ensalada de tomate, requesón de cabra
     y albahaca 17
   kachumber 89
   kisir 187
   macedonia de verduras a la
     parrilla 107
   sopa de lentejas, tomates asados
     y azafrán 226
   tostada de tomates asados y
     aguacate 238
   tostadas con tomates asados, *hummus*
     y espinacas 202
trigo
   en grano 224
   sarraceno 224

U
uvas 252
   lentejas beluga con ensalada de uvas
     asadas y endibias rojas 172

V
verduras 12, 84, 162, 248, 252-253
   cuscús de cebada de primavera con
     harissa y salsa de suero de
     mantequilla 46
   de invierno con cebolla crujiente,
     tahina y zumaque 259
   ensalada turca de cuchara 101
   laminadas con limón y aceite de
     oliva 66

vieiras
   con aliño de anchoas y alcaparras 203
   con jengibre, soja y cebolletas 209

W
wasabi 144, 210, 291

Y
yogur 38
   a la menta 194
   con miel al azafrán, almendras
     y compota de albaricoque 266
   haydari 101
   helado de yogur griego y albaricoque 22
   labneh 104
   pan de yogur de Oriente Próximo 73
   salsa de eneldo y pepino 122
   salsa de eneldo y tomate 118
   salsa de yogur 20
   salsa de yogur y eneldo 257

Z
zanahoria 272
   al estilo de Uzbekistán 290
   buñuelos de remolacha y
     zanahoria 257
   ensalada de berros y zanahoria 181
   ensalada de zanahoria al estilo de
     Mandalay 277
   ensalada de zanahoria especiada,
     dátiles y sésamo 273
   ensalada de zanahoria y *daikon* 274
   ensalada de zanahoria, lombarda
     y manzana 175
   ensalada japonesa de zanahoria
     y *daikon* 273
   ensalada marroquí de zanahoria 272
   kofte de lentejas rojas y zanahoria 262
   sopa de zanahoria y jengibre 169
   sopa jamaicana de zanahoria
     y boniato 169

agradecimientos

Mis hijos, Ted y Gillies, y mi compañero, Ben, probaron bastantes platos «experimentales» mientras yo ensayaba las recetas para este libro (no todas ellas exitosas, dicho sea de paso: el arroz integral cocido en té verde fue toda una decepción; y no, no pasó la prueba). Gracias por vuestra paciencia ante esta nueva forma de comer. También estoy en deuda con Ted y Ben (los científicos de mi vida) por ayudarme a entender toda la información que tuve que digerir para redactar el libro. Me alegro de que todos os hayáis pasado a los cereales integrales, pero no se me escapa que os siguen encantando los *bagels*, el pan blanco, los brioches... y las gominolas de colores (no hay quien pueda con vosotros).

Mi buena amiga y compañera de oficio Hattie Ellis me orientó muy bien. Su ayuda —y su libro, *What to Eat*— fue inestimable a la hora de ponerme a escribir. Gracias, Hattie. También estoy en deuda con Kellie Anderson, que leyó varios capítulos, puso los puntos sobre las íes en varias cuestiones relacionadas con la ciencia y fue extremadamente generosa con su tiempo y sus consejos. Gracias también a Yotam Ottolenghi y a Chris Young, de Real Bread Campaign, por sus consejos, a Yuki Sugiura por las clases de cocina japonesa y a Roopa Gulati por compartir conmigo sus conocimientos sobre las legumbres. Xanthe Clay, Brett Barnes, Darina Allen, Roopa Gulati, Clare Henry y Levi Roots han tenido la gentileza de dejarme usar sus recetas. Gracias, amigos.

Doy las gracias de corazón a mi editora, Denise Bates, de Mitchell Beazley, por entender a la primera lo que yo quería hacer (es tan lista que supo verlo aunque no fuera más que el embrión de una idea que yo apenas alcanzaba a esbozar), por dejarme seguir mi intuición y por brindarme su apoyo incondicional y su infalible criterio.

Muchas gracias a Jonathan Christie, nuestro director artístico, un hombre poseedor de un gran talento que no se rinde ante los obstáculos, y a todo el equipo que se ha asegurado de que el color fuera perfecto, de que las cintas fueran de calidad y de que el dichoso libro se imprimiera de una vez. Sybella Stephens, Katherine Hockley y Caroline Alberti: sin vuestra dedicación y el cuidado que ponéis en cada detalle, mis libros no serían lo que son.

Estoy muy agradecida a Amy Bryant, de *The Sunday Telegraph*, por sus apuntes sobre cómo buscar en internet ingredientes sanos y difíciles de encontrar.

Desde aquí, toda mi gratitud a Rachel Wood y Kathryn Morrisey, que arrimaron el hombro sin dudarlo y se adaptaron al caos creativo de las sesiones fotográficas.

Si con alguien estoy realmente en deuda es con el equipo que estuvo al pie del cañón: la diseñadora gráfica Miranda Harvey, la fotógrafa Laura Edwards, la correctora Lucy Bannell y los cocineros Joss Herd y Danny Maguire.

Laura, tus fotografías son increíbles, y estás evolucionando tan deprisa que nos dejas a Miranda y a mí sin aliento. Nos encanta trabajar contigo.

Joss, no conozco a nadie capaz de preparar platos tan rebosantes de vida, con semejante estructura y movimiento. Eres mucho más que una cocinera. También eres como un rayo de sol en la cocina, siempre riendo, siempre buscando el lado positivo de las cosas. Danny, rosa entre espinas, te queremos porque tienes los pies en la tierra, porque eres un gran cocinero, porque te encanta coquetear y porque no te dejas intimidar por nosotras. Espero que no te hayamos escandalizado demasiado.

Lucy, en mi opinión eres una correctora genial. Nunca soy capaz de ver dónde has cortado, pero consigues que mi voz suene más elegante sin alterar su espíritu, y haces que cada libro sea tan perfecto como puede aspirar a ser. Me acompañas paso a paso, de principio a fin. Nunca te lo agradeceré lo suficiente.

Miranda, tú y yo formamos un equipo desde hace tanto tiempo que podemos acabar las frases de la otra y comprendemos a la perfección nuestros respectivos estilos. Trabajar contigo es una de las facetas más satisfactorias de mi vida.

Gracias a todos, os deseo lo mejor. Ha sido fantástico compartir con vosotros tantos momentos divertidos y el placer de crear.

Para Miranda, con cariño.
Gracias por estos preciosos libros,
y por tantas cosas más.

Título original: *A Change of Appetite*
Traducción del inglés de Rita da Costa

Publicado por primera vez en el Reino Unido por Mitchell Beazley
en el año 2014, un sello editorial de Octopus Publishing Group Ltd.,
Carmelite House, 50 Victoria Embankment, Londres EC4Y 0DZ
www.octopusbooks.co.uk

Publicaciones y Ediciones Salamandra, S.A.
Almogàvers 56, 7º 2º - 08018 Barcelona - Tel. 93 215 11 99
www.salamandra.info

Este libro no pretende sustituir los servicios de los profesionales de la salud
ni cualquier otro asesoramiento médico. Recomendamos consultar con dichos
profesionales sobre cuestiones relacionadas con la salud y, en particular,
aquellas que puedan requerir un diagnóstico o atención médica.

ISBN: 978-84-16295-13-5
Depósito legal: B-21.590-2018

1ª edición, febrero de 2019
Printed in China